デンマークの高齢者福祉と地域居住

最期まで住み切る
住宅力・ケア力・
地域力

松岡洋子
matsuoka yoko

新評論

はじめに

二〇〇一年、私は『老人ホームを超えて　～21世紀・デンマーク高齢者福祉レポート～』（クリエイツかもがわ）と題する本を著した。一九九七年に一年間デンマークに暮らしたのだが、そのときに見た「施設から住宅」への動きを、生活者といえば聞こえはいいが、素人の目線でレポートしたものである。幸いなことに予想以上の方々に読んでいただき、それなりの反響もいただいた。これまで伝えられてこなかったデンマークにおける施設凍結（一九八八年）の様子、あるいは伝えられてはいたがその内容や現場の実態などについては、詳細な情報やその意味するところなどが正確に伝わっていなかったために、幸いにして高齢者福祉の現場の実践家や研究者、建築設計に関わる方々に新鮮な感覚をもって受け入れられたということである。

大筋は、デンマークでは二〇年以上も前から「できるだけ長く自宅で」というスローガンの下《もと》、施設ケアと同時に在宅ケアに重点を置いた高齢者福祉を展開してきた。自宅での生活ができなくなり、二四時間介護が必要となった高齢者のために用意されたのが「ついの住みか」としての施設である「プライエム(1)（日本の特別養護老人ホーム）」である。しかし、この施設は一九八八年一月一日をもって新規建設が禁止され、今は消え去る運命にある[2]。そして、その代替として、高齢者のための普通の住宅である「高齢者住宅」が建設されているというものである。

この本が出版されたのは、日本でも現場の方々のたゆまない努力や故外山義先生[3]の研究成果、さらには厚生労働省の前向きな政策展開のもとで「ユニットケア」論議が盛んになり、「新型特養[4]」の構想が打ち出されて高齢者居住についての興味が高まっていた時期であった。忘れもしない。いちばん最初に私のもとに届いた読後の感想（神戸協同病院院長上田耕蔵氏）は、次のようなものだった。

「衝撃を受けました。私達は特別養護老人ホームの個室化実現ということで、やっとデンマークの足元に近づいたと思っていたのに、デンマークはもうとっくの昔にもっともっと先に進んでいたのですね」

しかし、こうした驚きはやがて、「施設は本当になくなったの?」、「施設なしで、どうやって地域での暮らしを支えていくの?」といったような質問の形で私に投げかけられるようになった。私自身このことをはっきりと確かめたくて、デンマークの魔力に取りつかれたように文献を読んだり、現地に出かけては取材や視察を継続した。そして、今回著した本書は、こうした疑問や興味にこたえて、「住宅に基盤を置いた高齢者福祉はどんなものなのか?」、「そのためには何が必要なのか?」、「施設はどうなるのか?」という質問に答えようとするものである。「住宅に基盤を置いた高齢者福祉」とは、言い換えれば「施設に引っ越しせず、住宅に住みながら最期まで地域で生き切る（地域居住）」ということである。

この問いに答えるために役立ったのは何だっただろうか？　意外なことにそれは、今を探ることではなく過去に遡ることであった。一九八八年の政策転換に至るまでの過去の経緯を記述した論文や本に答えを探る鍵があり、デンマークの高齢者居住の歴史を事例に基づいて紹介する『OLD PEOPLE's HOUSES（高齢者の住まい）』[5]という本を通してデンマークの住宅政策の重みを知った。また、高齢者ケアについて社会学の立場から調査研究するアイギル・ボル・ハンセン

（1）身体的状況、心理的状況、社会的状況が理由で在宅での居住継続ができなくなった高齢者を対象とする高齢者福祉施設で、日本の特別養護老人ホームに当たる。その法的根拠は社会支援法（lov om socialbistand、七九～八四条）にあった。詳しい説明は二九ページを参照。
（2）詳しくは、第1章3節（1）五二ページを参照。
（3）（一九五〇～二〇〇二）一九八二年より八九年までスウェーデン王立工科大学建築機能研究所にて高齢者住環境の研究を行う。帰国後、現在の国立医療・病院管理研究所に席を置き、東北大学大学院工学研究科助教授、京都大学大学院工学研究科居住空間工学講座教授を歴任。寝たきりゼロ作戦（一九九一年）、特別養護老人ホームの個室化、痴呆性グループホームの制度化（一九九八年）、新型特養の制度化（二〇〇二年）などに関わる。高齢者施設を「施設」から「住い」に変えるための理論的指導者として、数々のプロジェクトの監修にあたった。
（4）「個室・ユニットケア」を原則とした特別養護老人ホーム。二〇〇二年度よりこの新型特養の建設に補助が認められ、高齢者福祉施設の居住環境が大きく改善されることとなった。

（Eigil Boll Hansen、アムツ・コムーネ研究所［AKF：Amternes kommunernes forskningsinstitut］）や建築社会学ともいえる分野を構築する国立建築研究所（SBI：Statens Byggeforskningsinstitut）所属のゲオ・ゴッショルク（Georg Gottschalk）などの研究成果からは、デンマークの高齢者ケアの実態や住宅のもつ意義のようなものについて多くを学び、施設凍結とその後の展望を知るうえでの重要な鍵を発見することができた。それは、一見無謀にも見える一九八八年の施設凍結は三つの要件によって周到に準備されていた、というものである。三つの要件とは、①そのころすでに高齢者向け公営住宅が多様に存在していたこと、②施設凍結に向けて二四時間在宅ケアの充実を急いだこと、③さらに施設の地域への開放が行われていたことである。「温故知新」とはよく言ったもので、一九八八年以降の展開を知るうえで、過去に遡ることが大きな助けとなったのである。

そこで私は、同年の施設凍結に向けて着々と準備した一九八〇年代を「施設凍結準備期」とし、その三つの要件を「施設凍結を可能にした三種の神器」（第1章、第2節を参照）と呼ぶこととした。

この三種の神器は、本書のテーマである「住宅に基盤を置いた高齢者福祉」に迫るためには、住宅政策（第3章）と高齢者ケア政策（第4章）、そして地域福祉の総体（第2章）に光をあてていくことが必要であることを教えてくれた。地域福祉の総体とは、市内に点在する高齢者の住まいをはじめとして、施設から地域へとケアを届けたり地域から来てもらったりするオープンな関係と、それだけにとどまらないショートステイや地域リハビリなどの多様なサービス、これにボランティアのインフォーマル・ケアや高齢者自身の活発なアクティビティなどが加わって実現している交流や役割創出と安心・安全のネットワークである。

そして、住宅政策、高齢者ケア政策、地域福祉の歴史や実態をひもといていく作業のなかでは、ボトムアップというような薄っぺらな言葉ではとうてい表現できない彼らの頑固なまでの「人《ひと》中心主義」や、理想的目標を実現するためのシステム設計のうまさと変更の素早さ、そのためにはひとたびコンセンサスが得られれば意外にあっさり折れて連帯していく真のデモクラットの姿に接して、ややおおげさではあるが打ちのめされたような感覚に襲われた。

さて日本では、二〇〇三年六月、厚生労働省より「二〇一五年の高齢者介護[6]」が発表され、ここでも住まいとケアを分離することによって施設と在宅の間に多様な住まいをつくり出し、小規

（5）Fich,M.&Mortensen,P.D.&Zahle,K.(1995) ~ An architectural guide to housing for the elderly in greater Copenhagen.Arkitektskolen

（6）二〇〇三年六月、中村秀一老健局長（厚生労働省）の私的諮問機関として構成された委員会による報告書（座長：堀田　力　さわやか福祉財団理事長）。副題は「高齢者の尊厳を支えるケアの確立に向けて」となっており、団塊の世代が年金受給層になりきる二〇一五年をとらえて、介護保険制度の持続可能な運用を視野に入れつつ、介護予防・リハビリテーションの充実、生活の継続性を維持するための新しい介護サービス体系、痴呆性高齢者ケア（当時はこの表現）、サービスの質の確保と向上といったテーマで包括的な提言を行っている。二〇〇三年二月二八日、筆者は厚生労働省老健局において、デンマークにおける施設から住宅への移行について講義をさせていただいた。

模多機能施設から二四時間三六五日にわたって地域に包括的なケアを届けることによって「住み慣れた地域で最期までとどまる」という構想が展開され、改正介護保険法では地域密着型サービスが創設された。そして、地域包括支援センターなるものの姿も見えてきた。さらに、施設と在宅の間の多様な住まいは「第三類型」と呼ばれ、こうした住まいへの早めの住み替え構想も登場している。また、施設は個室を基本に住まいとして生まれ変わり、地域の在宅ケア拠点として再生していくビジョンが描かれている。

このような形で、日本では介護保険施行後五年目の見直しが行われ、新しい制度設計がなされつつある。デンマークが一九八八年に描いた地域福祉のビジョン、つまり住宅を基盤として地域での生活を支えようとした挑戦は、これからの日本にさまざまな示唆を与えてくれるはずである。

デンマークも常に新しく生まれ変わっている。二〇〇一年、九年間続いた社会民主党政権（党首ポール・ニューロップ・ラスムセン［Poul Nyrop Rasmsen］）を破って、移民規制と税率凍結を約束したアナス・フォー・ラスムセン（自由党：Anders Fogh Rasmsen）率いる中道右派連合が政権の座に就いた。彼は、「You help yourself, then Government help you（自分のことは自分でせよ）」を合言葉に、北欧型社会保障モデルを築いてきた社会民主党とは明らかに一線を画す政策を展開している。

後期高齢者の増加も火急の問題である。

二〇〇四年四月には「新しいデンマーク（Ny Danmark）」と題するアムト（県）の廃止を前

提としたコムーネ（市）合併案を提示し、リハビリと予防に力を入れるとともに福祉部門でも持続可能な制度再構築に向けて民間活力の導入を期した「自由選択」をスタートしてサービスの質の標準化（クオリティ・スタンダード）に取り組んだり、ボランティアなどのインフォーマル・ケアを促進するなど、革新につぐ革新を続けている。問題は、そうしたサービスの標準化や経済合理化の荒波のなかで、デンマークが長年かけて育んできた「自立支援」や、高齢者一人ひとりの生活ストーリーを理解して心を通わせるといった「個別ケア」の理念とその実践が風化してしまわないかという懸念である。税率凍結を約束した彼らにとってみれば、後期高齢者の増加は頭痛のタネなのである。時代のキーワードでもある「持続可能性」を見据えた彼らの最新の取り組みは、より現実的で実践的な示唆を加えてくれるだろう。

住宅に基盤を置いた高齢者福祉はどんなものなのか？
住宅を基盤に地域で最期まで住み切るためには何が必要なのか？

一九八八年の、施設凍結のその後を追ってみたい。

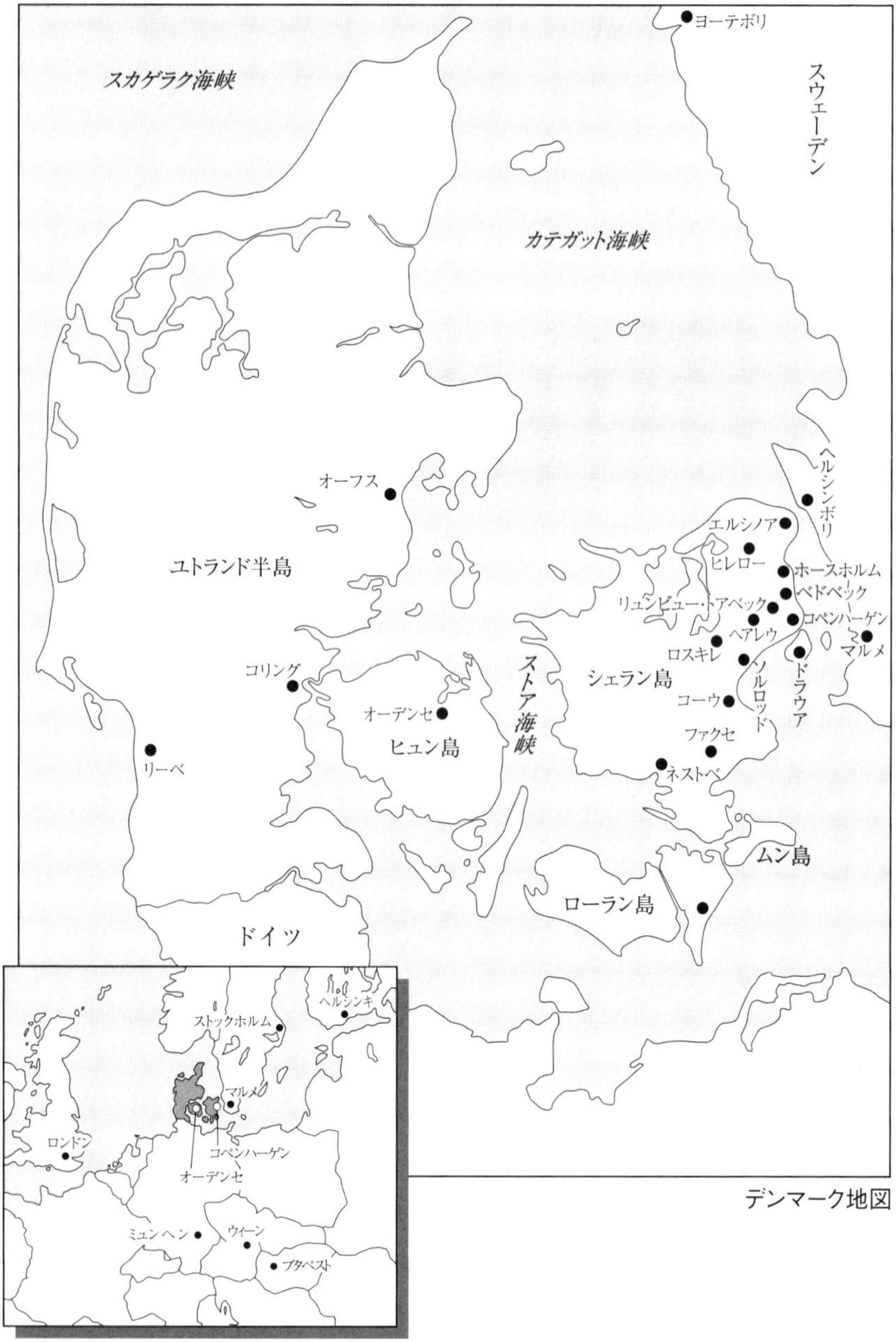
スカゲラク海峡
ヨーテボリ
スウェーデン
カテガット海峡
オーフス
ユトランド半島
ヘルシンボリ
エルシノア
ヒレロー
ホースホルム
ベドベック
リュンビュー・トアベック
コペンハーゲン
ヘアレウ
マルメ
ロスキレ
ソルロッド
ドラウア
コリング
ストア海峡
シェラン島
オーデンセ
コーウ
リーベ
ヒュン島
ファクセ
ネストベ
ムン島
ローラン島
ドイツ
ヘルシンキ
ストックホルム
マルメ
ロンドン
コペンハーゲン
オーデンセ
ミュンヘン
ウィーン
ブダペスト

デンマーク地図

凡例および主要語句説明

＊**高齢者住宅** ： 現在、日本における「高齢者住宅」（一般名詞）の定義はあいまいであり、あるときは「施設」と「住宅」の両者を含めて使われたり、あるときは「住宅」のみを指すものとして使われている。本書では、「高齢者住宅」という用語には施設は含めず「在宅ケアを利用して暮らす、高齢者の身体的・精神的特性を配慮した住宅」と定義している。とくに、文脈上、厳密な使い分けの必要がある場合には「高齢者住宅（狭義）」と表記している。さらに注意すべきは、デンマークにおいてはこうした「高齢者住宅（狭義）」が施設と統合されて、公営賃貸住宅として公営住宅政策の下に展開されている。このことは本書の本質的なテーマに関わっているため、施設と住宅の両者を含める用語としては「高齢者の住まい」「高齢者住宅（広義）」という言葉を使うように心がけた。

＊**地域居住** ： 本書のテーマである「住宅に住んで、住み慣れた地域で最期まで住み続ける」という概念をこの言葉で表現した。そのための条件を、住宅（第３章）、ケア（第４章）、地域福祉（第２章）と捉えている。

＊**脱施設** ： 脱施設という用語はさまざまな意味に使われており、その定義が定まっていないのが現状である。施設内ケアの改革をもって脱施設とするものから、施設を閉鎖して地域のグループホームに引っ越すことで普通の生活をめざそうとしたもの、あるいは施設を閉鎖したものの地域に受け皿がなく失敗に終わったものなど、定義がきわめてあいまいである。よって、本書では特別の場合を除いてこの用語を使うことを避け、新規施設の建設ストップ（1988年）を「施設凍結」という言葉で表現している。

＊**認知症（痴呆）** ： 厚生労働省では「痴呆」という用語が蔑視的・差別的な意味合いを含むとして、専門家・一般の意見を取り入れて「認知症」とすることとした。2005年の通常国会に提出される改正介護保険法の表記から変更され、関連団体はもちろん一般にも浸透しつつある。本書では、「認知症（痴呆）」「認知症」とした。

＊訳語は、以下の例外を除き「スウェーデン・デンマーク福祉用語小辞典」（早稲田大学出版部、1998年初版第一刷）に拠った。

例外１）： 原語をそのまま残したほうがわかりやすいと判断したもの（エルドラ・セイエン　Ældre Sagen）。

例外２）： 多出する用語 Plejehjem については、よりなじみのある表現（プライエム）とした。。

＊本文中「（Andersen, 2000）」とあるのは、巻末の参考文献にある Andersen の2000年の著作に源泉があることを示している。

＊１クローネ（kr）は20円として換算した。

もくじ

第4章 デンマークの高齢者ケア政策

第5章　新しいデンマークと地域居住　269

デンマークの高齢者福祉と地域居住

――最期まで住み切る住宅力・ケア力・地域力――

序章

バルデマーの死
～高齢者住宅で最期まで～

バルデマー（右側）とお隣さんの立ち話

デンマークでは、多くの高齢者が在宅で最期を迎える。自分らしさの中で最期まで、自分の生活リズムで最期まで。それはわがままに自由に生きることであり、寂寥を愉しむことである。同時に、孤独に耐えることでもあるが、友人とともに生きることでもある。そして、「自然な死」を意思表示することである。

「公的制度はたしかに必要です。しかし、一人ひとりの努力こそが人生を豊かにするのです」

これは、デンマークでの取材を通して知り合ったバルデマー・オルセン（Valdmar Olsen、八二歳、呼び慣れた呼称「バルド」を使用）が私に残してくれた言葉である。

「毎日どのように過ごしているか、書いてくださいますか」という私の依頼に対して、彼はこんなフレーズではじまるエッセイを書いてくれた。私はそんなに長い文章をお願いしたつもりはなかったのだが、彼は日々の思いを発信せずにはおれなかったのであろうか、それとももともと書くことが好きだったせいなのかもしれないが、一〇枚以上にもわたる原稿が私のもとに届いた。これを受けとったとき、私は食い入るようにして読んだ。何度も何度も読み返して、バルドへの尊敬の念を深めると同時に、「デンマークにおける高齢者福祉は、こんな高齢者の意識や生活を支えるために存在しているのだ」ということを改めて認識した。

バルデマー・オルセンさん（82歳）

二〇〇三年の正月早々、バルドが私に紹介してくれた友人インガ・ベンツェン（三一一ページで登場）を通して悲しい知らせが届いた。バルドが、昨年末に亡くなったというのである。彼の死を知らせるメールには、「最後の二週間を病院で過ごして亡くなりました。最後に、彼は生きることを望まなくなりました」と書かれてあった。

私が初めて独り暮らしの彼を訪ねたのは一九九八年のことである。普段はこわい顔をしているのに、笑うと顔のかたちが変わって笑顔がこぼれ落ちるようであった。背が高くてダンディな紳士は、穏やかに淡々と生きていた。そのあとも、デンマークを訪れたときには必ず訪問して、とりとめもない話をしては数時間を過ごした。最後（二〇〇二年四月）にお会いしたときもいつもと変わらず、クッキーを用意して、普通のデンマーク人がするようにお湯をポットで沸かしてお茶を入れてくれた。それほど元気だっただけに、この知らせには本当に驚いた。

彼は、ソフィルン[1]の高齢者住宅で独り暮らしをしていた。一九九五年に脳梗塞で倒れたが、リハビリによって普通の暮らしを取り戻した努力家である。トイレが広く、段差がなくてドアが引き戸であるなどの工夫がこらされたバリアフリー住宅は、彼のリハビリとそのあとの生活を応援していたにちがいない。

（1）（Sophielund）ホースホルム市にある高齢者住宅（一二七戸）、アクティビティハウス、認知症（痴呆性）高齢者のグループホーム（八人のユニットが三つ）の複合体である。三〇九ページで詳しく紹介している。

奥さんを亡くされたあとも一人で生活し、自らの人生を生きてきた。彼の奥さんはひどい喘息であったにもかかわらずタバコを吸い続けたために、彼がリハビリによって快方に向うころには病気が悪化しはじめていた。そこで、今度は彼が奥さんの世話をする役に回ることになった。奥さんも亡くなる二日前まで訪問看護を受けながら自宅で生活し、最期は病院で息をひきとった。

彼の死はあまりにも突然で悲しく、初めて会ったときのことや、こぼれるような笑顔、干した洗濯物の横で当たり前のことのように「これは自分で洗ったんだ」と話してくれたこと、そして、なぜかいつも臙脂《えんじ》色のシャツを着ていたこと、約束もせずに訪ねていったときには私が玄関先で彼の散歩からの帰りを待つことになってしまったことなど……さまざまな思い出が蘇ってきた。

デンマークでは、多くの高齢者が在宅で死を迎える。病気である場合は、状態の悪化などによって入院する場合もあるが、その期間はきわめて短い。基本的には自宅においてホームドクターの指示のもと、訪問看護を受けながら家族に囲まれて亡くなる。それを、彼らは「自然な死」と表現する。

デンマークでは、今、居住環境の面でも、ケアの質という面でも、施設と住宅との間に差異がなくなっている。在宅で可能なかぎりがんばって、二四時間介護が必要になったときに最後の手段として施設へ引っ越しをすることの愚かさはもう二〇年も前に明らかにされた。高齢期の暮らしを配慮した高齢者住宅が施設と同レベル（数量）で用意され、在宅においても施設と変わらないほどのケアが受けられるようになっている。

家族や友人との人間関係や、これまでもってきた役割、日常生活のリズムを継続しながら最期まで住み続ける。そして、在宅ケアスタッフに支えられ、家族に見守られながら自然な死を迎える。こうしたデンマーク流の「地域で生き切る」やり方を実現するためには、いったい何が必要なのだろうか？

バルドの死に直面して、いろいろと学ぶことができた。その中心にあるのは、高齢者自身の「よく生きたい」という意志である。そして、最期まで住むことを可能にする居住環境、最期まで支えきれる在宅ケアシステム、医療との連携、継続的なリハビリ、そして交流や活動の場を主体的につくり出すデイセンターやアクティビティ・ハウスなどの施設、さらに制度として届けられるケア（フォーマル・ケア）だけではなく、そのすき間を埋めるように提供されているボランティアを中心とするインフォーマル・ケアの数々と、さまざまな要素が浮かび上がってくる。

「高齢者住宅＝虚弱な高齢者の住まい」というイメージが定着し、高齢者住宅はケアがつくものという誤解が蔓延している日本で、「デンマークの高齢者住宅はケアスタッフが常駐しない『素ッピン住宅』なんです」と説明してもなかなか理解してもらえなかった。私自身、中途半端にケアスタッフを常駐させることは住宅の施設化につながる可能性が高いと考えており、またここがデンマークと日本を分ける重要な分水嶺であると思ったので、正しく理解してもらうために「素ッピン住宅」なる言葉を考案して使うようになった。そして、素ッピン住宅の必要を説いて回ったのである。

しかし、よく観察してみると、バルドは継続的にホームヘルプサービスを受けていたし、日中、何かがあればヘルパーか訪問看護師が飛んできてくれていた。また夜間は、市内全域を対象として巡回しているホースホルムコムーネ（市）の夜間巡回が、アラームで知らせば来てくれる環境であった。「安心・安全」のケア体制は住宅にパッケージ化されてはいないが、市内全域に広がる外からのサービスとして完璧なまでに提供されていたのである。また、デイセンターでの活動は「役割と交流」をつくりだして彼にみなぎる力を与えていたにちがいない。その様子を、バルデマーが書いてくれたエッセイを通してご紹介したい。

ゆたかな暮らし

バルデマー・オルセン

一九九六年四月（バルデマー、当時七六歳）、私たち夫婦はソフィルンのテラスハウスに引っ越してきた。妻の足が悪くなって、歩行がどんどん困難になっていったからだ。そのころ、私たちは町のメインストリート沿いのアパートに住んでいたが、とくに三階への階段の上り下りができなくなってきた。そんな折、ソフィルンの高齢者住宅に六ヵ月待っただけで入居できたのは非常に幸運だったと思う。

そのとき、私は七六歳でまだまだ元気だった。息子の友人を助けて小さな会社を運営していたし、歩くことも、走ることも、自転車に乗ることも、車を運転することもできた。友人や家族に会ったり、妻を病院に連れていくために車の運転ができるということは非常に重要なことであった。それ以外にも、買い物や掃除ももちろんできた。

しかし、この年の一二月、それらのすべてが変わってしまった。朝起きたら、私の身体に異変が起きていたのだ。私は、二年前に軽い脳硬塞を起こしていたので、すぐにそれが脳硬塞だとわかった。最初はそれほどひどいものではなかったので、午前中はその日の重要な仕事を終えることができたほどである。しかし、午後には左半身が重くなり、声が出なくなった。ほうほうの態《てい》でホームドクターの所に行くと、すぐに救急車が呼ばれた。私は病院に運ばれ、処置を受けることとなった。

一週間は病院での治療を受け、そのあと私はリハビリ専門の病院に移された。そこには、さまざまな理由で障害をもつ人々がいたが、私は脳硬塞部門でリハビリを受けることとなった。主治医の診察を受けて理学療法士が紹介され、セラピストは足と手と顔の筋肉、そして発声の訓練をしてくれた。しばらくして、車椅子を与えられて私は再び動けるようになった。

トレーニングがはじまり、毎朝、着替えの前にベッドのところに理学療法士が来て左腕と左足をマッサージしてくれた。そのあとで着替えを

ソフィルン

するのだが、できるだけ自分でするように励まされた。援助は、靴ヒモを結ぶなど、自分でできないことだけになされる。シャツのボタンがけなどは当然のことながら手伝ってもらえるのだが、冬でありシャツの上にセーターを着ていたためにボタンが外れていてもそれほど問題はなかった。だから、私はこの行為を自分でやってみようと思ってそのままにしていた。麻痺した左手で右袖のボタンをかけるという行為ができるようになったのは、自宅に帰ってから数週間後のことである。それは、まさに記念すべき日だった。自分自身に打ち勝つという偉大な勝利の日である。

病院での生活は、朝食のあとに車椅子で訓練室に行って理学療法士に会うことからはじまる。そこには同じ訓練をするほかの人たちもいて、私は毎日自らの進歩の様子を確認することができた。小さいけれど確実な進歩である。一ヵ月後、私は歩きはじめることができた。車椅子は歩行器に換えられ、さらにひじ付きの杖へと換えられていった。これらを使いこなすのは比較的早くできたように思う。

次に、毎朝別の訓練室に行って小さなグループに混じって、手と指と腕の訓練をはじめた。少し良くなってくると特別なキッチンでの訓練がはじまり、皿洗いやジャガイモ、リンゴの皮むきをしながら訓練をすることができた。私は、「自分で家事ができるようになればこれほどいいことはない」と自分に言い聞かせて、強い気持ちをもって臨んだ。

ここでは訓練している患者は一緒に食事をするわけだが、これが一緒に会話するよい機会ともなった。とはいえ、考えていることを言葉にすることができない人が多く、精神的にも落ち込んでいるために生き生きと会話するという光景はなかった。ある人は、一人でうまく食べることさえできなかった。

昼食が終わると、顔の筋肉の訓練がはじまる。小さなグループで一人ひとりが鏡を持って、顔の筋肉を一つひとつ動かしていく訓練である。最初はこわくて鏡を見ることもできない。しかし、徐々に動かせるようになって、鏡を覗き込めるようになった。それ以外にも舌の訓練をしたが、こうした訓練のとき、われわれが落ち着いてできるように職員は家庭的でフレンドリーな雰囲気づくりに努めてくれた。さまざまな訓練を繰り返して、まもなく自宅に帰ることができた。

この病院では、スタッフのみんなが前向きで勇気がもてるように働きかけてくれた。うるさい患者にも、忍耐強くひたむきであった。たとえば、夜寝ているときに私はベッドからずり落ちるので、看護師を呼んで位置を直してもらわなければならなかった。毎夜、二回はナースコールをしなければならないのだが、看護師はすぐに来てくれ、微笑みながら励ましの言葉をかけて私の願い通りにしてくれるのである。

私は、この態度に非常に感動し、退院するときに御礼の手紙を置いてきた。すると、リハビリ病院の主任から電話があり、「これを行政当局にも見せてもよいか」ということであった。私は、二つ返事でＯＫした。そのとき、実はその病院が閉鎖されるという噂が流れていたのである。私の手紙が功を奏したのかどうかわからないが、幸いにもその病院は存続して、今も障害者の訓練を続けている。

さて、いよいよ、私の自宅復帰について検討される時期がやって来た。帰宅に関しては、妻のいる自宅に帰ることができるという喜びと、リハビリ病院で感じていた安心感がなくなるという不安感、この二つの気持ちが錯綜して複雑な心持ちであった。しかし、在宅復帰への準備は着々と進められ、私が住んでいるホースホルムコムーネ（Hørsholm）の在宅ケアのリーダーとリハビリ病院の理学療法士が私の家でミーティングをして、次のようなことが取り決められた。

①杖、歩行器、電動ベッドを貸し出してもらう。
②週一時間の理学療法士のトレーニングを受ける（三ヵ月）。
③自動車を運転できないので、その代わりとしてハンディキャップ移送サービスを受けることができ、三ヵ月の間に二六回にわたって交通機関を利用できる（片道電車で三〇分かかるコペンハーゲンへの往復を、三ヵ月間にわたって毎週できることになる）。

家に帰ってみると、私がいない間に妻もこの移送サービスを利用するようになっていた。そして、週に一回ヘルパーがやって来て買い物を手伝ってくれ、別の日に同じヘルパーが掃除（一時間）をしてくれるようになっていた。これは、入院する前には私がやっていたことである。このサービスはありがたかった。しかし、正直なところ一時間の掃除サービスでは不十分であったので、妻とも相談して、市からのサービスとは別に週に三時間の掃除を自費で依頼することにした。

帰宅してからは、週に一回、近くのアクティビティ・ハウスにある訓練室で作業療法士の指導がはじまった。しかし、病院にいたときから「病院の訓練が終わっても、自分でトレーニングを続けよう」と心に決めていたので、作業療法士のすすめもあってパソコンを使って訓練をすることにした。椅子に座って誰かが回復を助けてくれるのを待っているだけでは衰える一方ではないだろうか、また一番大切なのは自分自身の努力なのだと考えて、麻痺のない右手の五本の指でキーボードをポツポツと叩くことからはじめた。次には左手も加えて、六本、七本と徐々に増やしていき、数ヵ月後には一〇本の指を全部使って打てるようになった。何よりもうれしかったのは、私の仕事を引き継いだ後継者からドイツ語の翻訳を頼まれて、数ヵ月の間毎日数時間の仕事をしながらトレーニングできたことである。

また、アクティビティ・ハウスでは、以前にやっていた製本技術を教えるグループが再開されることになった。ある人は、私の身体を気遣って止めることをすすめてくれた。また、参加者が亡くなって人数が減りつつあったのだが、幸いなことに新しく入会してくる人たちもいて、小さなグループで再スタートを切ることとなった。このようにして、次第に以前の生活に戻っていったのである。

ここで、私の最近の日課を紹介してみたい。私は朝起きてトイレに行き、着替えをして朝食を食べる。ヘルパーは毎日来てくれるわけではないので、昼食も夕食も、後片づけはすべて私の仕事である。洗濯は自分でするが、アイロンがけはプライベートで頼んでいるヘルパーがしてくれる。午前中は散歩をして、外の空気を吸いながら約二キロの道のりを二時間かけて歩く。こうした散歩を週に二～三回しているが、これは私の健康づくりにとってとてもいいことだ。帰ってくるとヘルパーが来ていてコーヒーを入れてくれたりする日もあるのだが、そのときには話をしたりする。しかし、通常は新聞を読む。午後はテレビのニュースを見たり読書をしたりし、夜は机の周りを片づけてパソコンでメールを書く。ベッドに入る前に約三〇分間クロスワードパズルをして、最後に血圧を測ってから床に就く。これは、薬を減らしてから励行している私の健康法である。

こうした日課に加えて、先にも述べたように火曜日の午前中にはアクティビティ・ハウスの読書会に参加して、午後は製本技術を教えている。水曜日には訓練室でトレーニングを受け、木曜日には息子と娘が孫を連れてくるので一緒に夕食をとっている。金曜日には自分で近くのスーパーマーケットへ買物に行くので、その途中に妻の古い友人の家に立ち寄るようにしている。彼女は歩けないので、買物のリストを受け取ってショッピングを手伝い、お茶を飲んで帰ってくる。金曜の夜は「映画の夕べ」ということで、私の家でビデオを観たりすることもある。

病院から帰ってから五年が経ち、最後の二年は妻を亡くしたために独り暮らしとなった。しかし、脳梗塞から回復して、幸いにも手も頭も元の状態に回復したし、家族やよき友人に囲まれている。だから私は、寂しいと思ったことも、退屈だと思ったこともない。

〰〰〰〰〰

私はこのエッセイを、涙なしで読むことができなかった。そして、勇気づけられながら、最後にはすがすがしい気持ちで読み終えることができた。一九九八年から二〇〇二年という四年ほどの付き合いでしかなく、会って話していても会話が途切れることも多かったのだが、それでもなんだか大好きな人だった。会った回数そのものは少ないが、バルドの表情や家の様子、ゆっくりと歩く様子や少し麻痺が残る話し方などの風景が思い出されてそのような感情にさせるのだろう。それに、国も世代も違う二人が何かの縁で知り合って、こうして毎年訪問して話をすることができる。このこと自体に不思議な感覚をもっていたので、涙が止まらなかったのだろう。しかし、その感情はすぐに次のような疑問を引き起こした。

「どうすれば、こんなにいい生き方や逝き方ができるんだろう?」

高齢者の生きる意欲を支えるために、制度が大きな支えとなってよく機能しているデンマーク。バルドのように脳梗塞という障害をもちながらも、住み慣れた地域で最期まで自分らしい普通の生活を続けていくためには何が必要なのだろうか?　そして、そのためにデンマークという国は何をしてきたのだろうか?　私の頭のなかには、ずっとこうした思いが住み続けていた。

第1章

デンマーク高齢者住宅の歴史

年金受給者住宅グルベアヘーウ

コペンハーゲンコムーネ北地区（Nørrebro）にある年金受給者住宅グルベアヘーウ（Guldbergs Have）は、社会民主党政権下において1936年に建てられたデンマーク初の高齢者向けの公営住宅である。何と年金受給者住宅は、1970年代に28,700戸（高齢者人口の４％）が整備されていた。1988年よりデンマークでは施設建設が凍結されたが、こうした高齢者住宅の存在とそのノウハウがその大胆不敵な政策を支えている。

1 プライエム増設から施設凍結へ

（1） 高齢者福祉と住まいの変遷

コペンハーゲンには、デンマーク最古といわれる老人ホーム「De Gamles by（老人の町）」がある。「De Gamles by（老人の町）」というだけあって、塀で囲まれた広大な敷地のなかには何棟ものレンガ造りの集合住宅が並んでいる。一八九二年から半世紀をかけて造られていった「老人の町」は、かつては一五〇〇人を超える老人を「収容」していたが、現代風に建て替えられて六四〇人が「住む」町へと生まれ変わっている。

私はここで、その後長い期間にわたってお世話になるゲオ・ゴッショルクという、著名な高齢者住宅研究者と数奇な出会いをした。二〇〇二年一〇月のある日、時間をつぶそうと「老人の町」を訪ねた。なかを見せてほしいなあと思って歩いていると、一つの建物のなかに人がいるのが見えた。トントンとたたいて「開けてちょうだい」とジェスチャーで示すと、「何か用か」というようにすぐに開けてくれた。御礼を言って、「私は日本から来たのだけれど、管理の方はおられますか？」と尋ねた。一目で東洋人とわかる私を見て、「私は、明日、日本からやって来る人に会う約束があるんだ」と、その人は言った。

「うん？」、実は私も次の日、デンマーク人研究者に会う約束があったのである。デンマークには約五〇〇人の日本人が住んでいるが、日本からやって来る日本人はそう多くはないであろう。
「あれ？　それって、私のことでは……」

なんとその人は、私が翌日ホースホルムコムーネ（市）に訪問することになっていた「ＳＢＩ（国立建築研究所）」のゲオ・ゴッショルク氏その人だったのである。数々の論文や報告書を発表して高齢者居住の発展に努め、ヨーロッパで開かれる住宅・建築関係の国際会議の幹事を務めるなど、文字通りデンマークを代表する高齢者居住研究の第一人者である。

「デンマークを代表する」といっても、人口五三〇万人の小さな国である。「あなたしかいないから、自動的にデンマークを代表することになるんでしょ？」というような失礼な冗談がそのまま真実なのであり、こんな冗談を喜んで受け入れるのがデンマーク人のデンマーク人たるところである。

彼は、電車で三〇分以上はかかるホースホルムコムーネに住んでいるのだ。なんという運命のいたずらか、二人は大笑いして硬い握手を交わした。デンマークでは、一度会って話をすればファーストネームで呼び合う関係となる。これにならって、人生の大先輩でありかつ世界的な学者を「ゲオ」と呼ばせていただくことにした。「ゲオ（Georg）」とは英語で「ジョージ（George）」。ちなみに、銀細工のアクセサリーなどで有名なジョージ・ジャンセン（Georg Jensen）も、デンマーク語では「ゲオ・イェンセン」と発音する。購買意欲を削がれそうな発音で

ゲオ・ゴッショルク

表1－1　1952年の養老院ガイドライン

1952年の養老院ガイドライン

・一施設の入所人数は20人が望ましい。
・部屋は個室で面積は11㎡（12㎡が望ましい）。
・洗面台を各部屋に設置する。
・トイレは同性の老人10人に1つ、バスタブは20人に1つを設置する。

あるが、これがまた味わい深いのである。

さて、この「老人の町」では一番奥まった所に、一九〇一年にデンマークで初めて建設された養老院「サレム（Salem）」がひときわ威容を誇っている。養老院は福祉施設であり、その多くが個室だった（Fich et al., 1995）。

これは日本の特別養護老人ホームに相当する高齢者福祉施設「プライエム」の前身であり、プライエムが初期のころから個室が多かったのは、そのルーツが病院ではなく「養老院」という福祉系施設であったことが大きな要因と考えられている。一九五二年には**表1－1**に示すようなガイドラインが設けられ、国からコムーネへの低利融資補助によって居住環境の向上が図られてきたのである。

デンマーク最古の養老院「サレム」

デンマークの高齢者住宅の歴史について、まずは年表をご覧いただきたい。この歴史区分は、デンマーク王立建築アカデミーのカレン・ツアーレ教授（Karen Zahle）から紹介していただいた『OLD PEOPLE's HOUSES（高齢者の住まい）』という本に基づいて私なりの編集を施したものである。わかりやすくするために、政治経済状況や福祉施策の変遷を加えている。

この年表を見ると、高齢者福祉施設の代表であるプライエムが救貧院[1]、養老院[2]の系譜を引くものであることが一目瞭然に理解できる。また、プライエムと保護住宅[3]は「社会支援法」の改正によって一九八八年一月一日以降新規建設が禁止されたが、このときすでに年金受給者住宅[4]、高齢者向け集合住宅[5]（四三ページを参照）など高齢者のさまざまな住まいが存在していたこと、そして同年以降に建てられる高齢者の住まいはすべて「高齢者・障害者住宅法（一般的に高齢者住宅

（1）（Fattighus）貧困、老衰、疾病などの異なる状況を考慮せず、「貧民」として一括して混合方式で収容した公的施設。被収容者の生活は自活する労働者の最下層の生活状態より以下でなくてはならないという劣等処遇の原則が厳格に適用されていた（岡村、一九八三年）。

（2）（Aldomshjem）一八九一年、高齢者救済法が制定され、高齢者救済と救貧事業が切り離された。これによって、自宅で介護が受けられない虚弱な高齢者のための施設として登場するようになったもの。

（3）（Beskyttede bolig）二四時間介護の必要はないが、一人で自立生活するには不安が伴う高齢者のための住まい。プライエムに併設されることが多く、昼間はスタッフがいて世話にあたるが夜間は併設のプライエムにいる職員がアラーム呼出に対応する。プライエムと同様、社会支援法によって一九八八年一月一日以降は新規建設が凍結され、既存のものは居住とケアを分離することを条件に存続が許された。

（4）（pensionistbolig）一九三三年年の社会政策構造改革によって提案され、一九三〇年代末から一九五〇年代にかけてコムーネによって建てられた。この時代「貧困な年金受給高齢者」対策は社会問題となっており、これに対して住宅政策に重点を置いた生活保障が進められていた。

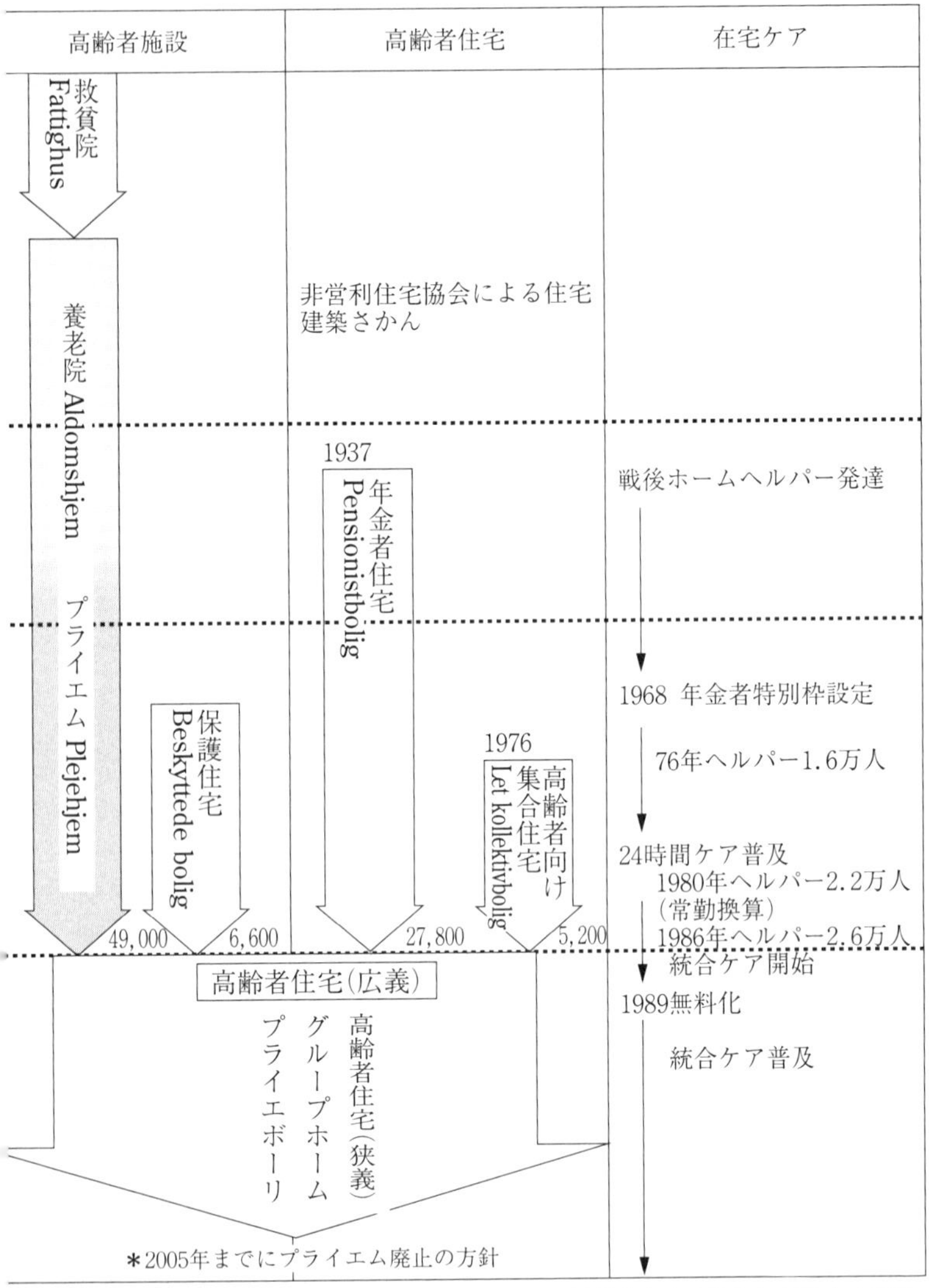
高齢者施設
高齢者住宅
在宅ケア
救貧院 Fattighus
養老院 Aldomshjem
プライエム Plejehjem
保護住宅 Beskyttede bolig
非営利住宅協会による住宅建築さかん
1937
年金者住宅 Pensionistbolig
1976
高齢者向け集合住宅 Let kollektivbolig
49,000
6,600
27,800
5,200
高齢者住宅(広義)
高齢者住宅(狭義)
グループホーム
プライエボーリ
＊2005年までにプライエム廃止の方針
戦後ホームヘルパー発達
1968 年金者特別枠設定
76年ヘルパー1.6万人
24時間ケア普及
1980年ヘルパー2.2万人
(常勤換算)
1986年ヘルパー2.6万人
統合ケア開始
1989無料化
統合ケア普及

＊国民総生産は1960年を100とした指数。

表1－2 デンマークの高齢者福祉政策と住まいの変遷

年代	政治・経済・社会	政治	変遷	人口	高齢化率	国民総生産	福祉政策	
1800	1844 国民高等学校 1848 絶対王政崩壊 1849 自由主義憲法 1864 第二次スレースヴィ戦降伏 1872「農民の友」結成 都市への人口移動盛ん	都市へ人口移動	施設収容の時代	140万	(%)		1867 救貧税廃止 1891 高齢者支援法 1892 初の医療保険法	
1900	1901 Venster 自由党大勝 1914 第一次世界大戦 1919 非営利住宅全国組織結成 1920年代 戦間期の経済危機 1924 初の社会民主党政権 1929 世界大恐慌	政権不安定		240万	7		1921 医療保険法 1922 老齢年金法	
1930			革新進歩の時代	330万			1933 社会改革法	
1940	1940 ドイツに占領さる 1945 開放	占領		384万	7.8			
1950	1953 新憲法	経済復興		428万	9.1		1952 養老院ガイドライン 1957 国民年金法 1958 ヘルパー法	
1960	1967 VAT（付加価値税）10% 1968「若者の蜂起」	経済黄金時代	プライエムの時代	456万	10.5	100 128	1964 プライエム規制 1967 プライエムガイドライン	対GDP税率25%
1970	1973 オイルショック 1975－82 社会民主党政権 （A.ヨーゲンセン内閣） 1979 第二次オイルショック	不況と不安定政権		490万	12.2	153 168	1970 社会福祉行政法 1973 医療保険法 1974 社会支援法 1974 養老院廃止 1979 高齢者政策委員会	同40%
1980	1982 保守連立政権 （長期政権） 海外競争力つける	保守連立		512万	14.3	190	1980-82 委員会の報告書 1982 建築基準法	同46%
			高齢者住宅の時代			217	1987 高齢者・障害者住宅法	
1990	1992 マーストリヒト条約否決 1993社会民主党政権 （P.N.ラスムセン内閣）	社会民主党安定政権		513万	15.6	233	1988 プライエム建築禁止	同49%
1995						257	1996 改正高齢者住宅法 1997 公営住宅法 1998 社会サービス法	同52%
2000	2001 中道右派連立政権 （A.F.ラスムセン内閣）	中道右派政権						
2005				538万	14.2			

出典："Old People's Houses"、"Ædrepolitik på afveje"、「デンマークの歴史」（創元社）等より筆者作成

法と呼ばれているため、以後高齢者住宅法と記す)」に拠ることとし、すべての高齢者の住まいが一元化(統合)された様子を視覚的に確認していただけると思う。[6]

以下、プライエム建設凍結に焦点をあて、そこに至った経緯と、なぜこうした大胆な施策が可能であったのかというデンマークの独自性、そしてその後の展開について探っていきたい。

(2) 多様な高齢者の住まいとプライエム

養老院が高齢者の「ついの住みか」だったころの一八〇〇年代末、工業化の進展に伴って農村から多くの農民が都市部へ押し寄せ、一九一〇年前後に都市部の貧困は最高潮に達した。彼らはグルントヴィが創始したフォルケホイスコーレ[7]の教育を受けていたわけだが、このころ、都市部に流れて労働者となった農民は親子三代にわたる六人~八人がワンルームの住宅に住み、タンスの引き出しに赤ん坊を寝かせ、床にはネズミが走り回っていたという(Nielsen, 1993)。

一九二四年、こうした都市部の労働者層を基盤に成長した社会民主党がデンマークで初めて政権(スタウニング首相)をとり、公営住宅の整備を政策の最重点課題として掲げた。一九三三年には社会改革法が施行され、「福祉は貧しい人を救うための施しではなく、権利意識に基づいて国民全体に提供されるサービスである」という普遍主義的な福祉の理念が確認された。

そして、その三年後の一九三六年、デンマークで初めての高齢者向け公営住宅である年金受給者住宅が登場した。この住宅は一九七九年までに二万八七〇〇戸が整備されたが、これは当時の高齢者人口七二万四〇〇〇人の四パーセントに相当する。日本における高齢者住宅（狭義）の供給率が二一世紀の今でも一パーセントに満たない（三三六ページ参照）ことから考えると、驚異的な数値であることがわかるだろう。こうした住宅政策基盤は、一九八八年の施設建設凍結後の高齢者の住まいづくりのお手本となり、その後の高齢者住宅の発展にきわめて優位に働いたというのが私の見方である。

施設系では、どのような発展が見られたであろうか。**表1－2**にあるように、養老院は一九六〇年代に自然消滅してプライエムが登場している。そして、建てても建てても足りない「施設増設」の時代を迎える。

第二次世界大戦では、デンマークは不可侵条約を結んでいたにもかかわらず突如ドイツに占領されてしまい、一九四〇年四月から一九四五年五月五日まで五年間にわたって平和的占領の時代

（5）（lette kollektivbolig）一九七六年から一九八七年に、非営利住宅協会とセルアイネ法人によって建てられた高齢者のための住宅。自立した生活はできるが、独り暮らしをするにはやや不安がある高齢者が対象である。

（6）（lov om boliger for ældre og personer med handicap）一九八七年制定された法律で、施設建設凍結後の高齢者の住まいについて規定している。法律の名称からも分かるように、高齢者と障害者の区別なく捉えている。一九九七年、実質的に公営住宅法（lov om Almene boliger）に統合されている。管轄は都市住宅省。

（7）（folkehøjskole）一八四四年、農民教育に努めたグルントヴィが創始したもので、現在約一〇〇校ある。詳しくは、清水満著『生のための学校』（新評論、一九九六年）参照。

表1－3　世界における高齢化の進展

	高齢化社会（高齢化率７％）	高齢社会（高齢化率14％）	高齢化社会から高齢社会になるまで要した年数
デンマーク	1925年	1978年	53年
スウェーデン	1887年	1972年	85年
ノルウェー	1890年	1977年	87年
イギリス	1930年	1976年	46年
オーストラリア	1940年	2014年	74年
アメリカ	1945年	2014年	69年
日本	1970年	1994年	24年

出典：〈平成15年版　社会保障統計年報〉国立社会保障・人口問題研究所編、2004年。

が続いた（橋本、一九九九年）。この間、激しいレジスタンス運動が繰り広げられ、その内容はシェラン島北端にあるクロンボー城(8)の地下に眠る「ホルガーダンスク」の像の前でデンマークの若者たちの決起大会が開かれるなど、この手の話は枚挙にいとまがない。五月五日はデンマークにとっての開放記念日であり、灯火管制から開放された喜びを窓辺にろうそくを灯して喜んだそうである。いまだに、五月五日には窓辺にろうそくを灯して祝う風習が続いているほどである。このような形で戦禍から逃れることができたデンマークでは戦後復興も早く、一九五〇年代後半から一九六〇年代には「経済黄金時代」を迎えて完全雇用を達成するまでに至った。同時に、ほかのヨーロッパ諸国に比べて高齢化を早く体験し、一九六〇年には高齢化率一〇パーセントを超え、一九七八年には一四パーセントを超えて高齢社会に突入している（**表1－3**を参照）。

ちなみに、一つの国が高齢者福祉に危機感を感じ本腰を入れはじめるのは高齢化率一〇パーセントを超える前後である。

高齢化の進展と豊かな財政基盤を背景に、在宅で暮らせなくなった高齢者のための福祉施設「プライエム」が増設されていったのはこのころである。このころの施設運営のキーワードは「大規模化」、「集中化」、「合理化」、「専門化」であり、建物はそびえ立つような高層タイプ（五～六階）で、個室とはいえ一〇〇～一五〇室もある大規模なものが建設されていった。急速な高齢化のなかで大規模なものを造らなければ間に合わず、財政的にもその余裕が充分にあったのである。

このころに造られたプライエムは、建物の入り口には入居者ネームプレートが掲げられ、長い廊下（**Coridor**）の両脇に個室が並ぶ典型的な病院モデルである。さらに、食事については四〇人～五〇人が一堂に会するような大食堂スタイルで、これらが一九六〇年代のプライエムを象徴する「負のシンボル」である。しかし、このころのプライエムのガイドラインは**表1－4**のように定められていた。日本でもようやく二〇〇二年より補助が出て制度化された「新型特養」が、「個室化・ユニットケア」を基本として居室面積が一三・二平方メートルであることを思うと、ハードだけをとらえればわれわれはデンマークの四〇年あとを追いかけていることになる。

（8）　シェラン島北端のエルシノアにあるウアソン海峡を望む古城。海峡を通る船から関税を集めるために造られた。地下にはホルガー・ダンスク像が眠っているが、窮地に陥ったとき、その深い眠りからさめて国を救うという伝説がある。シェークスピアの『ハムレット』の舞台となった城としても有名。

表１－４　1967年プライエムのガイドライン

個室が基本 トイレ・シャワー付き（1995年時点でトイレなしのものは約21％） 緊急時のためのアラーム付き 面積は17㎡前後 ベッドは施設のものを使用。家具は使い慣れたものを自由に持ち込んでよい。ない場合は市が支給する。

出典：伊東博文（1985）「デンマークにおける人口高齢化と高齢者の医療・福祉問題」〈国際社会福祉保障研究〉Vol. 35、健康保険組合連合会。

高層タイプ

プライエムの室内（17㎡前後）

廊下（coridor）の両脇に個室が並ぶ病院モデル

大食堂での食事スタイル

（3）プライエムの大規模化

プライエムは大規模化し、どんどん建てられていった。一九七〇年代には、その数は一・五倍に増えたという。そして、大規模・集団処遇によって高齢者の暮らしそのものが蝕まれていった。

一九八六年、スケービングコムーネ（Skæving）で統合ケアのプロジェクト・リーダーを務めたリス・ワグナーは、このころのプライエムでのケアの様子を次のように書いている。

「プライエム職員は、高齢者の要求には何でも従う『召使症候群』にかかっていた。彼らは召使いやメイドのように、一日八時間、高齢者に対して従順に働いているだけである。高齢者は椅子に深く腰掛け、ニーズにかかわらず毎日三回薬をもらい、決まった時間に食事を与えてもらう。こうしたケアのあり方は、ニーズに合わせてケアを届けようという在宅ケアの価値観と明らかに不協和音を奏でていた」（Wagner, 1998）（四〇～四一ページのコラムを参照）

これこそが、高齢者のニーズを無視して一方的に届けられる「ケア・パッケージ」の実態であり、今ある能力を使って自分で生活することを援助する「自立支援」の視点を欠いたケアの致命的な様子が語られている。サービスを受けるだけで、自分の生活を自分で紡がない無味乾燥な暮らしのなかで高齢者はどんどん虚弱になっていった。そして、日々の暮らしのなかでの役割や感動があるような、そんな変化に富んだ生活がなくなり、徐々に進む「施設内閉じこもり」のなかで高齢者たちは命の輝きをなくしていったのである。

元社会福祉大臣ベント・ロル・アナセン（Bent Rold Andersen）は、そのころのプライエムの様子を次のように表現している。

「プライエムの多くが孤立していて不毛で活力がなく、人間の権威を失わせるようなミニ病院、人間の最後の最期を迎える待ち合い室へと化していった。プライエムに住む人々にとって、生きき生きとした生活はプライエムに引っ越したその日を境に幕を閉じた」（Andersen, 1999）

一方で、これだけ施設を増設してもまだ足りず、病院や自宅には施設に入れない高齢者があふれていた。コペンハーゲンのヴィドオワ病院（Vidovre hospital）では、高齢入院患者のうち三九パーセントが社会的理由（施設が不足、在宅ケアが不十分である）によるものだったという。

またそのころ、コペンハーゲンコムーネにはプライエムに約五八〇〇人分の居室があったが、これに対して約二二〇〇人の待機者がいた。そして、この待機者のうち約一〇〇〇人が病院で待っていたのである。明らかな社会的入院である。そのころ、病院一床の費用は一日約二〇〇〇クローナ（約四万円）、プライエムが約六〇〇クローナ（約一万二〇〇〇円）、在宅ケアは一〇〇～三〇〇クローナ（二〇〇〇円～六〇〇〇円）であった（伊東、一九八五）。

一九七三年、オイルショックが世界を襲った。デンマークも打撃を受け、それまで一パーセント前後で推移していた失業率が三パーセント（一九七〇年）から一三パーセント（一九七五年）まで一挙に悪化し、一九八〇年には一八パーセントにまで上昇した。所得税がコムーネの歳入の約半分を占める財政構造から考えても、その打撃の大きさは容易に想像がつく。

在宅や病院には、プライエムへの入居を待つ高齢者があふれており、どんどん増えていく。施設を増設するといってもコムーネ（市）には金がない。しかも、財政負担の多いプライエムはミニ病院と化している。このようななかで、施設に代わる別のケア体系が求められたのである。

これからの高齢者福祉政策をどうするべきか？　この課題を受けて政府内に「高齢者政策委員会（AEldrekommissionens）」が設置され、今後の指針を打ち立てる作業がはじめられた。

（4）施設凍結と「居住とケアの分離」

一九七九年、政府内に女医、ジャーナリスト、福祉専門職などの一六人の委員からなる高齢者政策委員会が結成された。委員長は、先に挙げたベント・ロル・アナセンである。彼は委員長として主導的な役割を果たし、こののち、社会民主党のアンカー・ヨアンセン（Anker Jørgensen）内閣において自ら社会大臣として提案を実行するために尽力している。

アナセン氏には、前著『老人ホームを超えて』をまとめる際に多くの教えを乞うことができた。二〇〇一年一〇月、私は出版記念パーティに彼をインガ夫人とともに日本に招聘した。航空券はもちろんエコノミークラスである。すんなりと「OK」をいただいたのにも驚いたが、シートクラスについての要求などは一切なかったのにはもっと驚いた。

高齢者政策委員会の目的は、「高コストな施設ケアに主眼を置く福祉体制」を見直し、「高齢者が置かれた社会的状況を把握して、改善策を提言する」というものであり、一九八〇年から一九八二年にかけて合計三回の報告書が提出された。

第一回の報告書（一九八〇年五月）では、今後の高齢者政策の主眼が高齢者の身体的虚弱化をカバーするケアに置かれるのではなく、社会的役割と交流の創出に置かれるべきであることが確認された。つづく第二回の報告書（一九八一年四月）では、高齢者の社会的状況が明らかにされ、労働と年金の問題、住宅と施設の問題、活動と福祉・保健に関する問題が包括的に指摘され、とくに施設の問題については、居住機能とケア機能の分離の必要性が強調された。さらに、最終報告となる第三回の報告書（一九八二年五月）では、年金、住宅、高齢者の活動、ケアのあり方、スタッフ教育について、より具体的な政策の方向性が示された。

まず、「社会的役割と交流の創出」については次のように提言されている。

高齢期の問題で重要なのは、身体的な衰えよりも社会的な役割やつながりを喪失することである。社会的役割には、職業上の役割、親としての役割、夫婦間の役割、友人・隣人としての役割などさまざまなものがあるが、高齢になると同時にこうした役割を喪失していくことになる。役割があるからこそ人は期待され、人と重要な意味をもってつながっていく。よって、高齢者政策の主眼は、「高齢者が『自分らしい価値を維持してきた生活を、できるだけ長く続ける』ことができるようにすること」に置かれるべきことが明確にされた。

有名な「高齢者三原則[9]」もこの理念から生まれたものであり、福祉専門職の価値観についても、「高齢者が自分でできないことに焦点をあてて代わりにする」というものではなく、もっとも大切なのは「残された能力に焦点をあてて社会的なつながりを積極的につくり出し、失われた役割を取り戻したり新しい役割をつくり出す」ことであるとされた。同時に社会的交流の重要性も指摘され、クラブ活動や各種のアクティビティなど地域での活動を促進すると同時に、住宅内には、住む人同士の交流を深めるような共用ルームをつくるという提言もなされている。

さらに注目すべきは、施設凍結の理論的背景となる「住まい（居住機能）とケア（ケア機能）の分離」の必要が提言された点である。施設では居住機能とケア機能がパッケージ化されており、それだからこそ在宅での生活が困難になった時に施設に移らざるを得なくなるのである。居住機能とケア機能を切り離して一人ひとりのニーズに合わせてケアを提供できるようにすれば、最後に施設に引っ越しをする必要はない。つまり、施設は必要ないのである。そしてこれは、ニーズに合わせてケアを変えていく「人中心主義（person-centered model）」の柔軟性に富んだやり方である。

提言の焦点は、高齢期にふさわしい住宅を十分に供給して、高齢者のニーズに合わせたケアをフレキシブルに提供していけるようなシステムづくりに当てられた。つまり、どこに住んでいよ

（9）　自己決定（selvbestemmelse、高齢者自身の自己決定を尊重し、周りはこれを支える）、自己資源の活性化（udnytte disse ressourcer、今ある能力に着目して自立を支援する）、継続性（kontinuiteten、これまで暮らしてきた生活と断絶せず、継続性をもって暮らす）の三つである。

図１－１　居住機能とケア機能の分離　（筆者作成）

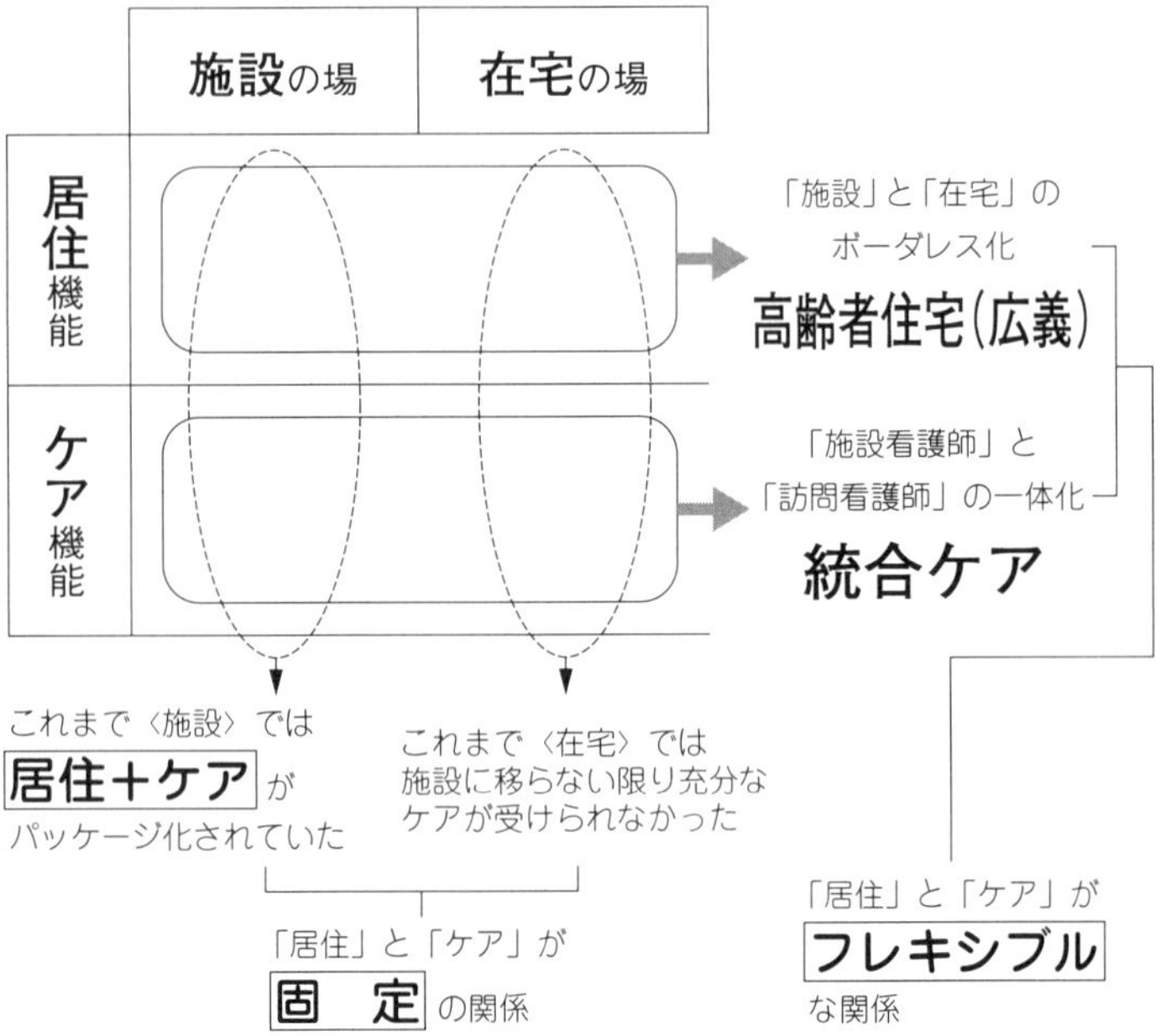

うが、本人が必要とするケアを過不足なく受けることができるシステムの構築である。これは、虚弱化や障害の程度（ニーズ）に合わせて住まいを変えるのではなく、ニーズに合わせてケアを変えることで同じ住まいに最期まで住み続けることを可能にするシステムである。ケアは居住の場ではなく、一人ひとりのニーズによって決められなければならない。また、この文脈において住居は、身体の虚弱化に合わせて住み替えをする必要はなく、車椅子でもずっと暮らせるような多様なニーズに対応できる「一般解[10]」としての住まいでなければならないのである。これに

対して、ケアが住まいにパッケージ化されたものは「特殊解」の住まいであり、虚弱化にともなうニーズが変化するたびに居住移動（引っ越し）をしなければならないことになる（**図1-2**を参照）。

一九八八年一月一日をもって、プライエム、保護住宅の新規建設を禁止することが「社会支援法改正法三九一号」によって規定された（五二ページ参照）。そして、高齢者の住まいのあり方は「高齢者住宅法」によって、ケアについては「社会支援法」によって決められるようになった。

ちなみに、「高齢者住宅法」はこのあと章単位で徐々に廃止され、一九九七年より「公営住宅法（**lov om almene boliger**）」へと実質的に統合されている（一三〇ページを参照）。両法律を通じて、バリアフリーに関する内容は「車椅子利用者を含む高齢者や障害者に配慮してつくられなければならない」という記述のみで、歩行障害があってもアクセスできること、二四時間緊急支援（アラーム）が呼べること、独立住宅であることなど、内容はきわめてシンプルである（一三二ページを参照）。

この法律は、ニーズに合わせて住まいを変えるのではなく、ニーズに合わせてケアを変えるこ

---

(10)　この概念は、*Future housing for the elderly*, 2000, Daatland.における“General accommodation”に拠っている。この本では、虚弱化（身体的ニーズ）に応じて住まいを変える（**moving on service**）のではなく、**General accommodation**（住み替えのない住い）を未来志向の高齢者住宅として提示している。訳語については、その概念が似通っていることから外山氏の「一般解」（外山、二〇〇二年）を使用することとした。

図１－２　特殊解の住まいから一般解の住まいへ

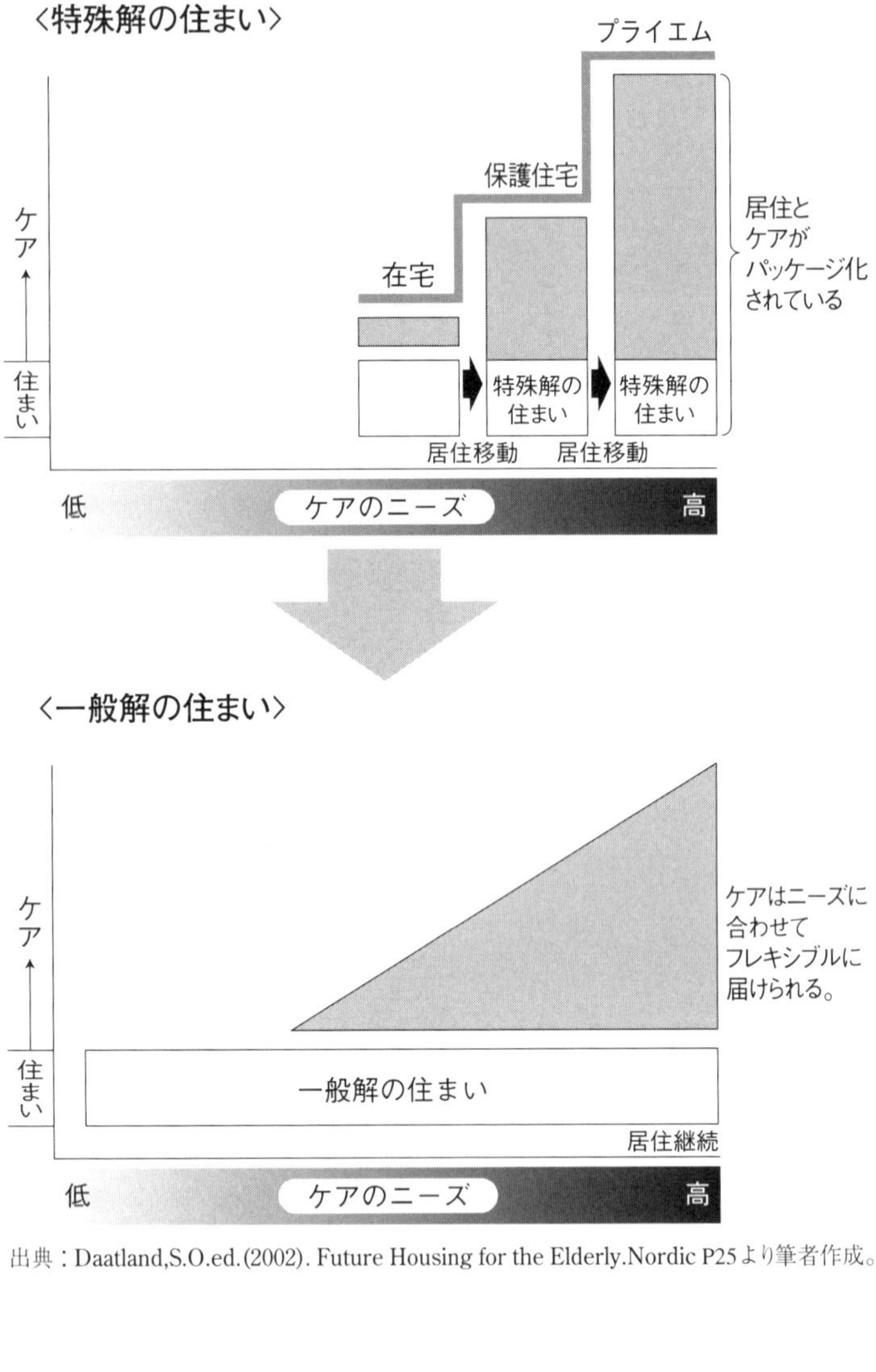

出典：Daatland,S.O.ed.(2002). Future Housing for the Elderly.Nordic P25より筆者作成。

とで最期まで住み続けられる住まい、つまり一般解としての住まいを規定する法律として非常にすぐれている。ちなみに、各コムーネでの自由裁量がしやすい枠組み法ともなっている。

高齢者住宅法が公営住宅法へと実質的に統合されたことは第3章で詳しく述べるが、これによって施設と住宅の垣根はもちろんのこと、家族住宅や若者住宅と高齢者住宅の垣根も消失することとなった。「ハンディキャップをもった人間が住みやすい社会[11]（住宅）はすべての人間にとって住みやすい」というノーマライゼーションの思想は、障害、性別、年齢を超えた一般解としての住宅を規定する法律を生み、われわれが信じられないようなレベルへと発展しているのである。

「ケア（ケア機能）」の一元化についても触れておこう。高齢者政策委員会の目指すところは、「高齢期にふさわしい住宅を十分に供給して、高齢者のニーズに合わせたケアをフレキシブルに提供していけるようなシステムづくり」にあったわけである。そこで、委員会の報告書では、二四時間ケアを広めること、それぞれの専門領域を超えて協働していくこと、施設的なケアを改善することなどを具体的な課題として挙げている。

（11）（familiebolig）（ungdomsbolig）公営住宅（若者住宅、家族住宅、高齢者住宅）のうち、一般家族向けに建築されるものが家族住宅（現在四〇万戸）であり、若者向けに建築されるものが若者住宅（現在一万八〇〇〇戸、一二〇ページを参照）である。

「専門領域を超えて協働していくこと」という表現があるが、超えなければならないもっとも大きなバリアは医療と福祉のそれであったろう。そして、施設と在宅の間に横たわるバリアも大きかったに違いない。高齢者政策委員会の第三回目の報告書が出された二年後の一九八四年にスケービングコムーネで行われたプロジェクトをコラム（四〇～四一ページ）で紹介しているが、ここには異なる領域で働く人が別の組合に属し、異なる価値観で働いていたことが語られている。

このプロジェクトは、医療と福祉を融合し、施設と在宅の区別なく地域全体にケアを届けていくという「統合ケア」を生み出した。この「統合ケア」は、二四時間在宅ケア制度が広がった一九八〇年代にやや遅れて、一九九〇年代になってデンマークに広がっていくこととなる。ケア機能の一元化もまた、われわれの想像を超える次元で進められたのである（四八ページを参照）。

ケアのあり方を本質的に変えていくために、高齢者政策委員会は福祉・保健領域で働く専門職の教育についても革新的な提言をしているので、それについても簡潔に触れておこう。

それは、これまでの職域別専門職を廃し、一つの体系の下に発展的に資格を更新していけるような制度にすることを提言している。つまり、それまでは、病院には看護師（Sygeplejesker）が、プライエム（施設）にはプライエムアシスタント（Plejehjemassistent）が、在宅では看護ヘルパー（Sygehæjlper）が働いていた。彼らはそれぞれ別の価値観の下《もと》に仕事をしており、施設で働く看護師やプライエムアシスタントは「高齢者は介護・看護の対象である」という援助観の下に「召使症候群」にかかっていたことは二九ページで話した通りである。まず、こうした高齢者の尊厳を踏みにじる考えを改め、自立支援の価値観に塗り替えて統一する必要があったのである。

そのために、管理者側のご都合主義と専門性でタテワリにされていた医療（保健）と福祉の領域分断をまとめて「Social- og Sundhed（社会福祉・保健）」という一つの領域をつくり出し、価値観を共有できる専門職体系を整えて新教育を一九九一年よりスタートした。現在では「ＳＳＨ（社会福祉・保健ヘルパー）[12]」は「ＳＳＡ（社会福祉・保健アシスタント）[13]」へステップアップでき、さらに看護師、ＯＴ（作業療法士）・ＰＴ（理学療法士）、ペダゴー[14]、ソーシャルワーカー（Socialrådgiver）になりたければ規定教育年限が一部免除されるシステムとなっている。

（12）（Social-og Sundhedshjelper）一九九一年の社会福祉保健教育改革によって生まれたもの。国民学校の九年、一〇年（日本の中学三年に相当）に相当する一年間の基礎教育のあと、さらに一年二ヵ月の専門教育が必要。仕事の領域は在宅、施設、病院であるが、実際には在宅が多い。高齢者領域では四万四五〇〇人いる。

（13）（Social-og Sundhedsassistent）在宅、施設、病院で働く介護・看護の専門職。一九九一年の社会福祉保健教育改革で生まれ、その職務内容は介護・看護・リーダー業務、リハビリのアシスタントなどである。社会福祉保健ヘルパー教育のあと、さらに一年八カ月の教育を続けることで資格がとれる。このあと、広範囲にわたる専門教育が用意されており、ＯＴ・ＰＴ、ソーシャルワーカー、看護師になりたければ規定教育年限が免除される。高齢者領域では、看護師が九三〇〇人であるのに対してＳＳＡは二万六四〇〇人いる。

（14）（Pædagog）精神障害者を対象とした領域や保育の領域で働く専門職で、社会福祉教育士と称される。一年の基礎教育（国民学校の九年、一〇年に相当）を受けたあと、一年間のペダゴー基礎教育を受ける。その後、現場経験を積み、さらに広範囲にわたる専門教育を受けてペダゴーとなる。現在、約四万五〇〇〇人がいる。

- 訪問看護ステーション
- 保健センター
- デイセンター
- 賃貸住宅（１部屋住宅39戸、２部屋住宅が12戸）
- ゲスト用住宅　２戸
- ショートステイ（介護者のレスパイト、本人の様態の悪化・緊急入院して退院後の対応など）

これは、最初に紹介したヴィダゴーと同類のものであり、「通う」、「訪問する」、「泊まる」、「住む」機能をもつ日本の小規模多機能施設とも似通っている。

新しい賃貸住宅へは、市内の住宅と同じく高齢者センターから在宅ケアが届けられる。施設に住もうが、住宅に住もうが、必要とするニーズにあわせて「高度にフレキシブルな」ケアがこのセンターから届けられるようになったのである。

その成果は、高齢者の健康状態が改善されただけでなく、スタッフの働き甲斐を生み、医療費が全国平均の40パーセントまで削減されコムーネ財政にも大きく貢献した。

のちに知ったことであるが、彼女はＢ・Ｒ・アナセンの盟友である。

統合ケアで施設を訪問中の訪問看護師

講義をするリス・ワグナー（2004年11月）

統合ケアはここからはじまった
～リス・ワグナーとスケービング・プロジェクト～

1984年、人口5,000人のスケービング市で「統合」ケアのプロジェクトが立ち上がった（Wagner, 1997）。リーダーは、リス・ワグナーという看護師であった。

私は、ある日、彼女の論文を見つけ、メールを送ってアプローチを試みた。施設と在宅の区別をなくしてケアを届けようという統合ケアは、これまでの常識を覆すものである。この陣頭指揮をとった人物は、どんな人だろうか？

2004年10月、ワクワクしながらWHOのオフィスに訪ねて行き、穏やかな人柄に接して感動した。早速、その年の11月に私が松岡事務所主催の視察ツアーで講義をしてくれるように依頼すると、気持ちよく引き受けてくれ、会場にはPCとプロジェクターまで持って現れた。

高齢者政策委員会の第2回目の報告書が出て、「居住機能」と「ケア機能」の分離が示唆されたのが1980年。その方策を探り、実践に移そうと試みたプロジェクトの説明は、「その頃、24時間ケアが必要な高齢者はプライエムにいくしか方法がなかった」という説明からはじめられた。当時、スケービングコムーネには54床のプライエムが一つあり、介護費用が全国で最も高い市の一つであった。

❶住んでいる場に関係なく、全ての市民にケアを届ける。

❷予防、自助、自己決定を最優先の課題とする。

このような目的を掲げて、在宅ケア部門、施設部門、保健部門などのスタッフからなる混成部隊がつくられた。異なる価値観をもつ人間の仕事はかみ合わず、うまくいかなかったという。しかしここで、自分の価値を主張するだけでなく、「自立を支援する（help to self-help）」という人間理解を共通の価値観としてもつことを確認し、高齢者自身、建築家、政治家を巻き込んでディスカッションしながら結果を出していくということに努めたという。

プロジェクトでは次のような機能をもつ高齢者センターが造られた。

2 施設凍結を可能にした三種の神器

われわれは、一口に「施設の建設をストップした」と表現する。しかし、それは想像を絶するアイデアと決断力、そして実行力がなければ推進不可能である。

政策や法の制定にも、「まずやってみる。ダメなら変更すればいい」という発想があるデンマークでは、政策変更は朝令暮改のごとく行われている。こうしたデンマーク人の慣習からすれば、一九八八年の出来事は、「考える前に飛ぶ」というやや向こう見ずな性格が原因しているといわれても仕方がないのかもしれない。しかし、次に紹介する「AKF（アムツ・コムーネ研究所）」の主任研究員アイギル・ボル・ハンセンの分析や在宅ケアの整備状況から、実は施設凍結は用意周到に進められた戦略であったことに気付くようになった。

「施設凍結」を必然的に可能にした「三種の神器」。それは、①戦前から公共住宅整備に力を入れてきた住宅政策のポテンシャル、②二四時間在宅ケアの整備、③総合施設の地域への開放である。これら三つによって、「施設凍結」へのシナリオが用意されていったのである。

（1）住宅政策のポテンシャル

一九八八年時点で、デンマークには高齢者向けの公営住宅がバラエティ豊かに供給されていたことはすでに述べた通りである。まず、二万八七〇〇戸の年金受給者住宅、さらに保護住宅（**Beskyttet bolig**）が六六〇〇戸、一九七六年から供給がはじまった高齢者向け集合住宅（**lette kollectivbolig**）は高齢化対応の公営賃貸住宅である。これはレストランや集会所で構成される中央棟が設けられており、デイセンターと高齢者住宅の組み合わせの原形を内包している（**Fich et al., 1995**）という点で、五二〇〇戸と数は少ないが、一九八八年以降の高齢者住宅の発展にとってきわめて重要な意味をもっている。

ゲントフテコムーネ（**Gentofte**）にある、高齢者向け集合住宅の一つである「ストランドルン（**Strandlund**）」を覗いてみよう。

コペンハーゲンの北の海沿いに広がるベルビュー・ビーチは、だれもが憧れる高級住宅地である。そんな地域の真ん中にあるストランドルンは、一九七七年に造られた高齢者タウンである。エルドラセイエン[15]の前身であるＮＰＯ法人「ＥＧＶ（孤独な老人を守る会）」が事業主体となって開発したものであり、高齢者向け集合住宅（公営賃貸住宅）一四四戸と分譲住宅六六戸の合計

(15)　高齢者の権利擁護と生活の質の向上を目指して活動する人道主義に基づくＮＰＯ法人である。趣旨に賛同する会員（一八歳以上）より集めた会費を自主財源とするが、会員は五三万人（二〇〇九年一月現在）もいる巨大な組織である。全国に二〇〇を超える支部があり、アクティビティハウスなどを中心としてボランティア活動や趣味・文化に関するアクティビティ活動をしている。本部では専門調査官、研究者を雇い、専門的調査を背景に強力なロビー活動を展開している。

二一〇戸からなっている。海に開かれた芝生の緑が、まぶしいほどに美しい所である。

ちなみに、分譲住宅の価格は一八〇万クローナ（約三六〇〇万円、二〇〇〇年時点）で、リッチ層が多いゲントフテコムーネの地域性を反映している。しかし、高齢者向け集合住宅は公営賃貸住宅であり、家賃は四五〇〇クローナ（六〇平方メートル）とほかの高齢者住宅と同レベルである。さらに、中央棟にはレストラン、プール、洗濯室、ミニ図書館などの共用施設があり、ダンス会などが月二回程度開催されている。しかし、建設当時には人気を呼んだプールの維持には費用がかかるようで、「中央棟を維持していくのは大変だよ。今、時間を決めてプールを地域に貸し出すことを検討中だよ」という所長の説明が印象的であった（二〇〇〇年取材時）。

ここのレストランでは毎夕食事が提供され、予約しておけば四〇クローナ（約八〇〇円）前後で食事ができる。写真でお見せしているのはフレデリクスベアコムーネにある高齢者向け集合住宅の様子であるが、そこそこにおしゃれをして、二〜三人がグループで食事をしている風景はとても楽しそうである。そして、こうした中央棟は、高齢者住宅の「コモン」（五一ページを参照）として社会的交流の重要な役割を果たしながら、一九九〇年代以降の高齢者住宅の発展のなかでアクティビティ・ハウスなどとしてその存在を確立していく。

（2）二四時間在宅ケア体制の整備

施設凍結を可能にした三種の神器の二つ目は、二四時間在宅ケアである。

図1－3　ストランドルン全体図

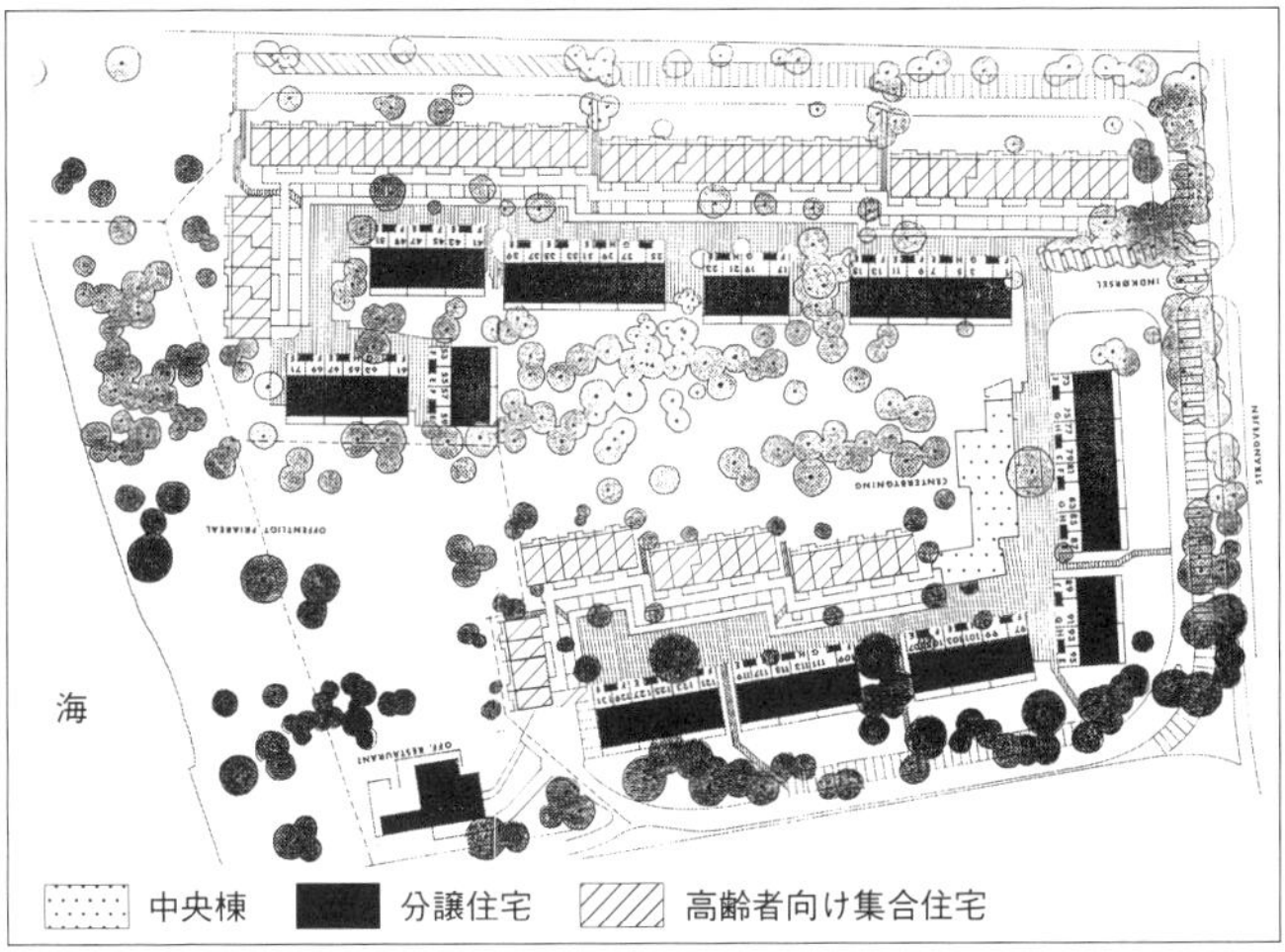

図1－4　ストランドルンの2部屋タイプ

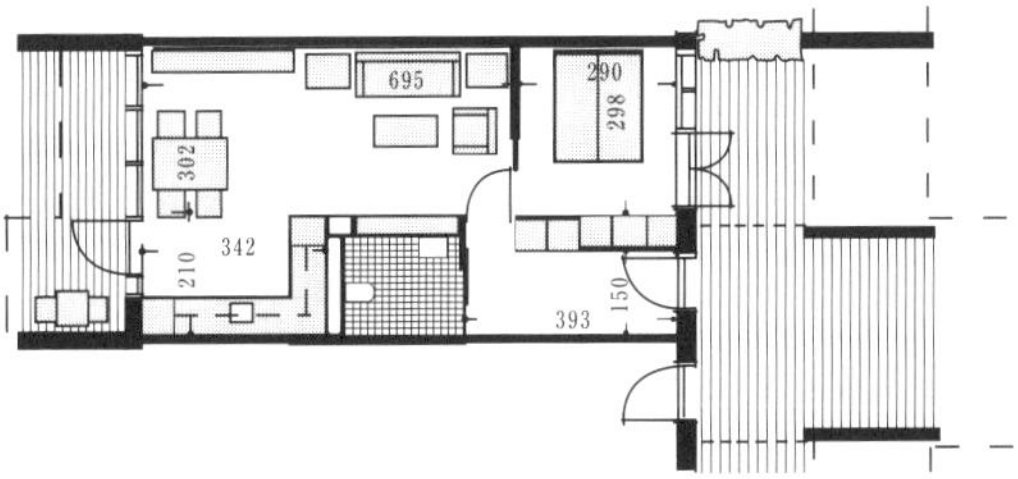

ストランドルンの高齢者向け集合住宅

中央棟のレストラン風景

「自宅で最期まで住み続けるためには、二四時間ケア体制が生命線となる。つまり、住んでいる町においてナイトケアが完璧に整備されていなければ、施設建設を凍結することは不可能である。この意味で、一九八〇年初頭のデンマークでは、（二四時間ケア体制が完全に整っていなかったため・筆者註）施設がまだ在宅のオールタナティブ（もう一つの選択肢）であった」（Hansen, 1998）

ＡＫＦ（アムツ・コムーネ研究所）の主任研究員であるアイギル・ボル・ハンセンは、一九九八年に著した論文のなかでこのように記述している。彼は、高齢者の社会保障政策を、とくにケアの側面から調査研究している。静かで穏やかな人柄で、先のゲオ・ゴッショルクとも親交が深く、多くの協同研究もしている。

アイギル・ボル・ハンセン氏

深夜巡回を含む二四時間にわたる在宅ケアが整備されていなければ在宅で最期まで支えることはできず、また一九八〇年初頭の段階ではこの体制が整えられていなかったために、重度の介護状態になった場合は「できるだけ長く自宅で」というスローガンを掲げつつもより多くの高齢者がその結末として施設という選択肢を選ばざるを得なかったといえる。

そこで、一九八〇年代に入ってからデンマークでは二四時間在宅ケア体制の整備に力を入れるようになった。その初頭に二四時間体制の試行がはじまり、多くのコムーネ（市）へと波及していった。各戸にアラームを設置して、ホームヘルパーと訪問看護師によってナイトケアを提供するシステムである。

ヘルパーの数で見れば、一九八〇年には二万人のヘルパー（常勤換算）と二二〇〇人の訪問看護師がおり、ヘルパーの人数は、一九八六年には二万六〇〇〇人へと増えている（実際の登録人数は、一九八六年時点で約四万五〇〇〇人）。これは、高齢者一〇〇人に対してヘルパー三・五人の体制となる。

施設凍結にとってもっとも重要な二四時間在宅ケア体制については、一九八四年には二二パーセントのコムーネでしか整備されていなかったものが一九八七年には五六パーセントに達し（デンマーク統計局取材）、一九八〇年代の一〇年間の取り組みによって八五パーセント以上のコムーネで整えられた（Hansen, 1997）（**表1－5**を参照）。施設凍結という形で「脱施設」に踏み切った大胆な政策は、理念先行の無謀な英断だったのではなく、周到に用意された勇気ある戦略であったということができる。このことより、一九八〇年代は施設凍結に向けた準備期であるということができるだろう。

また、一九八四年には、医療と福祉を融合し在宅と施設の区別なく地域全体にケアを届けていくという「統合ケア」の試みがはじめられた（四〇～四一ページのコラムを参照）が、これは、一九九〇年代に入ってからデンマーク全土に拡がっていくこととなる（**表1－6**を参照）。

表1－5　24時間在宅ケアのコムーネへの普及

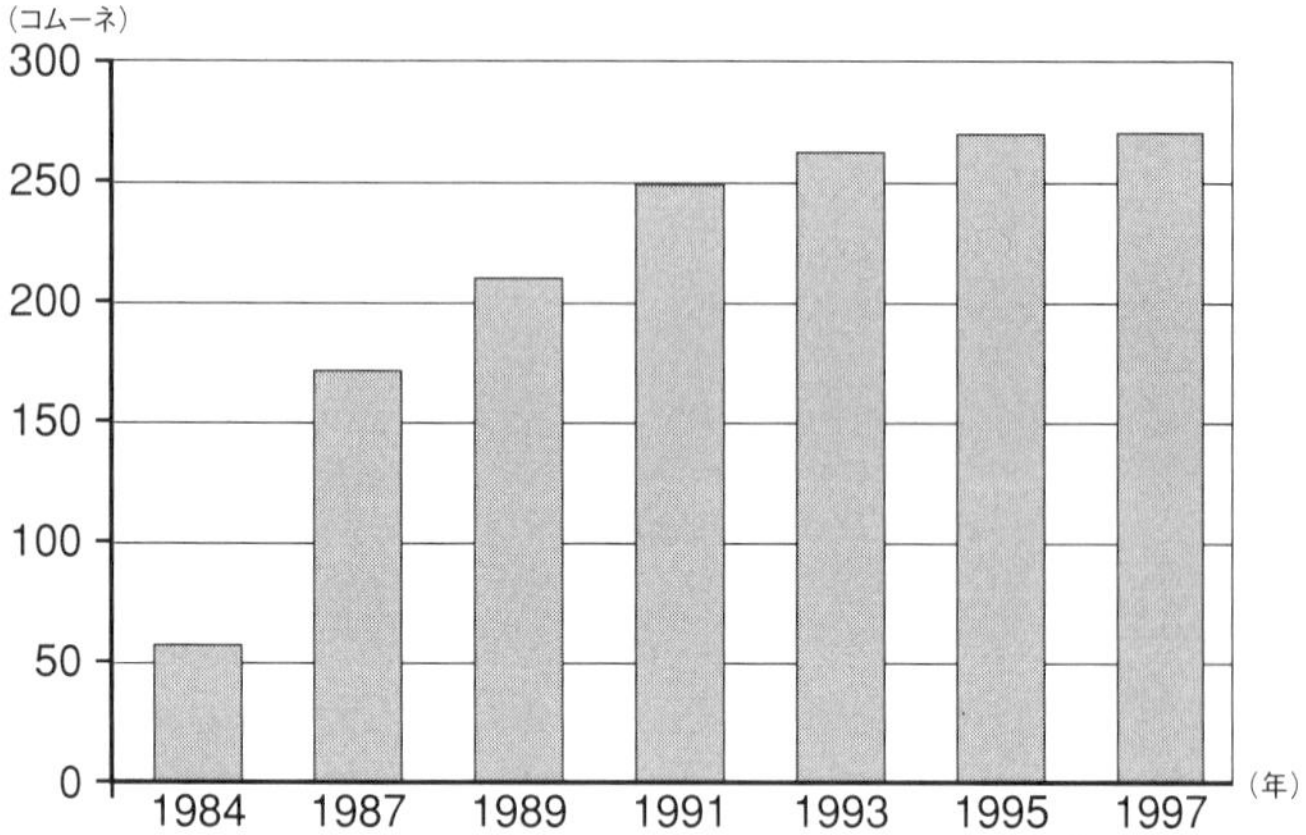

出典：Kähler, M. & Højgård, J. (1998), Ældres boligliv. とデンマーク統計局資料より筆者作成。

表1－6　総合ケアのコムーネへの普及

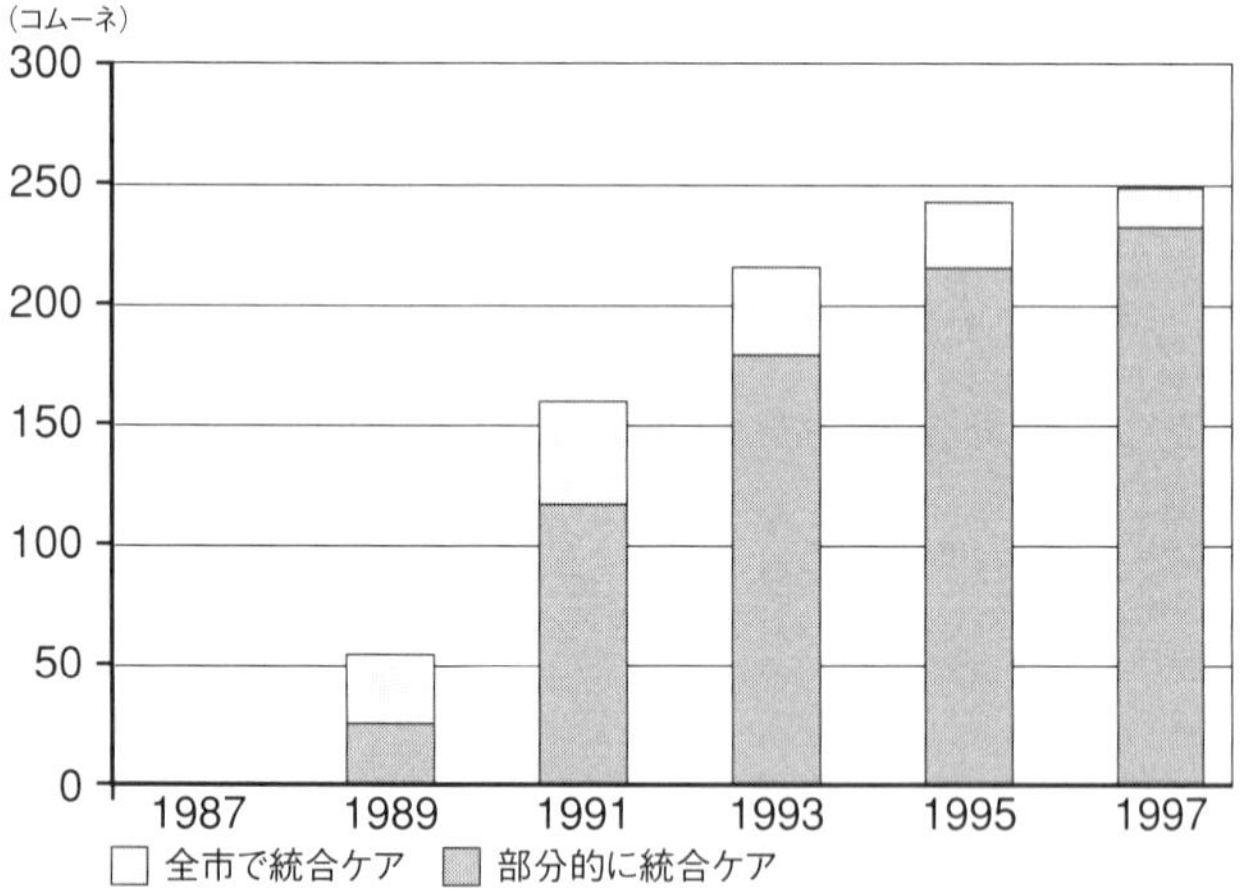

出典：表1-5に同じ。

（3）「総合施設」の地域への開放

一九八〇年代には「総合施設」の地域への開放が積極的に進められ、これもまた施設凍結に向けてのよい助走となった。

「総合施設」とは、プライエムを核にしてデイセンターや保護住宅を併設したものであり、一九七〇年代に増えていった形態である。低層建造物（三階建て）で構成され、面としての広がりがあるために広い敷地が必要となる。そのため郊外に建てられることが多くなり、「総合施設」そのものが地域社会から孤立するという問題が起きた。しかし、この孤立化は一九八〇年代初期の取り組みによって比較的早く克服され、その取り組みが施設などを拠点とした地域ケアの展開に大きな示唆を与えることとなった。

ここで問題となった「孤立化」ということについて、私はやや違った見解をもっている。「総合施設」は現在でも十分に機能して使われており実際に訪ねていけるのだが、私の知るかぎりでは住宅地のなかやバスが走る幹線道路わき、電車の駅からそれほど遠くない場所に立地しているケースが多い。むしろ「孤立化」は、中心地から距離が離れていることより、便利な機能が集まることによって住む人の生活が自己完結・自己充足してしまったことに原因があったのではないだろうか。総合施設には、売店（kiosk）、美容院（frisør）などがあり、食事はもちろん提供されている。このなかで生活が完成してしまい、あまりに便利なので外に出ることをしなくなってしまったという推論である。また、外からの人間の出入りという視点から捉えてみると、デイセンターがあるとはいってもそこに来るのはその敷地内のプライエム入居者や保護住宅の住人だし、美容院を利用するのは施設の高齢者のみである。総合施設が閉鎖的な社会になってしまったのがよくわかると思う。もし、これが町中にあったとしても、施設自体が閉鎖的なものであればやはり孤立化は避けられなかったはずである。

日本では、施設や設備の充実をことさらPRする老人ホームがあるが、内部の充実よりも地域への開放性や連携によって住む人の暮らしを豊かにし、ひいては経営面でもプラス効果が生まれるようなシステムづくりが必要だ。プールや講堂など、施設内の設備を充実させてこれを売り物にするやり方は一九七〇年代的なアナクロといえる。

そこで、孤立化と閉鎖性の問題を克服するために、「施設の地域への開放」という形でユニークな改革が進められた。これは、施設を地域に開放して、在宅で暮らす高齢者にも活用してもらおうというものである。その内容は、以下のように多彩なものであった（伊東、一九八五）。

- ●デイセンターでは、地域に住む高齢者を朝迎えに行き、食事、リハビリ、趣味活動などをして過ごし、午後三時ごろに自宅まで送り届けるサービスを開始した。
- ●デイセンターでは、施設の住人と地域の高齢者がエクササイズや趣味を一緒に行うようにした。
- ●自宅で過ごす夜が淋しいという高齢者には、夕方に迎えに行って朝送り届けるというナイトホームを開始した。
- ●地域の在宅高齢者への配食サービス（昼食）を開始した。

●食堂を開放して、おいしい食事を安価に、交流を楽しみながらとれるようにした。
●地域の高齢者が、施設の看護婦や介護スタッフに相談できるようにした。
●コムーネによっては施設職員が在宅の高齢者を訪問して、予防的な健康チェックを実施した。

この取り組みによって、地域に住む高齢者が総合施設に遊びに来るようになり、引退して間もない高齢者がボランティアとして施設を手伝うようになった。逆に、施設職員は、地域に出かけて訪問リハビリや在宅の認知症高齢者の相談やケアにあたるようになり、施設と地域の間で双方向の行き来がはじまったのである。

施設がこのような形で地域に対してオープンになり、双方向の行き来がはじまったことは「施設の地域への開放」と呼んで問題はないと思うが、実はこのことは脱・施設のステップに重要な意味をもっている。この改革を通じて「総合施設」はその存在意義を失うのではなく、「地域福祉の核」、「在宅ケアの核」として施設凍結後もその存在意義を維持していくことになったのである。とくに、近隣のお年寄りが食事をしにやって来たり、気軽に遊びに来れるデイセンターやアクティビティハウスの存在は、「地域のコモン」として高齢者住宅を基盤とする地域福祉の発展のなかで重要な位置を占めている。「地域のコモン」とは、地域のなかで誰もが気軽に遊びに来ることができ、地域へとサービスを届けている拠点という意味である。

3 高齢者住宅の時代 ～住まいの一元化とケアの統合化～

（1）高齢者住宅の時代

一九八八年一月一日をもって、プライエムと保護住宅の新規建設が禁止された。その法的根拠は、次の社会支援法改正法三九一号にある。

第八一条　この法律に定めるところのプライエムと保護住宅は、一九八八年一月一日以降これを新規建設してはならない。

二項　既存のプライエムと保護住宅は、この法律が定めるところにより運営することができる。補修や改築後においても同様である。

この改正法のタイトルは「家事支援とプライエム、保護住宅の規定変更」となっており、一九八七年六月一〇日国会を通過して承認されている。ここにおいて、プライエムと保護住宅の建設が凍結され、「高齢者・障害者住宅法（lov om boliger for ælder og personer med handicap、以下、高齢者住宅法）」に拠って高齢者住宅が建設されていった。そして、その建設は、今日に至るまで年間平均三〇〇〇戸のペースで新築が続いている。三〇〇〇戸という数値を日本の高齢者

図1－5　デンマークにおける住宅・施設数の変遷

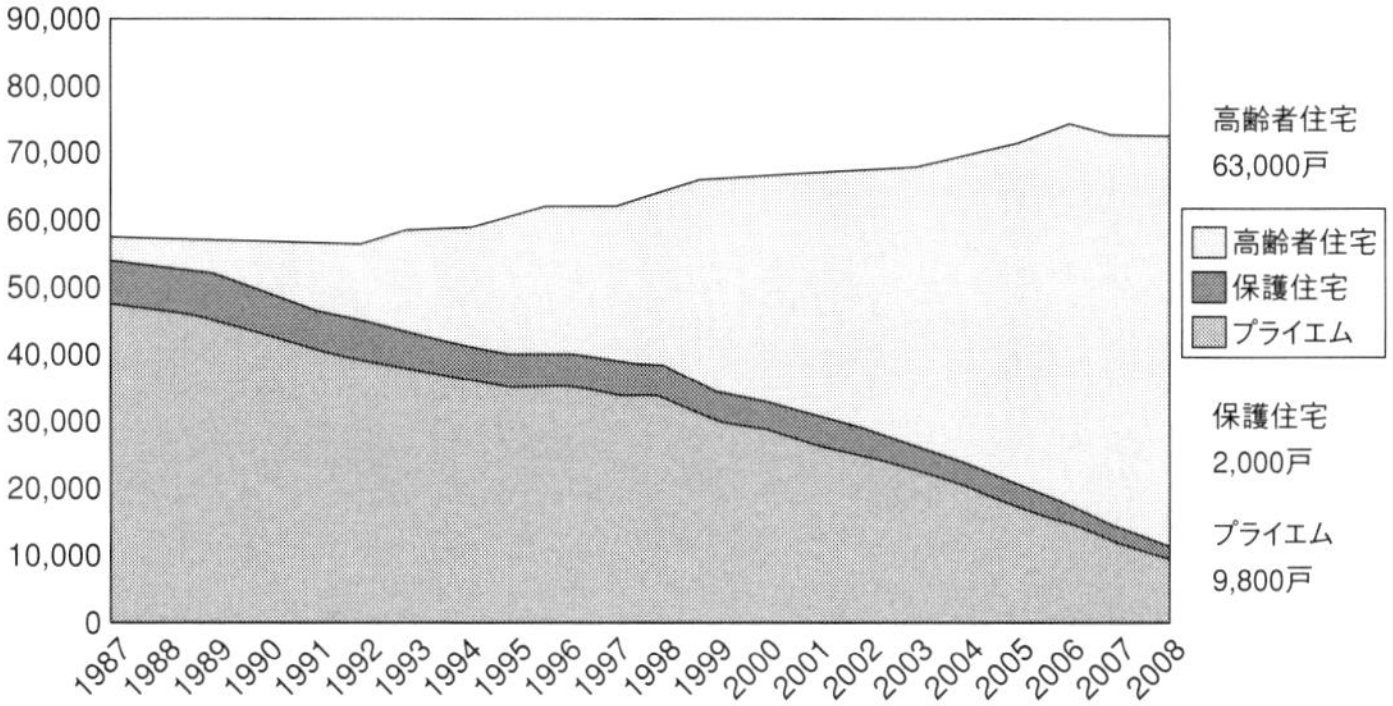

出典：NYT fra Danmarks Statistisk. Nr.42 とwww.stb.dk より筆者作成。

人口比率で換算すると、年間約八万戸に相当する。この数値を見るだけでも、政策転換が強力に推し進められたことが理解できる。この結果、一九八七年には四万九〇〇〇室あったプライエムは二〇〇八年には九八〇〇戸まで減り、三三〇〇戸しかなかった高齢者住宅は同期間に六万三三〇〇戸まで増えて、その数が逆転してしまった（**図1－5**を参照）。

高齢者住宅（広義）とは、高齢者住宅法に準拠して障害者・高齢者向けに建てられる公営賃貸住宅である（一九九七年、高齢者住宅法は公営住宅法に実質的に統合されている）。

バリアフリーについては、高齢者や障害者などの車椅子利用者に配慮してつくられていること、歩行障害があってもアクセスできること、二四時間アラームが呼べること、台所やトイレを備えた独立住宅であることなどが決められている。このほか、法律での規定はないが、駅、商店、郵便局、医院など生活施設へのアクセスビリティがよいことや、外に出て人と会い、生きがいをもって暮らせるように社会的バリアフリーにも留意して建築されている。

高齢者住宅は、地域に住む高齢者の実情とニーズに合わせて各コムーネの采配で企画・建築される。中央政府が総量規制をすることがなく、「生活に関連することは、暮らしの身近なところで決める」という地方自治の原則に基づいている。

広さについても、公営住宅法では一一〇平方メートル以下（高齢者住宅法では六七平方メートル以下）ということしか決められていないため、単身者向けや夫婦向けなどさまざまな面積の住宅を供給することができる。一戸建て、テラスハウス、集合住宅など住宅のタイプもいろいろとあり、プライエボーリやデイセンターとのコンプレックスを形成したり、集合住宅として建てられたり、一〇〇戸前後の住宅が集合して高齢者の町を形成したりすることもある。一般住宅団地の一部を、あるいは集合住宅の一階部分のみを高齢者住宅にするなど、その造り方は実にさまざまである。

（2）プライエボーリ（介護型住宅）の誕生

高齢者住宅法の施行によって、施設も自ずとその形を変えている。プライエムは新規建設が禁止されたが、当初は、既存のプライエムは居住機能とケア機能を分離することを条件に運営が許された。しかし、現在、そうした旧型プライエムは閉鎖されたり、建物の内部のみが壊され、一戸の広さが約二倍近くあるプライエボーリ（介護型住宅）へと改築されているものが多い。もちろん、新築されているプライエボーリもある。

しかし、プライエボーリが順調に増えていくまでにはやや年月を必要とした。実は、プライエムの建設が凍結されたとき、反対の声も上がったようである。とくに、地方で批判が強く、老人ホームがなくなることへの不安、虚弱老人にはどうしても施設の安全性が必要であることなどが議論された。「この決定は正しい」、「いや、やり過ぎた」などの衝突は一九九〇年代初頭まで続き、ある専門家は「老人ホームの安心感が、虚弱な高齢者の不安感をなくすのだ」と主張した。

高齢者の数が増えていくという状況のなかで施設は造れない。各コムーネでは、いったいどのように対応したのであろうか。

プライエムと保護住宅の新規建設が禁止されたころ、介護度が高い高齢者のための住まいを供給するには、高齢者住宅に介護ステーションなどのサービス施設を隣接して施設風のものを造るという方法があったが、この介護ステーションは社会支援法の下《もと》に置かれ、コムーネが独自の財源において賄わなければならなかったために順調に普及しなかった（石黒、一九九六）。

施設が不足するようになったわけであるが、旧型プライエムの老朽化も指摘された。一九九五年に、ゴッショルク（国立建築研究所）は報告書（Gottshcalk, 1995）を書き、プライエムの二七パーセントは面積が一五平方メートル以下で、二二パーセントがトイレ・バスなし、九パーセントが車椅子でアクセスできないことを明らかにした。これが世論を喚起し、「共用空間があり、二四時間スタッフがいる高齢者住宅」として、プライエボーリ（介護型住宅）が建設されるようになったのである（ゴッショルク談）。

実際には、一九九六年一月一日より「改正高齢者住宅法」によってプライエボーリ建設に補助金がつくようになり、最初の三年間で約七五〇〇戸が供給された（石黒、二〇〇〇年）。

プライエボーリ（介護型住宅）は制度としては住宅であるが、ケア提供の内容からは施設に近い安心感が得られる。これを仮に、「より安心な住まい」、「施設的なるもの」と称しておこう。プライエボーリは、「施設は本当になくなったのか？」というテーマにとって重要な存在だからである。

旧型プライエムからプライエボーリへの改築は順調に進んでおり、私はこれを目の当たりに確認している。そもそも一九九七年、この変化の只中にデンマークに住むことになったのであるが、二〇〇二年四月、コペンハーゲンコムーネを取材したときには六五施設のうち一六施設が改築済み（改築率二五パーセント）であったのが、二〇〇三年六月になるとリュンビュー・トアベックコムーネ（Lyngby-Tårbæk）では六施設中三施設を改築中であった（改築率五〇パーセント）。異なるコムーネでの比較には問題があるが、着々と進められていることはたしかである。

「二〇〇五年までに旧型プライエムを全廃する」

一九九八年、このような政策目標が当時の社会省大臣カレン・イェスパーセン（Karen Jespersen、社会民主党）と、住宅大臣ヘンリック・ダム・クリステンセン（Henrik Dam Kristensen、社会民主党）との間で合意されている。この方針は、政権が代わった今も引き継がれている。二〇〇三年一一月に社会省の担当行政官に尋ねたところ、二〇〇五年を目安にプライエムは一万五〇〇〇室レベルになるとのことであった。

全廃するにもかかわらず、一万五〇〇〇戸が残るとはどういうことだろうか？　実は、私自身不思議に思うことが幾度となくあった。つまり、どう見ても昔のプライエムのままなのに「プライエボーリ」と称している住まいを見かけるからである。それらは、法律に合致する枠内で、改築を行わずにプライエムからプライエボーリへと読み替えできる道筋があるということである。つまり、公営住宅法一一〇条には「特別な場合は専用キッチンをつけなくてもよい」という特例が設けられているので、「共用部分を含めた全体床面積を全戸数で割った面積が一一〇平方メートル以下」という現在の公営住宅法の基準に適合していればそのまま存続させることができるのである。しかし、確実にいえることは、トイレ・シャワー室のついてないものはプライエボーリとして認められないので、そうしたものは早々に取り壊されて改築されている。旧プライエムの残存はコムーネの怠慢であり、政府は改築を勧告している。しかし、いまだに九八〇〇戸が残っている（二〇〇八年）。

現在、各コムーネでは、後期高齢者の増加に伴って待機者が増えるなか、せめて待機は一ヵ月に抑えようとプライエボーリへの改築や新築を積極的に進めている。

(3) プライエボーリでの生活

プライエボーリは「施設」ではなく、高齢者住宅法(現在は公営住宅法)を適用して建てられる「住宅」である。簡易キッチン、バス・トイレ付きで、寝室別室の二部屋タイプのものが多い。「住宅」であるから、住む人は施設入居者ではなく公営賃貸住宅に家賃を払って住んでいるテナントである。

ケアについては、市中の一般住宅に住む高齢者と同様にアセスメントを受け、一人ひとり個別のケアが考えられてそれに従って必要なケアだけが届けられる。統合ケアを導入しているコムーネがほとんどであるから、プライエボーリにいるスタッフは食事に関する世話や身の周りの世話などを中心にして高齢者の生活を支えており、とくに、夜間の医療的ケアについては、外から訪問看護師や社会福祉・保健アシスタント(SSA)がやって来て必要なケアを届けている。そしてそれは、在宅の高齢者と何ら変わりがない。しかしながら、在宅の暮らしと比べると、スタッフが比較的近くにいて安心感が高いということがいえるだろう。

お年寄りたちは、スタッフが近くにいてくれるという安心感のなかで、今までの生活と同じように自分の暮らしの営みを続けるのである。ジャガイモの皮をむいたり、パンにバターを塗った

プライエボーリと住人委員会、そして地域

デンマークのプライエボーリには「住人委員会（Beboer Råd）」がある。フレデリクスベアコムーネのあるプライエボーリでは、四つある各ユニットから2人の代表が選ばれて住人委員会をつくっている。話し合いには職員も参加して、ともにいる安心感の下で進められるように工夫をしている。重度・軽度を問わず、認知症の高齢者でも代表になって話し合いに参加する。「自分で決める」という民主主義が、プライエボーリでも重視されているのである。

その内容は、車椅子で移動する場合に台所のコーナーを回るのにカウンターの台が高すぎて回りにくいなど、いろいろである。栄養と食事についての話し合いももたれ、ここではメニューの希望などが出される。住人は各ユニットの台所で調理してもよいということになっているが、そうしたことも住人委員会での話し合いの対象となっている。

さらに、家族委員会（住人5人、家族3人）もあって、会議には看護師リーダーがオブザーバーとして参加して、よい関係づくりに努めている。

「家族はどんどん訪ねてきてほしい。お客様としてではなく、家族の一人として。そして、自分の家にいるのと同じように一緒に食事もしていってほしい」という希望を運営側はもっているが、そうした方針について話し合う場ともなっている。

デンマークではプライエボーリにも家族の訪問が多く、ボランティアの出入りも盛んで地域に溶け込んでいるイメージが強い。それに加えて、普通の生活を支えるうえでこうした委員会の果たす役割は大きい。

住人、職員、家族ともに

り、スプーンやフォークを並べたり……そうした家事行為に参加したり、好きな趣味があればそれを楽しんだりしてこれまで通りの「生活」を継続するのである。それは在宅での暮らしと何ら変わりはない。こうしたケアのあり方は、現在デンマークで「生活居住環境モデル（LEVE-og BO Miljø）」（二九八ページ）と呼ばれて実践に移されている。

そこで、こうした考え方、居住環境、ケアの変化とともに、プライエボーリに住む高齢者の暮らしにも変化が生まれているのでその様子を紹介しよう。

まず、プライエムでの食事は三〇～四〇人以上が一堂に集う大食堂スタイルであったのが、プライエボーリでは一〇人前後をユニットとした小じんまりとしたものになっている。住戸には簡易キッチンがついているため、コーヒーを自分で入れるような行為も見られるようになった。コーヒーメーカーやポットが置いてあると、「コーヒーくらい自分で入れてみようか」という気持ちになるのであろう。これは、在宅では寝たきりに近い状態であった女性が、プライエボーリに引っ越してくることによって起きた変化である。

それ以外にも、本来の生活能力を取り戻していく様子も伝えられている。電動車椅子で生活しているある男性は、簡易キッチンで朝のパンとコーヒーの用意ぐらいはするとのことであった。住戸内に置いてある冷蔵庫には、サンドイッチの材料と思われる食品が豊富に入っていた。

さらに、改築型プライエボーリ（コペンハーゲンコムーネ）では、家族が週末にサマーハウス

プライエボーリのキチネット

で捕れた魚を持ってきて、簡易キッチンで料理して一緒に食べるというような風景も見られるようになっていた。子どもや孫が両親と一緒に、おじいちゃんやおばあちゃんの家に遊びに行く感覚で訪問している様子が想像できる。

旧型プライエムはプライエボーリへと姿を変え、お年寄りたちはよいスタッフに囲まれて本来の生活と能力、可能性を取り戻しているのである（プライエム、プライエボーリの居住環境の比較は一三一ページの**図3－4**を参照）。

（4）高齢者住宅への早めの引っ越し

プライエムからプライエボーリという施設系における変化に加えて、一九九五年ごろからは、在宅系でも「できるだけ長く自宅で」に代わって「早めの引っ越し（Fly i tide）」というスローガンが宣伝されるようになった。「できるだけ長く自宅で」ということにこだわりすぎて、その間に虚弱化が進んで住み続けられない状況になってしまったのである。

たとえば、二階建ての住宅に暮らす高齢者が歩けなくなったとしよう。家のなかでの上下移動ができなくなり、寝室から出られなくなってしまう。玄関先の階段の上り下りもできないために外出もできなくなる。自由に外出できないと、友人と町で会うこともできなければ買物にも行けない。一九八九年の時点で、家のなかに階段などがあって自由に外出できない高齢者が五万五〇〇〇人もいたのである（Platz, 1990）。

また、子どもが独立したあとの戸建て住宅は手入れするのも大変で、集合住宅のように人に会うことも少なくなって、駅からも遠いために孤立しがちになってしまう。元気なうちはまだよいが、歩行がしにくくなってくると家を出るのが億劫《おっくう》になって人にも会わなくなる。精神面でも落ち込むことが多くなり、虚弱化はますます促進されることになる。

障害が重くなってからの引っ越しは選択肢がかぎられてしまうし、適応能力が低下しているために引っ越した先でも順応できず、イライラや悲しみが募って泥沼の悪循環がはじまる。そうならないうちに、つまり自分で新しい生活のリズムがつくれて自ら決断ができ、自力で引っ越しできるうちに「早めの引っ越し」という新しいスローガンが唱えられるようになった。

「早めの引っ越し」は、高齢期に向けての新しい生活を早めにスタートすることであり、第三の人生の舞台となる「新しい自宅」を自分の決断で早めに準備することである。不適切な住宅に住むことによって起こる虚弱化を防止しながら、最期まで生き生きと健康に暮らすことを目指すものである。それは、予防的で自立支援型の高齢社会であり、高齢者住宅はその基盤となるものである。早めの引っ越しは、引退の前後で検討され、実際には五五歳〜七〇歳において行われている。

第2章

地域福祉のビジョン

初夏のヴィダゴー

1988年、施設の新規建設が禁止されたすぐあとに、ドラウアコムーネに「ヴィダゴー（Wiedergården）」が造られた。高齢者住宅とアクティビティ・ハウス、地域へのサービス提供センターからなるコンプレックスである。施設なしで、いかにして地域で最期までとどまるか……新しい挑戦がはじまった。

1 ヴィダゴーに見る地域福祉のビジョン

(1)「住宅」+「ケア」によって地域で最期まで

一九八八年の政策転換によって、居住の場を「高齢者住宅」として提供しようとしたデンマーク。この当時、最期まで住み続けられる「高齢者住宅」と在宅ケアの関係、そして地域というものをどのようにイメージしていたのであろうか?

施設の新規建設を中止したとき、一部の人々は「『できるだけ長く自宅で』というスローガンは、『自宅で暮らせなくなったら施設がある』という安心感や保障のうえに成り立っているのだ」と、その政策を批判した。「施設は造らない」というのであれば、新しく建設する高齢者住宅は高齢者が虚弱化しても最期まで暮らせるものでなければならないはずである。では、それはどのようなものなのだろうか? そして、当時、デンマークはどのようなビジョンを描いていたのだろうか?

このような疑問に答える好例としてドラウアコムーネ(Dragør)の「ヴィダゴー(Wiedergården)」(一九八九年建設)というプロジェクトがあり、デンマークの高齢者住宅の歴史を紹介する〈OLD PEOPLES's HOUSES(高齢者の住まい)〉に掲載されている。「『できるだけ長く自宅で』というスローガンに対する積極的な回答として建設された」というインパクトのある解説は、このテーマに興味をもつ人間にとってはあまりにも欲望を刺激する表現である。私がデンマークに住んでいたなら直ちに訪れていたであろうと思うが、あいにくとヴィダゴーの存在を知ったときは日本にいたので、この欲望を満たすのに一〇ヵ月もかかってしまった。

ちなみに、「ヴィダゴー」の「ゴー（gården）」は「庭、敷地、農場」というような意味で、その昔は農園につけられていたものが土地名として残っているのである。グラデサクセコムーネ（Gradesaxe）の「ムーレゴー（Møllegården）」、ネストベコムーネ（Næstved）の「マースクゴー（Marskgården）」など、プライエム、保護住宅、デイセンターが集合した総合施設には「ゴー」のつく名前が多いが、それらはすべて土地名に由来したものであり、そのことから「ある程度の広さがある敷地に種類の違う建物が集合したもの」というような語感が感じとれる。

(2) デンマーク流「小規模多機能」

さて、ヴィダゴーの機能、構成を〈OLD PEOPLES's HOUSES〉から見てみよう。

ヴィダゴーは、アクティビティ・ハウスのある中央棟と高齢者住宅などから成っている。そして、中央棟にはアクティビティ・ハウスにプラスして多様な機能を入れ込み、地域高齢者の暮らしを支えようとしていたことがわかる。ここの構想では、建物の表玄関を入って右ウイングに「地域にケアを届けるサービス提供ゾーン（アウト機能）」を配し、左ウイングに「遊びにやって来るデイセンターゾーン（イン機能）」をもたせている。「アウト機能」というのは、サービスを地域に住む高齢者たちに届ける（take out する）という意味であり、「イン機能」というのは高齢者が遊びに来る（come in する）という意味である。ともに私の個人的な命名であるのだが、在宅生活を支える拠点の多機能性をわかりやすく語るために考案したものである。

ここで着目したいのは、地域にケアを届ける機能であるショートステイと二四時間ナーシング機能（原語のママ）である。とくに、ショートステイは在宅生活継続の救世主である。「もうだめだ」と言ったときに、緊急滞在して在宅復帰を目指しながら過ごせるのがショートステイである[1]。こうした緊急時利用のほかに、介護者（デンマークにおける介護者は、子ども世代ではなく配偶者ということになる）のレスパイト（休養）のための計画的利用もでき、ショートステイはまさに在宅生活継続になくてはならない必須サービスである。

また、二四時間ナーシング機能は昼夜にわたって在宅介護・看護を地域に届けることであって、E・B・ハンセンが言うように、「二四時間ケアは脱・施設の必須要件」なのである（四六ページ）。そして、いうまでもなく、周囲の高齢者住宅からはもちろん、広く地域からも高齢者が遊びにやって来るデイセンター機能とともにこのプロジェクトの中核を成している。

さて、このようなヴィダゴーの機能を見ていくと、今まさに日本で展開されようとしている「小規模多機能施設」に似通っていることに気づく。日本における「小規模多機能施設」は「宅老所[2]」の取り組みから発したものである。宅老所の「通う」機能だけでは足りなくなり、徹底して高齢者の視点に立ってその生活とニーズに合わせてサービスをつくり出してきた。そして、二

図２－１　1989年につくられたモデルケース

ヴィダゴーの機能
- 高齢者住宅：45戸（ほかに一般住宅10戸、若者住宅（120ページ参照）２戸
- 中央棟のデイセンター（イン機能）：アクティビティ・ハウス、食堂、リハビリセンター
- 中央棟のサービス提供センター（アウト機能）：在宅ケアステーション、ショートステイ、24時間ナーシングセンター

ヴィダゴー全体図

ヴィダゴー中央棟

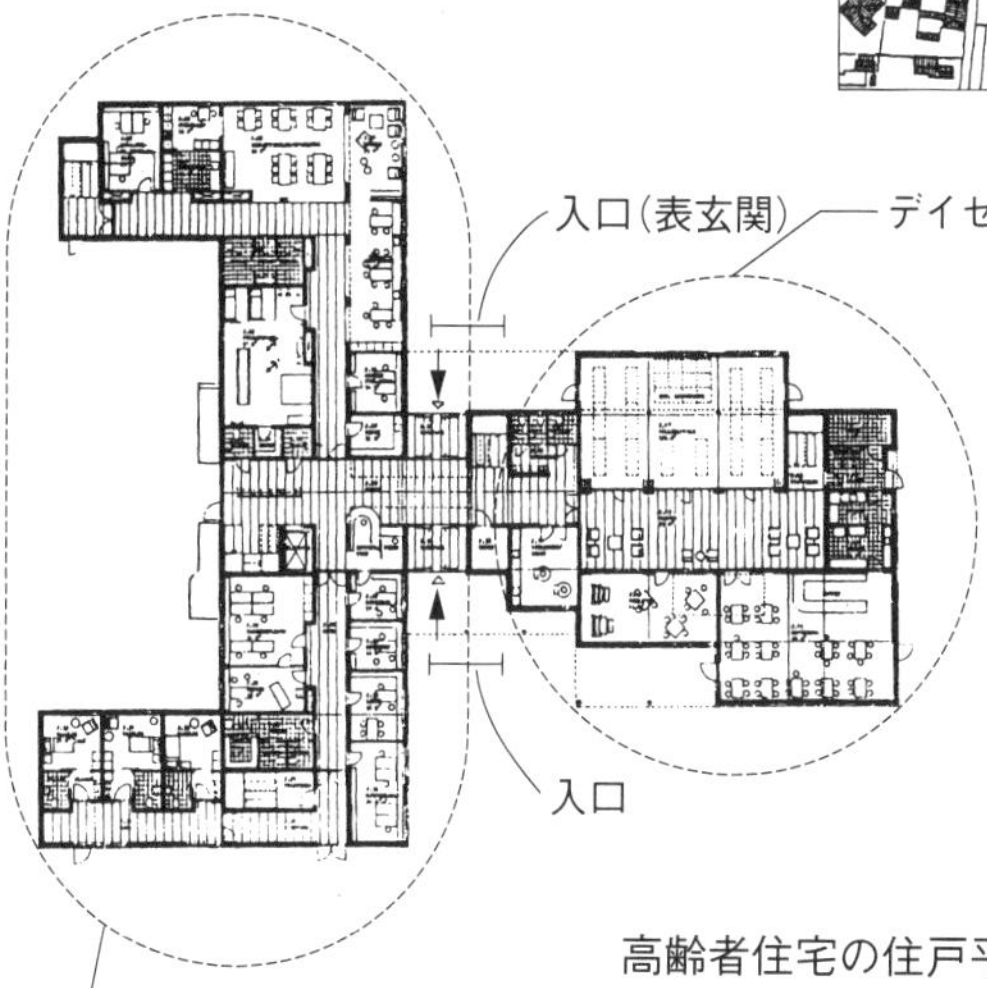
デイセンターゾーン(イン機能)
この高齢者センターの南側に45戸の高齢者住宅と12戸の一般住宅が広がる
サービス提供ゾーン（アウト機能）

高齢者住宅の住戸平面図

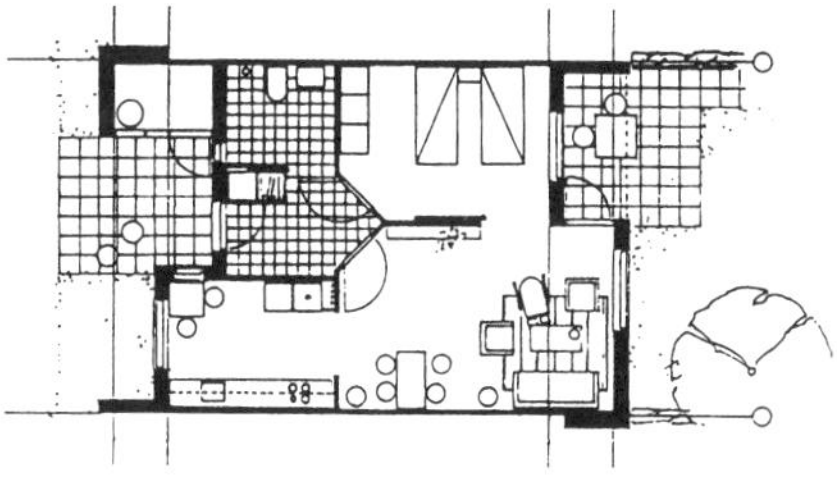

出典：Fich, M., Mortensen, P.D., Zahle, K [1995]

四時間三六五日の包括的ケアを中心として、「通う」、「訪問する」、「泊まる」、「住む」の多機能なケア提供を通じて住みなれた地域で最期までとどまることを支えようというものである。

建物の大きさを考えると、デンマークのそれは「小規模」というのには似つかわしくない。しかし、のちに記す人口一～二万人を目安とした福祉地区割りの実際（八三ページ）を重ね合わせるとき、小さな地区を単位としている点で明らかに「小規模多機能」の近似形であるといえる。

（3）一五年後のヴィダゴー

二〇〇三年五月、私は二一世紀のヴィダゴーを訪ねることとなった。ドラウアコムーネは、コペンハーゲンの南、カストラップ空港のさらに南にある古い港町である。黄色い外壁の伝統的なデンマーク民家がそのまま残る佇まいは、まさにおとぎの国である。人口は一万三〇〇〇人、高齢者は二二〇〇人で、高齢化率一七パーセントとなっている。高齢化が進展しており（デンマークの高齢化率は、二〇〇四年現在、一四・八パーセント）、外から訪れる観光客には魅力的な町であっても、若者が住みつかないオールド・タウンは財政難に苦しんでいる。

ヴィダゴーは新しい幹線道路の脇にあり、古い町並みが海に向かって広がるのとは反対側の内陸部にあった。本などで知った施設や建物を訪ねるのは、ひときわ興奮が高まる。それぞれの施設に歴史的な意義や特徴があるわけだから、デンマークが施設凍結に踏み切った年の翌年にできたヴィダゴーは「超」のつく特別な存在となる。

「廃墟のようになっていたらどうしよう」という不安にはじまって、「何もイメージできない」ために起こるさまざま連想や憶測……。建築家は平面図から立面図がイメージできるらしいが、当然、私にはそんな能力はない。建物ハードに対するまったくのイメージのなさなどが交じり合って、「もう何も考えずに虚心坦懐《きょしんたんかい》でいこう」と心を白紙状態にリセットした。

バスを降り、歩いて五分ほどでたどり着いたヴィダゴーは、私の複雑きわまりない思いを裏切るかのようにごくごく普通の建物であった。「気抜けする」とはこういうことだろう。少なくとも、訪れる人に「ウォーッ」という感嘆の声を上げさせるにはあまりにもインパクトに欠ける容貌であった。それどころか、やや錆びた窓枠などが放置されている様《さま》が一五年の年月とコムーネ

---

(1)（aflastning）ショートステイは「aflastning（relief, respite care）」といわれ、在宅で暮らす高齢者・障害者の在宅での居住継続を目的として、状態悪化時などに緊急避難的に一時保護すること。住まいの一元化（施設凍結）後は、基本的にはプライエボーリに併設されているものが多いが、デイセンターに併設されている例もある。また、認知症高齢者のグループホームにもショートステイが設けられており、認知症高齢者の在宅生活を支援するという視点より重視されている。

(2) 日本において、地域に暮らす在宅の高齢者が日中通うデイサービスである。小規模で、制度を利用せずに民間ベースではじめられたものが多い。一九九九年のNPO法の開始とともに法人化するものが増え、現在は介護保険事業者となり、小規模多機能施設の母体の一つとなっている。代表例として、きなっせ（熊本市、川原秀夫世話人代表）、のぞみホーム（宇都宮市、奥山久美子代表）、あしたばの家（広島県、佐藤純子代表）などがあり、いずれも代表者の色濃い個性が特徴となっている（三二五ページを参照）。

の予算不足を感じさせて、やや寂しい。しかし、ベージュ色の概観はモダンでシンプルで、さりげなく町並みに溶け込んでおり好感がもてた。

約束の時間までやや時間があったので、敷地内を歩いてみることにした。足を踏み入れると、季節がよいことも手伝ってか、黄土色の建物に家々の庭に咲く白い花がアクセントを添え、五月の清清《すがすが》しい新緑と競い合うかのように澄み切った空気のなかで輝いていた。四五戸あると本に書かれていた高齢者住宅は、そのときまさに私の目の前にあった。

中央棟には、「アクティビティフース　ヴィダゴー」（Aktivitetshus Wiedergården）と名盤がかけられていた。東洋人がウロウロしているので約束の人が来たことがわかったのだろうか、ハネ・ベテルセン（Hanne Berthelsen）所長が入り口まで私を迎えに来てくれた。明るく活気があって、笑うときれいな歯がかわいくのぞく、機敏そうな小柄の女性であった。

「これは、ドラウアの古い家にあったものをそのまま移したもので、港町の様子がよく描かれています。ヴィダゴーのシンボルなの」と、まず入り口を入ってすぐのところにある、三メートル四方はあろうかと思われる藍染タイルの壁を紹介してくれた。小さな古い町を、いかにも誇りに思っているようである。

中央棟から見た
ヴィダゴーの高齢者住宅

彼女が話をするすぐ横を、高齢者がどんどん行き来する。活動が活発に行われていることは、説明を聞くまでもなくすぐに理解できた。ここは「ケアを届ける拠点」である以上に「彼ら自身の活動の拠点」なのである。建物内にエルドラセイエンの事務所があり、二〇人のボランティアが行う「訪問の友（besøgs venner）」活動の拠点[3]が置かれていた。

ある人は、食堂を出た所のスペースを利用して、家庭で不要になった本やレコードを持ち寄ってミニ図書館を開いていた。また、二階にある所長室前のコピー機では、三～四人の高齢者ができ上がったばかりの冊子をコピーして製本していた。「あら逆よ、また間違ったわ」、「これじゃ、今日一日では終わらないね」などと言いながら、女学生のようにはしゃいでコピーをとっている。本当に人が多くて、活気がある。聞いてみれば、週一〇〇〇人近い利用者に対して職員はわずか三・五人（常勤換算）という。ベテルセン所長は、「昨年は一〇パーセントの給料カットがあった」とこぼしていたが、これだけのボランティアがいれば職員が少なくても運営は可能なはずだと納得できた。

ここでは「ボランティアは何人ですか？」というような質問は愚問となる。つまり、利用者イコールボランティアで、自分たちが楽しむためのアクティビティ・ハウスなのである。とくに、

(3)　在宅で暮らす高齢者を対象にして、寂しい思いをしている人の話し相手になる、散歩に同伴する、本を読むなど、公的な在宅ケアでは提供できないインフォーマルなサービスを届けている。デンマーク赤十字ではこの活動を一九六四年に開始し、全国で七〇〇〇人（一九九七年時点）がボランティアとして活動している。エルドラセイエンも、全国の支部を拠点にこの活動を行っている。

コンピュータクラブは今人気が高く、四〇人が交代で週三回の教室に参加しており、九台のコンピュータはいつも満席である。もちろん、コンピュータのセットアップもこのクラブのリーダーがボランティアで行ったものである。彼は、コンピュータクラブの先生として休む暇もなく忙しく働いている。

また、古い織物工場を再利用した別棟の建物では、八二歳と八一歳のおじいさんが、少年のようにいそいそとグラインダーを回してメタルワークに励み、私には理解不能なものをつくっていた（八六ページの写真参照）。ここにある工具は、古い工場から貰い受けたものや利用者の寄付によるものである。ほとんど毎日、彼らはここにやって来てこのような作業をしているわけだが、こうした場面に必ずあるのがビールである。ちなみに、ビールは三三〇ミリリットルで四・五クローナ（約九〇円）と水（八クローナ）より安く、こよなく愛されている。

中央棟の表玄関の入り口を入って左ウイングにあるのが食堂やアクティビティ・ハウスで、高齢者がやって来て（Come in）利用するデイセンターゾーンになっており、そして右ウイングには在宅ケアステーション、ショートステイなどがあり、ケアを必要とする高齢者のためのサービス提供（Take out）ゾーンとなっている。

右ウイングのサービス提供部門には四つの在宅ケアチームが詰めていて、コムーネ全域をカバーしている。一チームは一二人のホームヘルパーと一人の訪問看護師で構成されており、利用者

ヴィダゴーのアクティビティの様子

は約四五〇人で、コムーネに住む高齢者の約二〇パーセントに相当している。これは、デンマークにおける在宅ケアの平均利用率である二五パーセントを下回る数値である。一チームが一〇〇人前後を対象としており、一人のホームヘルパーが一〇人弱の高齢者を世話していることになる。二四時間ナーシングセンターはナイトパトロールの拠点であり、ヴィダゴーにすべてのアラーム通報が集まり、夜間巡回をしている訪問看護師チームに連絡が送られる。また、自宅で暮らす高齢者が緊急のケアを必要としたときのためにショートステイが八人分用意されている。一週間から三ヵ月の滞在を目安にしているが、期限の取り決めはあるとはいうものの、かなり長く滞在している人もいるとのことであった。

デイホーム(4)もある。やや介護度が高い在宅の高齢者が一日二〇人、送迎バスを利用してやって来る。食事をしたり、元気な高齢者とともに好みのアクティビティを楽しんでいる。いつまでも自分で歩けるよう、また家事も自分でできるように、理学療法士（一人）、作業療法士（二人）からリハビリ訓練を受けることもできる。理学療法士や作業療法士は、アクティビティ・ハウスにやって来る高齢者の相談に乗ったり、マシンを使ったエクササイズを指導して健康維持や介護予防にも力を入れている。

（4）（daghjem）常時見守りとケアを必要とする在宅生活高齢者が日中やって来て過ごす施設。サービス提供の内容は、シャワーや食事、アクティビティである。その法的根拠は、社会支援法（第七四条）にあった。

（4）ヴィダゴーの高齢者住宅

ヴィダゴーの高齢者住宅（四五戸）は、中央棟を核にして広がっている。その距離は目と鼻の先というもので、鳥のさえずり、初夏の風と初々しい緑が爽やかだった。二階建てなのでエレベーターがついており、各戸は直接外界に接して外廊下でつながっている。

ここの高齢者住宅に住むソーレンセンさん（六四歳）のお宅に案内された。六〇歳で引退し、早期退職年金を受けてここで暮らしている。奥さんが病気がちなのでここに引っ越してきたということだ。室内は六六平方メートルの広さで、小じんまりとしている。玄関を入ってすぐ右手にトイレがあるが、歩行器や車椅子を利用するようになったとき、外出前や帰宅直後の利用にとても便利で、デンマークでよく見かけるレイアウトになっている（六七ページの**図2-1**を参照）。また、トイレと寝室がドアでつながっているところも多く、夜間の利用や訪問介護を受けるようになったときにとくに便利な構造といえる。

「すぐ近くに人がいるので、社会のなかで生きているという感じがします」と話してくださったのは奥さんである。病気がちで体調が悪くベッドで寝ていたのだが、シルクの寝巻きを着たままベッドから起きて台所へと移動し、窓を背にして、ご自分の定位置とでもいうような椅子に腰掛けて話をしてくれた。一方、ご主人のほうは、「妻は家事ができないほどに体調が悪いので、買い物や家事全般を私が助けています。ですから、ここは私にとっても安心な環境です」と、安心感を強調していた。

アクティビティ・ハウスやサービス提供拠点が高齢者住宅の周りにあると、身体の虚弱化が進むにつれて安心感が高まっていくのだろう。奥さんがあまりにも疲れた様子なので、いくら所長の案内とはいえ少し申し訳なく思って早早に失礼した。しかし、このときの訪問から一年後となる二〇〇四年六月に再び訪問したとき、彼女が元気になって、みなぎるような輝きが表情にあふれていたのである。

「ここのリハビリで体操をして元気になったのよ。かなり、頑張ったわ」と、ポパイポーズをとって自信たっぷりに話してくれた。顔の色艶も断然違い、一年前とはまったく別人のようであった。

人間の生命力を呼び戻す制度、その制度がたしかに人の暮らしに沿ってプラスに稼動している。そして、リハビリに使われたエクササイズマシン（自転車漕ぎ、ウォーキングなど）はコムーネが購入したものではなく、利用者がある基金に申し込んでその助成金で買ったものだった（通常はコムーネが購入する）。また、体力維持や介護予防などのトレーニングなら、理学療法士のアドバイスを受けてシニア・ボランティアがインストラクションしてくれる。病院から退院してきた場合なら、専門家である理学療法士や作業療法士がドクターとの連携の下《もと》にリハビリを行うが、介護予防を目的としたトレーニングが専門家の指導によってボランティアの手でされているというのは良いアイデアではないだろうか。

（5）地域福祉のビジョン

ところで、こうしたデンマーク流「小規模多機能施設」は、いったいどれほどの予算で運営されているのであろうか？

中央棟の建物は、ドラウア非営利住宅協会（一一九～一二八ページにて詳述）からの賃貸物件である。支払う家賃が年間八〇万クローナ（約一六〇〇万円）で、これを含めて年間予算が一八〇〇万クローナ（約三六〇〇〇万円）となっている。差額の一〇〇〇万クローナ（約二〇〇〇〇万円）のほとんどが、所長以下三・五人（常勤換算）の人件費である。

「ここに住んでいる人は、センターで食事ができるし、友達に会って遊べる。ケアを受けながら、緊急時にはすぐに人を呼べるわけだから、とても良い環境だと思います。同時に、これは市内に住む高齢者なら誰でも受けられるサービスです。私は、みなさんが自分たちの企画でどんどん活動を広げていけるように見守っているだけです。だって、職員は三・五人しかいないんですもの」と、ベテルセン所長は笑った。

ウィダゴーは、アクティビティ・ハウスと高齢者住宅のコンプレックスとして完結しているのではなく、ドラウアコムーネ全域とオープンな関係をもって、「地域のコモン」として多様な機能を発揮しているのである。高齢者の活動やボランティアの拠点として、またサービスの提供、地域リハビリ、在宅ケアの拠点として、さらに緊急時のショートステイ機能もしっかりと備えている。コンパクトで地域に密着した多機能性は、財政のあり方も含めて日本の小規模多機能施設の参考になる。とくに、元気な高齢者に焦点を合わせて、アクティビティを中心に高齢者自身の手で活動をつくり上げていくような環境整備は、予防という視点からもこれからの日本にとっての大きなテーマである。

「ここからプライエムに移る人はほとんどなく、みんな自然な形で死を迎えます」と、ベテルセン所長が最後に話してくれた。ターミナル期を在宅でどう支えるかは、もっとも難しく重要な点である。ターミナルケアの問題も含めて、こうした多機能な地域拠点の存在は、最期まで在宅で住み続けることを可能にするための最重要な要素の一つである。

一九八八年以降施設建設を凍結したあと、デンマークが描いた地域福祉ビジョンの具体的な内容を探るためにヴィダゴーを例にとって紹介してきた。その取り組みから抽出できるエッセンスは、次のようにまとめることができるだろう。これらについて、次節でより詳しく見ていこう。

❶「デイセンター＋高齢者住宅」というコンプレックス（複合体）
❷アウト機能とイン機能
❸人口一万人前後の小規模な地区割り
❹高齢者同士が楽しみながら支え合う仕組み
❺二四時間在宅ケア体制

2 新しく目指したもの

(1)「デイセンター+高齢者住宅」というコンプレックス(複合体)

ヴィダゴーの特徴を一つのイメージとして抱きながら現在デンマークにある高齢者住宅(狭義)を見ていくと、「デイセンター+高齢者住宅」というコンプレックスの多さに改めて驚く。高齢者政策委員会の報告(一九八一年)では「社会的交流と役割創出」の重要性が指摘され、「高齢者住宅法(一九八八年施行)」でも「コモンスペース(共用空間)をもつこと」がすすめられているのだから当然のことである。また、デイセンターを中核に据えるというコンプレックスの原型は、一九七〇年代後半から建てられていた高齢者向け集合住宅(四三ページのストランドルン)にあり、この重要なキー概念は三〇年以上にわたる歴史の流れのなかにおいて今も発展途上にあるといえるだろう。

こうしたコンプレックスに見られるデイセンター(common、共用スペース)と住宅(self、自己スペース)の関係を「コモン―セルフ」という軸でとらえると、タウン内だけでなく施設内、地域内でもこのモデルが同じように展開されていることが発見できる。その様子を、ソフィルンを例にとって説明してみよう。

ソフィルンでは、アクティビティ・ハウスが全体のコモンスペース(大コモン)であり、それぞれの住宅がセルフスペースである。しかし、詳細に見ていくと住宅敷地内にも小さなコモンがあり、それを取り囲む形で住宅（セルフ）が配置されていることに気づく。**図2－2**の薄いアミの部分がコモン（小コモン）であり、夏になり太陽が輝きはじめると戸外で過ごすことが大好きなデンマーク人はここにテーブルを出して近所の人たちとお昼を食べたりおしゃべりをしたりする。とはいえ、寒くなりはじめるとこの光景は徐々に姿を消すこととなり、アクティビティ・ハウス（大コモン）での交流がより活発となる。

住宅地は敷地二ヘクタールの広大なもので、住宅地のそこかしこに「溜まり」のような小コモンを配して「コモン―セルフ」モデルを重層的に展開している。そのことによって、暮らしの身近で自然な交流が生まれるように工夫しているのである。

ちなみに、施設内における「コモン―セルフ」の典型は日本におけるユニットケア[5]やグループホーム[6]に見られる。ユニットケアを目指す新型特養やグループホームでは、食堂や居間などの共用スペースがそのままコモンであり、各居室（日本の場合まだ「住戸」とはいえないので「居室」という言葉を使用）が「セルフ」となる。デンマークでも最近注目を浴びている「生活居住

(5) 日本の特別養護老人ホームにおける四人部屋主体の居住環境と集団処遇ケアを抜本的に改善し、小じんまりとしたユニット（小単位）のなかで一人ひとりにより深く関わり、家庭的なケアを通じて普通の生活を取り戻すことを目指している。ユニットケアは個室化とともに語られ、共用（コモン）の食堂・居間などとともに「新型特養」の重要な構成概念となっている。

図2－2　ソフィルンに見る「セルフーコモン」の重層的展開

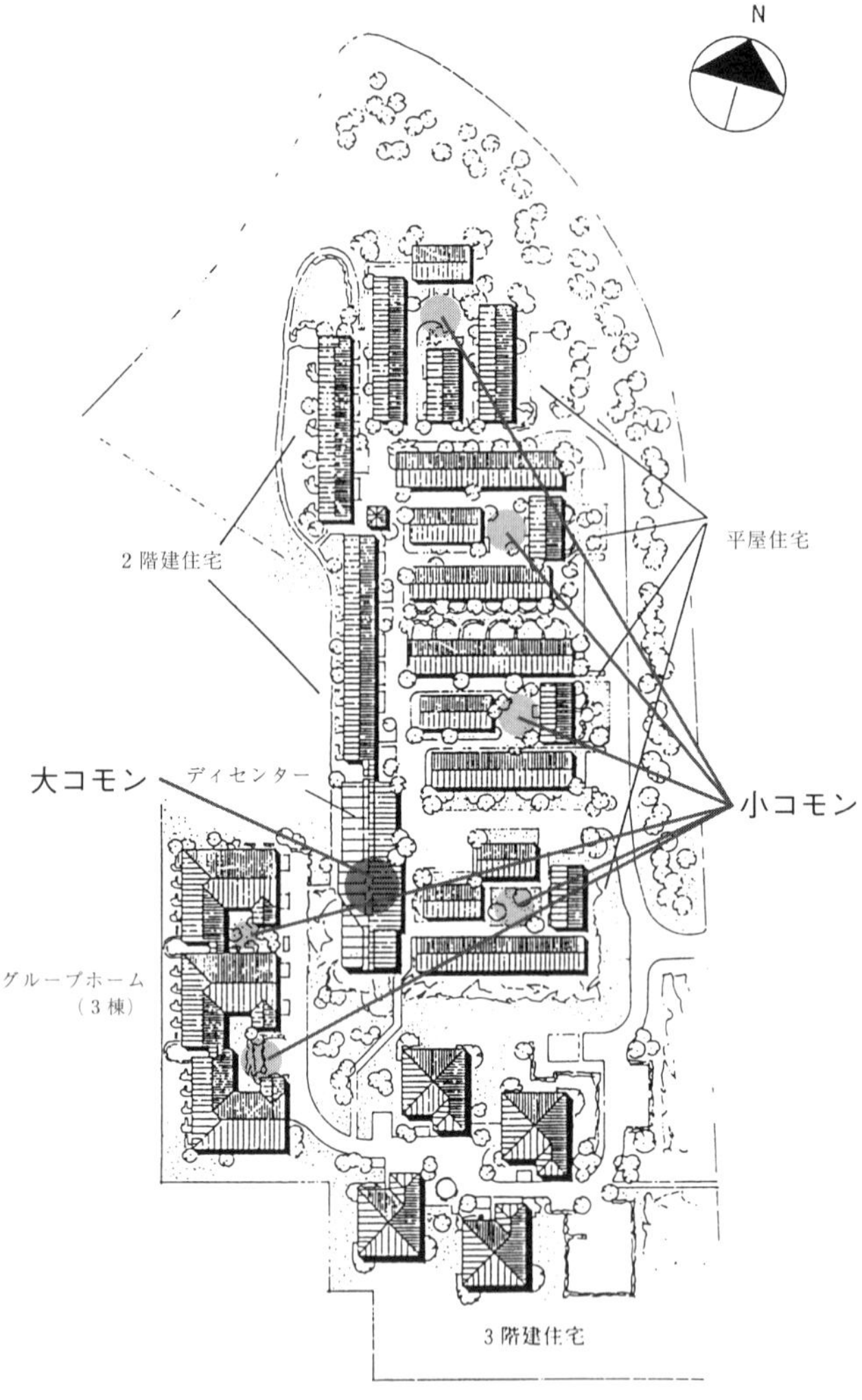

環境モデル（LEVE-og BO Miljø）」（二九八ページを参照）に見る空間構成も、まさにこの「コモン―セルフ」モデルを援用して自然な交流や生活を促すという効果をねらっている。

ソフィルンの住宅地内の溜まり（小コモン）にテーブルを置いてご近所同士で憩う風景を見たとき、私は思わず次ぎのように心の中で叫んだものである。

「あ！　敷地内にも施設内に見られるようなコモンスペースがある！」

故外山義先生は、ここでいう「コモン―セルフ」の関係を「パブリック―プライベート」という概念で説明し、その重層的な展開を説いておられた。あえて「コモン」という言葉を使ったのは、この言葉に「パブリック―プライベート」で表現し切れない「自立して生活（セルフ）」しながらも「共にある（コモン）」生き方とその価値観・関係性を入れ込みたかったからである。

また、「デイセンター＋高齢者住宅」のコンプレックスを造る場合に気をつけなければならないのは、かつての「総合施設」（四九ページ）のようにそのコンプレックスを自己完結的で閉鎖的にしてはいけないということである。巻頭でご紹介したバルド（当時八二歳）は、毎日のようにアクティビティ・ハウスの活動に参加していた。しかし、自宅とアクティビティ・ハウスの間

（6）　介護保険制度下では「痴呆対応型共同生活介護」と呼ばれるもの。痴呆性高齢者が少人数で小じんまりとしたグループを構成し、スタッフの協力を得ながらゆっくりとしたリズムのなかで生活能力を取り戻していけるような居住環境とケアの有り様を指す。一ユニット九人までとされて、個室を基本として共用（コモン）の居間と食堂がある。

を往復するだけではなく、それと同様に街中にショッピングに出掛けて友人を訪ねたり、銀行にも行っていた。また逆に、街中の普通の住宅に住む高齢者もソフィルンのアクティビティ・ハウスで食事をしたり、活動に参加するためにやって来ていた。

ソフィルンは、地域から隔離されているのではなく、オープンに開かれて溶け込んでいる。つまり、ごく普通の地域そのものなのである。そういう意味でいえば、高齢者住宅（狭義）に住むということは完全なバリアフリーであること、バス停や駅、郵便局がすぐ近くにあること、そしてデイセンターに近いという安心材料を除けば、街中でこれまで暮らしてきた自宅に住むのと何ら変わるところがない。

繰り返してまとめるが、「デイセンター＋高齢者住宅」のコンプレックスは、完全独立をして住みながらも、集いの場がすぐ近くにあって交流しやすいという「コモン―セルフ」の関係性が大事なのであって、同時に地域に対してオープンであるということが重要である。

（2）アウト機能とイン機能

「デイセンター＋高齢者住宅」というコンプレックスにおけるデイセンターには、高齢者が遊びに来る（Come in）「イン機能」と高齢者宅にサービスを届ける（Take out）「アウト機能」がある。イン機能が「社会的交流と役割創出」部分を支え、アウト機能が「安心と安全」部分を支えているということになろうか。そして、この双方向の関係によってデイセンターは深く地域に根を張ることができる。また、イン機能とアウト機能が一つの拠点に併設されて多機能性を発揮するところに、高齢者総合センターの「地域のコモン」としての意義があるのである。

また、既存のプライエムは、一九八八年に新規建設が禁止されたあとも地域の高齢者ケアの核的な存在として人々に親しまれ続けている。それは、一九八八年の時点ですでに、虚弱な高齢者の収容所としてだけでなくデイセンターも在宅ケアステーションも併設した総合センターとして地域に対してオープンに開かれており、在宅生活を支える拠点としての新しい機能を確立していたからである。

現在、プライエムを核とした総合施設は、固有名詞に続けて「○○高齢者センター（Ældre Centret）」、「○○地域センター（Lokal Centret）」、「○○ケアセンター（Omsorg Cetret）」などと呼ばれていることが多い。これらの事実は、日本の特別養護老人ホームなどの未来を考えるうえで重要な示唆を与えてくれている。

（3）人口一万人前後の小規模な地区割り

デンマークの人口は現在五四七万人であるが、二〇〇七年の行政改革までは、コムーネは二七

（7）一九七〇年の行政改革以来、一四アムト二七五コムーネとされ、その後一三アムト二七一コムーネの時代が続いた。しかし、二〇〇七年のリフォームによってアムトは廃止されて五レギオナ（広域保健圏域）となり、コムーネは人口五万人に整えられて九八コムーネとなった。

一あり[7]、一つのコムーネの平均人口は約二万人であった。地方自治が徹底していることは周知の通りであるが、物理的にコムーネの規模がとても小さいのである。そして、この規模は、一人ひとりの人間の顔が見えて小回りのきくサービスを提供することを可能にしている。といっても、財政規模も同じく小さいために大規模な手立てを講じることができず、また小さいがゆえに生じる自治の強固さによって広域連合がとりにくいという不便もある。

デンマーク最大の都市である首都コペンハーゲンでさえも人口は五〇万人弱で、ここでは市内を一五の福祉地区に分割している。およそ一地区が三万人強となるため、ヘルパーステーションなどさらに機動性が要求される場合は福祉地区をさらに小分割し、一〇〇人の在宅ケア利用者に対して一〇人前後のヘルパーと二～三人の訪問看護師がチームを編成してケアを届けるという具合である。これは、デンマークにおける平均的な姿となっている。

デンマーク第二の都市オーフス（ユトランド半島）が人口三〇万人、そして二〇万人近いコムーネはそのほかにオーデンセコムーネ（一九万、フュン島）、オーボーコムーネ（二〇万、ユトランド半島）の二つしかなく、二〇〇七年までは、人口一万人未満のコムーネが一五二あり、全体の半数以上を占めていた。人口一万人以上のコムーネは一五あったが、これらのコムーネでは市内を一万人前後の福祉地区に分割していた。そして、総合施設を福祉地区ごとに置いていたわけである。施設建設を凍結したあとも総合施設の機能は生き残り、そこに高齢者が集ったり（デイセンター、デイホーム）、そこから多機能なサービスによって地域へ包括的なケアを届けてい

図２－３　人口１～２万人を目安とする小規模な地区割り
人口56,000人のゲントフテ市の場合…五つの福祉地区に分割（例）

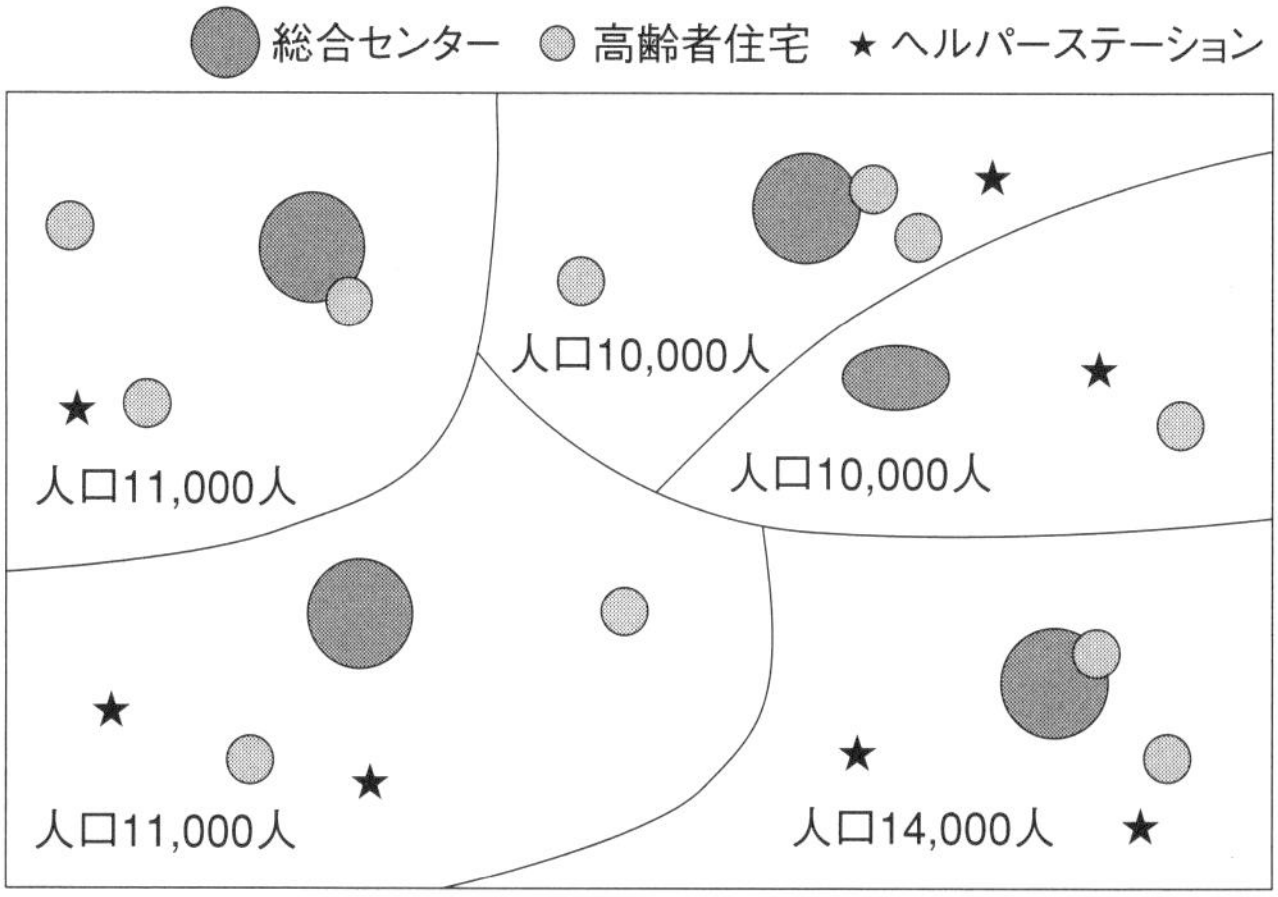

る（図２－３を参照）。ちなみに、夜間巡回（三時～夜一一時）や深夜巡回（夜一一時～翌朝七時）については、この地区割を取り払って統合したり、全コムーネを一つにして巡回しているケースが多い。この福祉地区割りは、驚くほど完璧なまでに全国の各コムーネにゆきわたり、行政改革後も引き継がれている。

（４）高齢者同士が楽しみながら支え合う

制度として国・自治体から提供されるケアが「フォーマルケア」であるのに対して、家族やボランティア、ＮＰＯ団体などによって届けられるのが「インフォーマル・ケア」である。日本の場合、インフォーマル・ケアといえば家族介護を指すことが多い。日本では家族介護に依存してきた歴史が長く、家族ができないことを制度で埋め合わせてきたという色合いが強い。

当然の結果として、介護疲れの問題が生じる。しかし、デンマークでは家族介護が皆無ではないにしろ（実際に夫婦間では助け合っている）、インフォーマル・ケアの内容そのものが異なっている。少なくとも、「親の介護か仕事か」という選択肢のなかで意志に反して仕事を辞めざるを得ない状況に追い込まれるケースはない。それは、在宅ケアが充実しているというのが第一の理由であるが、ターミナル期などのもっとも困難な時期には介護休暇も認められるなど（二四八ページ）、社会的な支援策が整っているからである。

デンマークにおけるインフォーマル・ケアの主たる担い手は比較的元気な高齢者であり、これまでにも述べてきたように、彼ら同士が、あるいは元気な高齢者がそうではない人を助けるボランティア活動が盛んである。

もっとも注目すべきは、制度の主眼を介護を必要とする人を出さないための予防策に置いているのだから、インフォーマル・ケアについても予防的な視点での広がりが大きいという点である。「高齢者はケアされる対象ではなく生きる主体である」以上、これも当然である。そして、高齢者たちは介護してもらうためにデイセンターに通うのではなく、自分たちの自由な時間を楽しむために集うのである。そして、これが何にも勝る介護予防になっている。朝からビールを飲んでビリヤードや卓球に興じたり、毎日やって来ては少年のように瞳を輝かせて木工に取り組む姿は至る所で見ることができる。

ヴィダゴー（ドラウアコムーネ）で木工に興じる高齢者

血まなこバンコ！

「バンコ」とは「ビンゴ」のこと。デンマークの高齢者はビンゴゲームが大好きで、多くのアクティビティ・ハウスで月に2回くらいの頻度で行われている。エイブルヘウン（ファクセコムーネ）で開かれるビンゴ大会には毎回100人以上が参加し、真剣そのものである。

参加するには数字が印刷されたカードを購入するのだが（10クローナ）、日本のように番号に穴を開けていくのではなく、カードの上に専用のカラーコインを置いていく。1枚のカードには30前後のマス目があるが、驚いたことに1人がこのカードを4枚5枚と並べて参加している。多い人は、8枚くらいを並べていた。読み上げられた数字について、購入したカードごとに該当数字がないか調べるのだから、当然重復する可能性がある。だから、集中力と緊張感が極度に高まるというわけである。そして、もし3枚のカードに該当の数字があれば3枚のコインを置くことになる。その動作のすばやいことといったら、目を見張るばかりである。コインは自前のもので、各自年季が入った巾着袋に入れて持ってくる。

見事バンコを達成すれば、もらえるのはワイン。そして、うれしいことに、その両隣の参加者にもチョコレートがプレゼントされる。

視力や手の動きに障害がある人のためには大きなマス目のカードが用意されており、誰でもマイペースで参加できるように工夫されている。これもまた、長い歴史のなせる業であろう。

カードを何枚も並べてバンコ！

デンマークのお年寄りを見ていると、「サービスを受ける人」ではなく、かといって「与える人」でもなく、まさに自分自身のために「楽しむ人」という印象が強い。もちろん、いまや住宅となったプライエボーリやグループホームで暮らす人は「受ける」部分が多いかもしれない。しかし、できるだけ食事づくりや片づけに参加したり、絵を描くなどの趣味活動ができるようにスタッフたちは支援している。冒頭で紹介したバルドも、脳梗塞で倒れたあともリハビリによって普通の生活を取り戻し、アクティビティ・ハウスで製本技術を教えたり、友人を訪ねて買い物の手助けをするなど、「受ける人」から「与える人」へ転身して生きていた。そして、その行為を自分自身で「楽しむ人」でもあった。製本技術の講習会には仲間が集まって交流を楽しみ、役割を継続していくなかで多くを得ていたに違いない。奥さんが亡くなったあとは独り住まいであったが、友人に囲まれ、週末には娘さんが訪ねてきてランチを食べて帰っていく。大きくはないけれど、たしかな喜びが続いていく毎日の生活のなかで彼は命そのものを輝かし続けていたのである。そう、あるときは支えられながら、そして支えながら。

具体的な数値で見てみよう。デンマークには、高齢者のためのクラブが約四万軒近く存在している。その数は増加する傾向にあり、二〇〇〇年から二〇〇一年にかけてのわずか一年間で二〇パーセントも増えている（**表2－1**を参照）。こうしたクラブは、主にデイセンターやエルドラセイエンの各コムーネ支部で開講されていると想像できるが、デイセンターが六八三ヵ所、エルドラセイエンの支部が三〇〇ヵ所あることなどを考え合わせると、一ヵ所に平均三〇前後のクラブが存在することになる。

「『ここに来てください。○○がしてもらえますよ！』というところではなく、『ここに来て何ができるかを一緒に考えましょう！』。私たちのアクティビティ・ハウスはそんな感じです」と言うのは、バルドも通っていたソフィルン・アクティビティフースのダン・ポールセン所長である。そして、ヴィダゴーのハネ・ベテルセン所長は次のように表現する。

「生きがいというものは、与えられるものではなくて自分でつくり出すもの。ヴィダゴーがその場であって、私はそのお手伝いができればといいと思っています。生きがいをもって毎日を過ごすことが、何よりの予防になるんじゃないかしら」

デイセンター運営の特徴は、コムーネがお膳立てしてくれるわけではなく、また社会福祉協議会のようなものが手助けしてくれるのでもなく、高齢者が主体的に自分たちで楽しみながら勝手気ままに自主運営している点にある。ここで新しい「役割」を自分たちの手でつくり出しているのであって、この意味において、彼らは「お客さま」ではなく生涯にわ

表2－1　高齢者のクラブ活動とその数

（単位：クラブ）

	2000年	2001年
体操	5,660	7,460
トランプ	4,650	5,220
ペタンク	2,940	3,420
コンピュータ	2,550	3,340
ボーリング	5,330	7,570
講義、語学コース	2,310	2,230
ダンス、コーラス	1,740	1,680
グループ数合計	32,440	38,930

出典：AEldre og Sundhed, okt. 2002

たって現役なのである。

余計な手出しはおせっかいなのであって、所長が自立支援の意味を理解している点もすばらしい。さらに、どこに行ってもこうした考えが徹底していて、ごく自然に実践されているのがデンマーク福祉の歴史であり、底力なのであろう。そして、デイセンターの場合、利用者一人当たり年間予算が九万円（ヴィダゴーの利用者四〇〇人に対して総予算三六〇〇万円より算出）であり、これを一ヵ月に置き換えると一人当たりわずか七五〇〇円でしかない。しかも、何回来ても人手をわずらわせないので人件費がかからない。日本での介護予防サービスの利用額が要支援一で月額二万三〇〇〇円、要支援二で同四万六〇〇〇円（利用者は一〇パーセント負担）であるのと比べると、高齢者を主役として巻き込むことによって財政的にも負担の少ないシステムになることがわかる。介護予防にパワリハ[8]、筋トレ[9]も有効だと思うが、身体面のみではなく、精神面、社会面にも着目して、生活そのものを楽しんだり役割をつくり出していくような発想が必要ではないだろうか。

（5）二四時間在宅ケア体制

アムツ・コムーネ研究所の主任研究員であるE・B・ハンセンが、「脱施設を可能にするのは、二四時間ケアである」と言っている（四六ページ）ように、二四時間在宅ケア体制が脱施設の十分条件であるというわけではないにしろ、少なくとも必要条件であるということはできるだろう。

デンマークでは、一九八〇年代末には八五パーセントのコムーネで二四時間在宅ケア体制が実施されていたが、現在はほとんどすべてのコムーネで実施されている。在宅ケアは施設ケアよりも財政負担が少ないといわれつつも、高齢者が最重度の要介護状態になった場合は、主として人件費の負担が理由でその費用関係は逆転するとされている。いずれにせよ、**図2-4**にあるようにデンマークは北欧だけでなく世界でも際だって在宅ケアが整った国なのである。

現在、デンマークの各コムーネでは、次のように「日中」、「夜間」、「深夜」の三つに分けて在宅サービスを届けている。（　）内は、主なケア（介護・看護）内容である。

・**日中巡回**（Dag Vagt）――七時～一五時（着替え、朝食、買い物、掃除、洗濯、シャワー、昼食、トイレ介助、オムツ交換）
・**夜間巡回**（Aften Vagt）――一五時～二三時（夕食、着替え、トイレ介助、就寝、オムツ交換）
・**深夜巡回**（Nat Vagt）――二三時～翌朝七時（インシュリン注射、緊急警報対応など）

（8）専門の機械を使用して、老化や障害により動かさなくなった関節・筋肉を無理のないように動かし、筋肉・神経を連携させて身体を動かしやすくするリハビリ運動のことで、介護予防や自立への回復、重症化の予防が目的である。竹内仁孝国際医療福祉大学大学院教授によって提唱された。

（9）筋肉向上トレーニングの略。パワリハの効果を受け、改正介護保険法において、口腔ケア、栄養改善と並び「新予防給付」として位置づけられた。

図２－４　高齢者のための施設ケアと在宅ケアの国際比較

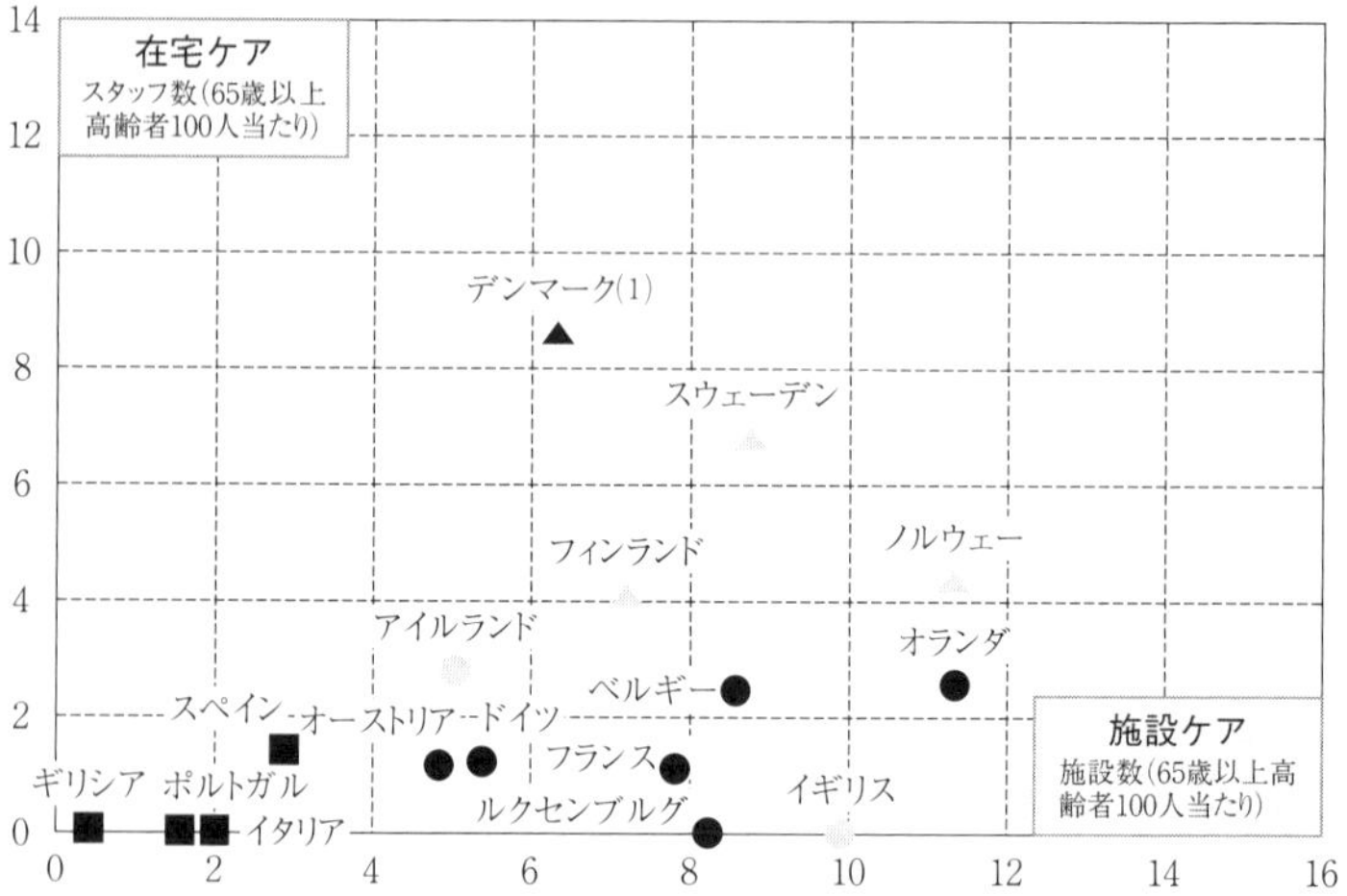

出典：Pacolet, J. et. [1999]

（原註）　在宅ケア０（ゼロ）となっているものは、在宅ケアについてのデータなし。
（著者註）　原資料ではデンマークの施設数は住宅も含めているとの断り書きがあったため、デンマーク統計局資料（300ページ）に基づいて、松岡がこの位置にプロットした。

二四時間在宅ケアでは夜間巡回と深夜巡回が重要となるが、夜間と深夜の巡回では人口一万人を目安に分けた福祉地区を統合するか全コムーネを一括してごく少数の訪問看護師や社会福祉・保健アシスタント（ＳＳＡ）でパトロールしているケースが多い。とくに、深夜巡回ではインシュリン注射や傷の手当てが中心となり、緊急警報（アラーム）にすぐさま対応できるよう、比較的ゆとりのあるスケジュールにしている。

在宅で暮らす高齢者たちは首にペンダント型のアラームを吊るし、これを押せば夜間巡回の

表2－2　週当たり利用時間別在宅ケア利用者の変化（1985年－2004年）

（単位：人）

	4時間以下	4－6.9時間	7－12.9時間	13時間以上	利用者数	67歳以上高齢者に占める割合
1985年	58,284 (45.4%)	42,715 (33.3%)	17,320 (13.5%)	9,956 (7.8%)	128,278 (100.0%)	19%
1998年	108,223 (62.8%)	22,460 (13.0%)	22,234 (12.9%)	19,546 (11.3%)	172,463 (100.0%)	25%
2004年*	137,220 (68.6%)	23,988 (12.0%) (4-8時間)	12,425 (6.2%) (8-12時間)	26,414 (13.0%) (12時間～)	200,047 (100.0%)	25%

出典：Hansen, E.B. [1998] より筆者作成。
＊2004年分については、NYT FRA DANMARK STATISTIK より筆者が加筆した。時間区分が異なっていた分については記入している。

訪問看護師に連絡が届くようになっている。ちなみに、その連絡経路は、直接訪問看護師が持つ無線に入るものや中央アラームセンターがすべてのコールを受けてそれを携帯電話に転送する場合など、コムーネによって異なっている。

在宅ケアが広がっていった過程において、利用時間について興味ある変化が見られる。在宅サービス利用者が大幅に増加している事実の裏で、利用時間別に顕著な特徴が見られるのである。まず、**表2－2**をご覧いただきたい。一九八五年から一九九八年にかけて、ホームヘルプ利用者は約一九パーセントから約二五パーセントへと大きく増えている。デンマークでのほかの在宅サービスのうちデイセンター利用は一四パーセント、施設利用が五パーセント強であることと比較すると、高齢者に広く利用されている制度だということができる。ちなみに、日本では施設利用が三・九パーセント（三三六ページ参照）とデンマークと大差がないのに対して、在宅サービス利用は全高齢者の七パーセントでしかない。デンマークでは、日本の三倍以上の利用率があるということになる。そして、一九九八年までの一三年間における一・三倍という伸び率は特筆すべきものであるといえる。

さらに、この利用実態を利用時間別に見ていくと、施設建設が禁止（一九八八年）された以降に興味ある傾向が現れていることに気づく。つまり、一九八五年から一九九八年にかけての一三年間にわたるホームヘルパーの利用時間別ユーザーの割合については、次のような変化が見られるのである。

❶四時間以下のライトユーザーが大幅に増えている。
❷四時間～六・九時間のユーザーは減少し、七時間以上のユーザーは横ばい。
❸一三時間以上のヘビーユーザーが増加している。

この理由は、コムーネが利用者の増加を先読みして、家事援助（掃除、買物）よりも必要度の高い身体介護（起床・身づくろい、入浴）を優先させたために利用者が短時間集中型の身体介護に集中するようになり、中途半端な中間利用層がライトユーザーとヘビーユーザーに振り分けられた形となったのである（Hansen, 1998）。また、このときに、スーパーマーケットからの食材やほかの注文品の配達サービスなどが奨励され、家事援助サービスを民間に肩代わりさせる戦略が進められた。現在、ライトユーザーとヘビーユーザーの二極分化はさらに進み、ライトユーザーはさらに裾野が広がり、ヘビーユーザーは絞り込まれて「広く薄く、狭く厚く（広薄狭厚《こうはくきょうこう》）」という傾向がますます強くなっている。

いずれにせよ、二四時間在宅ケアはサービスの合理化を十分に取り込みながら進められ、利用者が一・三倍にも膨れ上がることで増えた費用は施設減少による費用削減によって十分にカバーすることができたのである（Hansen, 1998）。

現在、デンマークでは在宅ケアに「自由選択（Frit valg）」制度が導入され、サービス提供者をコムーネ、個人、民間企業から選べる自由と、サービス内容をフレキシブルに変更する自由が保障されている（詳しくは一八四ページ）。

3　フレデリクスベアコムーネにおける地域福祉の実際

（1）フレデリクスベアコムーネ（Frederiksberg）の概要──財政

住宅に基盤を置いた地域福祉のビジョンを見てきたが、実際に各コムーネではこれをどのように展開しているのだろうか？　フレデリクスベアコムーネを取り上げて調べてみよう。人口サイズが約九万人と極端に小さくなく、都心に近いということでこのコムーネを選んだ。このサイズのコムーネなら、読者のなかには今住んでいる町の規模に近い方もおられるのではないだろうか。
フレデリクスベアコムーネは、首都コペンハーゲンに取り囲まれるような形で位置している人口九万一〇〇〇人の大都市である[10]。人口一〇万人を超えるコムーネが四つしかないのだからフレデリクスベアコムーネはまさに「大都市」なのである。六五歳以上の高齢者は約一万五〇〇〇人であり、高齢化率は一六・六パーセントと、デンマークの平均（一四・八パーセント）よりやや高い数値となっている。

このコムーネは比較的裕福な人が多いのだが、同じくリッチ層が集まっているコペンハーゲン北部のベルビュー・ビーチとは違った趣を見せている。北部の海沿いのコムーネには庭の広い一戸建て住宅が並んでいるのに対して、フレデリクスベアコムーネのそれは古い集合住宅が建ち並び、秋のころには並木の紅葉が町全体を黄色に染めて一層の風情を添えるというものである。というのも、一九世紀後半からの都市への人口集中によって、このコムーネでも一八六〇年には八〇〇〇人だった人口が一九〇〇年には七万四〇〇〇人に急増している。建物もそのころに建てられたものが多い。ちなみに、デンマーク都市部では古い建物ほど価値があり、家賃も高くなっている。もちろん、内部を改装して住んでいるのだが、古い外観とモダーンな内装の落差には驚かされることが多い。

この地域には地下鉄も延び、コペンハーゲンへのアクセスの良さなどが相俟ってますます人気のエリアとなっている。地下鉄のフレデリクスベア駅の裏にはコペンハーゲン商科大学が近代的

図2−5　フレデリクスベアコムーネの歳入・歳出（2001年予算）

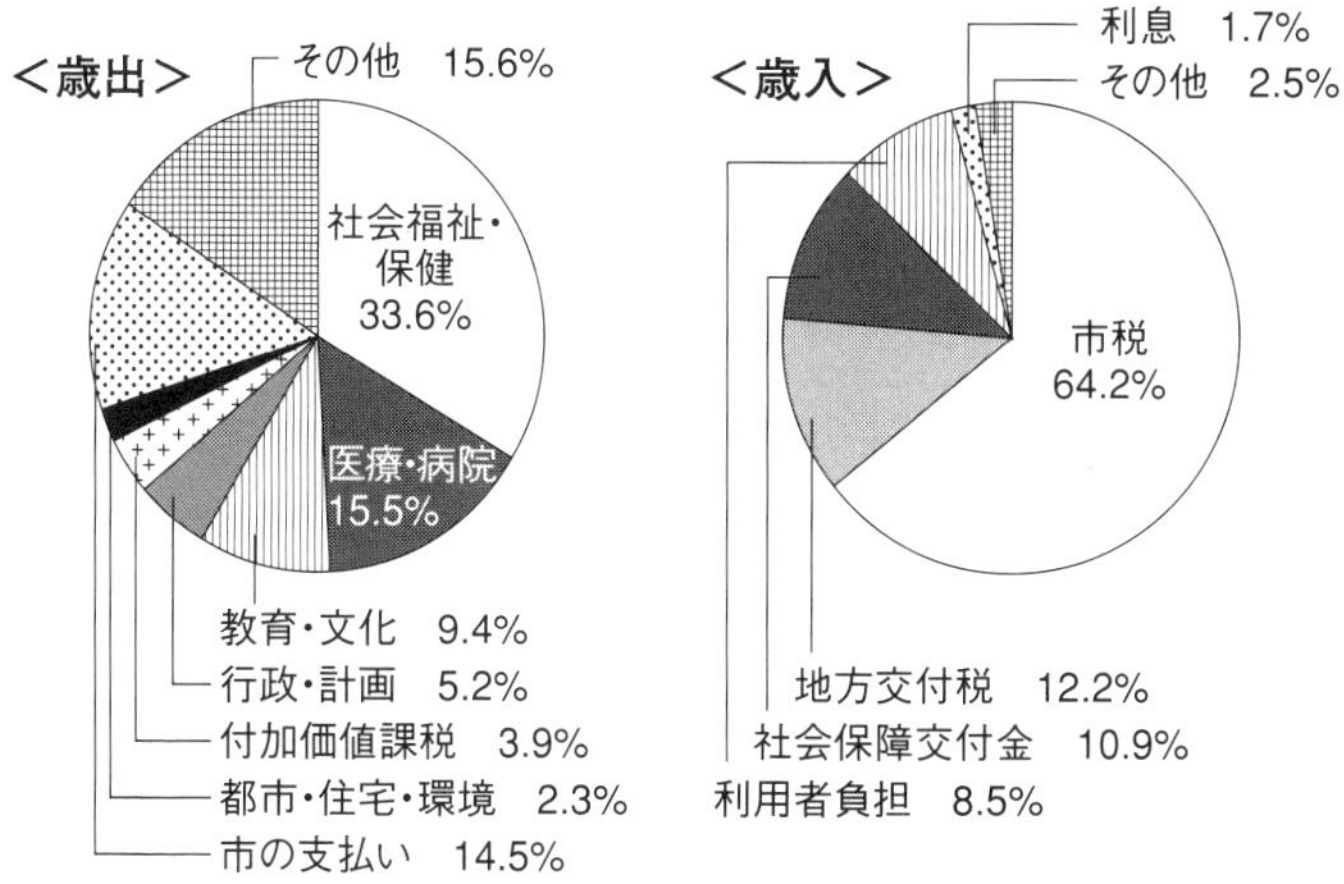

出典：フレデリクスベアコムーネ資料。

な新校舎を建て、フレデリクスベア・ショッピングセンターも大きくなってますます魅力を増している。

政治はコムーネ議会議員二五人のうち一二人が保守党であり、社会民主党は五人と保守の強い地域である。これは、裕福な層が多いことも原因しているのだろう。ちなみに、女性議員は九人で、社会福祉委員は保守系女性議員が務めている（二〇〇四年一〇月現在）。

二〇〇一年のコムーネの総予算は七七億クローナ（約一五四〇億円）であり、社会福祉・保健に三三・六パーセント、医療に一五・五パーセント、教育文化に九・四パーセントが使われている。デンマークの平均的なコムーネの姿である。

(2) 福祉地区と施設・住宅・在宅ケア

フレデリクスベアコムーネでは、高齢者一万五〇〇〇人のうち二九パーセントに当たる四四〇〇人が在宅ケアを受けている(二〇〇四年三月)が、これはデンマーク平均(二五パーセント)をやや上回る数値である。各利用者への巡回には市内を三つの福祉地区(西地区、東地区、北地区)に分け、各地区をさらに六つ前後の小地区に分けている。三つの福祉地区にはそれぞれ約三万人が住み、約一五〇〇人の在宅ケア利用者がいることになる。日本の小学校区よりやや大きい地域を想像していただくとよいのではないだろうか。

福祉地区のなかに六つ前後ある小地区の人口は五〇〇〇人前後であり、在宅ケア利用者数は約二五〇人となる。日中巡回では、看護師(一人)と社会保健・福祉アシスタント(SSA、二人)と社会福祉・保健ヘルパー(SSH、二〇人前後)で構成されるチームがこの小地区の一つを担当している。つまり、二五人前後のスタッフがチームとなって二五〇人の利用者のケアをしていることになる。一人のスタッフが担当している高齢者は約一〇人で、一日に平均四~五人のお宅を訪問して世話をすることとなる。

これが夜間巡回となると、各福祉地区をそれぞれ二つのルートに分けて全コムーネ内で六ルートとし、深夜巡回では四人が四台の車に分乗して市内全域を対象に巡回訪問していく。夜間と深夜の巡回については第4章(一八六ページより)で詳しく述べるので、ここでは日中巡回の概略についてのみ説明していこう。日中巡回の様子は、『デンマークのユーザー・デモクラシー』(朝野・生田・原田・福島著、新評論、二〇〇五年）の第3章にコペンハーゲンコムーネの様子が詳しく紹介されているので参照されたい。

フレデリクスベアコムーネでは、先ほど説明した二五人で構成されるチーム（一八チーム）が朝七時に市内に一二ヵ所ある地区ステーションに分かれて集合し、リーダーの訪問看護師からコンピュータで打ち出されたその日の業務計画表をもらって高齢者や障害者が暮らしている家へと向かう。そして、ヘルパーは自転車に乗って順々に高齢者や障害者宅を回っていく。日中巡回の勤務は午後三時に終わり、夜間巡回のスタッフへと引き継がれることになる。

高齢者の住まい（施設と住宅）については、**図2－6**と**表2－3**をご覧いただきたい。在宅ケアも驚くばかりの充実ぶりであるが、わずか人口九万人の市にこれだけ高齢者の住まいがあるのである。具体的にはプライエボーリが九〇七戸（一五ヵ所）、高齢者住宅は一一一〇戸（二八ヵ所）であり、保護住宅七九戸なども含めて二〇〇〇戸強の高齢者の住まいが用意されている。これは、高齢者人口の一四・〇パーセントに当たり、全国平均一〇・八パーセントを大きく上回っている。また、二八ヵ所ある高齢者住宅の規模が小さいことにもご注目いただきたい。

(10)　フレデリクスベアコムーネとコペンハーゲンコムーネは、コムーネでありながらアムトの機能（医療、リハビリ、高等学校教育）を果たす地方自治組織である。アムトの機能も果たすコムーネはこの二つのみであったが、二〇〇二年よりボーンホルムも加わっている。

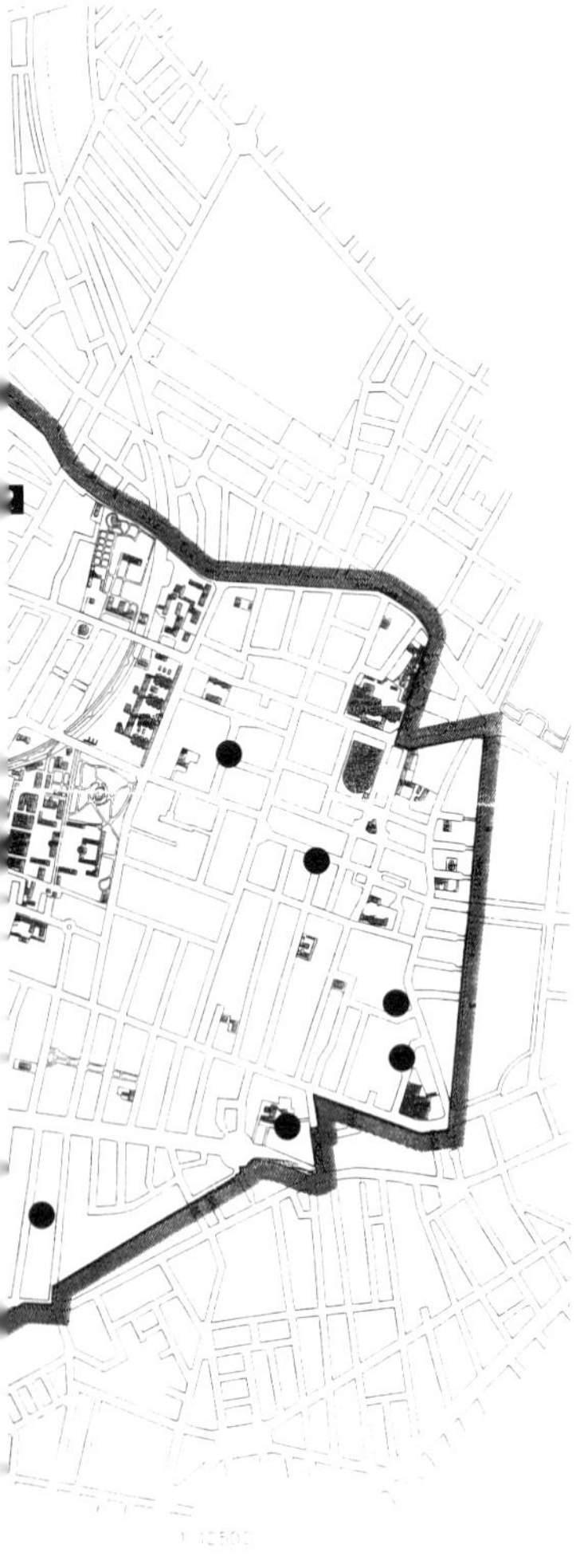

表2－3　フレデリクスベアコムーネの高齢者住宅（広義）一覧

高齢者住宅（狭義）名称（●印の所）	面積（㎡）	住戸数（戸）	平均家賃（kr）	供給管理組織
フィンセンスヘーウ	50	14	2,097	フレデリクスベアコムーネ
ガスベアスクグランデンⅠ	55	7	3,739	○K.A.B.
ソルベヘーウ	52	5	3,606	○K.A.B.
スティアネン	22－53	50	3,566	○K.A.B.
ソナユランアレ	39－64	12	1,779	○K.A.B.
ソナバン	40	6	1,700	メニヘダス介護組合
ダナスフース	68－70	20	5,148	ウネス住宅サービス
ディグターフース	65－79	20	4,713	○DAB
ドクタープリマスバイ	79	20	4,713	○手工業協会
ガスベアスクグランデンⅠ	55	30	3,739	○K.A.B.
ガスベアスクグランデンⅡ	66	45	3,910	フレデリクスベアコムーネ
ゴットホースゴー	46－76	112	4,046	○Arup&Hvidt
ゴットホースバイ	60－69	24	4,210	フレデリクスベアコムーネ
ホルガーダンスクバイ	70－85	30	5,013	○VIBO
ホヴィッツバイ	45－70	16	3,530	○Lejerbo
コングジョージバイ	67	12	4,398	○Lejerbo
マリクルススコル	73－83	34	4,483	△OK 基金
ピーターグラウスバイ	53－68	106	4,360	○Lejerbo
ロベクスフース	61－107	40	4,765	○ウネス住宅サービス
サガスバイ	62－75	18	5,752	△協働マニヘスプライエ
シーフスベンゲ	58－67	25	3,203	○Lejerbo
シュロスアレ	76－93	4	5,575	○Lejerbo
ヴォロスヴェアガーゼ	58.7	28	3,446	○Lejerbo
ヴォロスヴェアガーゼ	48－93	153	4,015	○VIBO
ブレウデューバン	66－83	104	4,539	○K.A.B.
ドロニングアンマリセンター	34	61	＊6456	△OK 基金
クラマーゴー	73－90	69	4,627	○VIBO
ソナバン	90.4	45	＊12010	△協働マニヘスプライエ
小計		1110		
プライエボーリ（■1の所）				
1 アカシアゴー	24	120	＊5259	△セルアイネ法人
2 ベタニアイエメット	25	60	＊4414	△メソジスト教会
3 ベティナンセン	46	39	＊4458	フレデリクスベアコムーネ
4 ドローニングアンマリセンター	24	96	＊5959	△OK 基金
5 インゲボーゴー	16	144	＊7365	△セルアイネ法人
6 コングフレデリック四世	25	68	＊3279	△セルアイネ法人
7 クレセンスフース	16	68	＊9407	フレデリクスベアコムーネ
8 リオバイエメット		28	＊3240	フレデリクスベアコムーネ
9 オーコーセンター	54－57	56	＊＊5298	△OK 基金
10 オーコーイエメット　テア	18－27	35	＊7588	△OK 基金
11 ソフィアマリエゴー	22	42	＊8283	△セルアイネ法人
12 ソナバン	14	64	＊8019	△協働マニヘスプライエ
13 ソスターソフィミン	30	23	＊5971	△デンマーク教会
14 ヴェスターバン	14－22	32	＊5291	フレデリクスベアコムーネ
15 ウスターバン	71－76	32	＊＊4462	フレデリクスベアコムーネ
小計		907		

＊家賃の上限であることを示す。
＊＊電気・暖房費用込み。
1 kr＝約20円
○非営利住宅協会　　　△セルアイネ法人

図2－6　フレデリクスベア市における福祉資源（広義の高齢者住宅）

それぞれの住宅を地図上にプロットしてみると（図2－6）、改めてその資源のゆたかさに驚かされる。市内に高齢者住宅が点在しているので高齢期の生活に適した住まいを求めて遠くに引っ越す必要はなく、住み慣れた地域で最期までいられるわけである。**表2－3**には各住宅の概要をまとめているが、所有・管理がフレデリクスベアコムーネではなく非営利住宅協会（表中のマーク：◯）やセルアイネ法人（表中のマーク：△）であることにも注目していただきたい。これは一九八八年以降、施設建設を凍結して高齢者住宅の建設に切り替えた際に、建物の供給主体をコムーネから非営利住宅協会に移行していった経緯による（一四四ページを参照）。また、家賃が住宅ごとに異なるのは建物の築年数や住戸の広さなどによるものであり、家賃面でも選択するほどにバリエーションがあるということである。といっても、待機が長く入居できないのが現実であり、プライエボーリの場合は申し込みから二ヵ月、高齢者住宅（狭義）では八ヵ月以内が目標とされている。二〇〇四年には六〇戸の高齢者住宅（狭義）を市内の幹線道路脇に新設したが、施設系の住まいについては全体の戸数を維持し、旧型プライエムをプライエボーリへと移行していく方針である。具体的には五〇戸のプライエボーリを二ヵ所造り、旧型プライエムの入居者を引っ越しさせ、その後に旧型施設を改築するというものである。入居のときに支払うデポジット[11]はフレデリスクベアコムーネでは家賃の三ヵ月分前後に相当し、支払いやすいものになっている。

　こうした住まいとケアの充実はフレデリクスベアコムーネにかぎったことではなく、どのコムーネにいっても同様のレベルで整備されている。また、このコムーネには、「ディアコニシスティフテルセン高齢者センター」（Diakonissestiftelsens Ædrecenter）という、日本の老人保健施設（老健）にあたる中間施設[12]を核とした複合施設がある。ここでは、病院から退院した直後の回復期のリハビリテーションや在宅で暮らす認知症高齢者のためのデイホームでのケアを通じて、在宅での暮らしを専門的に支援している。ここでの回復期のリハビリの様子は前著『老人ホームを超えて』（一一三〜一一七ページ）で詳細に紹介しているので、興味のある方はご覧いただきたい。

（3）地域でのアクティビティとボランティア

高齢者自身の活発な活動とその場も、地域での重要な福祉資源である。まず、**図2－6**で示した一五のプライエボーリには、そのほとんどにデイセンターがあって食堂がついているので誰でも食事をすることができる。それぞれにインテリアが異なっており、なかには小じんまりとしたレストラン風のものもある。七〇歳代後半になって独り暮らしになると、家の近くにこうしたレ

（11）（indskud）公営住宅法において、公営住宅に入居する者は住宅建築時のイニシャルコストの二パーセントを居住者デポジットとして負担することが決められている（一一八条）。日本の賃貸住宅における敷金（礼金）や保証金とは異なる趣旨のものである。

（12）病院から退院したあと急性期のリハビリや回復期のリハビリをによって、在宅復帰を支援する施設。病院と在宅の中間にあるのでこのように称される。

ストランがあると便利なものである。しかも、地図上に示したように街の至る所にあるのだから、自宅からのアクセスが非常によい。

レストランではスーツを着て食事している男性を見かけることもあるが、食事ができて、友人に会えて、会話が楽しめて、しかも食事代はわずか四〇クローナ（八〇〇円）前後である。高齢者向けの昔懐かしいメニューや、健康を配慮した味付けがなされているのも彼らにとっては大きな魅力であるにちがいない。そのうえ、市内には二系統のサービスバス（高齢者専用）が、九時から一五時まで市内の高齢者住宅やデイセンターを結んで毎時運行している。歩行器の利用者が乗ってくると運転手は立ち上がって乗車を手伝い、歩行器を固定する。利用者同士はもちろん、運転手とも仲の良い顔見知りである。

そのほかにも、水泳、バドミントン、ビリヤード、ボーリング、ピンポンなどの年金者アスレチッククラブがあって曜日を決めて開催されているほか、市内には数え切れないほどの民間のクラブがあって、ブリッジやダンス、コーラスを楽しむ高齢者であふれ返っている。それほどに、高齢者の活動を街中でよく見かける。たとえば、「OK基金」（OK-fonden）という大規模なNPO法人は、市内で一番美しいフレデリクスベア公園の正面玄関のすぐ向かいに本部を構えて、毎日のように高齢者が集まってきてはブリッジをしている。また、エルドラセイエンの前身である「EGVクラブ」（EGV cluppen）は市内に三つの拠点をもって年金生活者のために活動の機会を

デイセンターのレストラン

つくり出している。

こうした場所で引退後の生活を楽しむ高齢者たちは、海外旅行を一緒に計画したり、老いの住まいについての勉強会を開催したり、一人が提案すればすぐにそれに賛同する仲間が現れて話がとんとん拍子で発展していく。また、彼らは、楽しむとともにボランティア活動にも熱心である。独り暮らしで淋しい思いをしている高齢者を訪問する「訪問の友」は、フレデリクスベアコムーネでは二つの組織（赤十字とエルドラセイエン）で進められており高齢者中心に支えられている。

そして、最後に付け加えたいことは、こうした活動とネットワークは政治を動かすほどの力をもっているということである。各コムーネは高齢者住民委員会を設置することが義務づけられており、委員はコムーネ議会の諮問機関として高齢者問題についての諮問を受ける。[13]フレデリクスベアコムーネでもコムーネ庁舎の近くの建物に事務所を置き、少ない年間予算のなかで九人の委員がボランティアで活動している。委員は選挙で選ばれているが、フレデリクスベアコムーネの場合は男性五人、女性四人という構成になっている。この制度はもともとボランティアベースではじまり、一九九六年までにすべてのコムーネに設置することが義務づけられた。

（13）（Ældreråd）法律で各コムーネに設置が義務づけされおり、コムーネ議会は、高齢者に関係する問題について審議・議決する場合はこの組織に諮問しなければならないこととなっている。一九九六年に法制化され、六〇歳以上の高齢者に選挙権と被選挙権がある。『デンマークのユーザー・デモクラシー』（新評論、二〇〇五年）第5章に詳しい。

ボランティアといえば、高齢者の権利を守り生活の質の向上のために活動しているNPO法人エルドラセイエン（四三ページの註(15)を参照）について触れないわけにはいかないだろう。これは国内最大の高齢者組織としてフレデリクスベアコムーネにも支所があり、コムーネ内のデイセンターやクラブに広報誌を配布したり、ボランティア活動をはじめとするさまざまな活動を行っている。

高齢者住民委員もエルドラセイエンの地区のリーダーも互いに顔見知りで、横の関係でつながれている。だから、一致団結して事にあたって高齢者の利益のために動くことができる。たとえば、自由選択（Frit Valg）の導入（一八四ページ）については、エルドラセイエンは早速調査をして導入が順調に進んでいないことを知らせた。これをきっかけにして、地域のなかにおいてこの組織の地区リーダー、高齢者住民委員、コムーネ議会議員などが同じテーブルについて改善策などについて話し合うことができるのである。そして、こうした動きが制度や政治を変えていくわけである。地域での高齢者ネットワークは、暮らしを生き生きと楽しく活動的なものにするだけでなく、政治の世界にもしっかりと食い込んでいるのである。

第3章

デンマークの住宅政策

デンマークでは、窓辺のしつらいに個性を競う

長く暗い冬の夜が、彼らの光への憧れをかき立てる。
窓辺に置かれた小物たちは、この家の主とともに光の到来を待つ。
素敵な窓辺の素敵な家。こうした住宅は、デンマークの民主主義によって支えられてきた公営住宅政策から生まれている。

1 デンマークの住宅政策と公営住宅

(1) ゆたかな住宅は社会保障の一環

デンマーク人のお宅を数々訪問させていただいたが、とにかく「息を呑むように素敵」であった。とくに、冬の夜が長いことから来る「光への憧れ」は、彼らの住まいに北欧らしい特徴をもたらしている。白い窓枠、その窓辺のしつらいと、そこにさり気なく置かれたガラスの置物たち。窓ガラスはきれいに磨かれ、カーテンは閉められることがない。光を招じ入れるための、あらゆる工夫が凝らされているのだ。

この「光への憧れ」は、「暗闇への愛着」と表裏一体で存在しているようである。長く暗い冬の夜、彼らはその暗さを煌々と照らす蛍光灯の光で台無しにしてしまうことはない。目を悪くしてしまうのではないかと懸念されるほどの暗さを愛しむかのように、ロウソクや天井から吊り下げたＰＨ《ペーホー》ランプ(1)のみによって、暖かくほのかな明かりを浮かび上がらせている。そして、朝には陽の光を一刻も早く取り入れたいという思いが、窓辺にカーテンをかけさせないでいるように思われる。その室内は整然としていてモノが少なく、壁は各部屋ごとに好みの色に塗り分けられていて、部屋ごとに主《あるじ》の個性を表現している。トイレの壁をブルーに塗って模様をつけ、海のなかにいるような気持ちにさせてくれる家もあった。ちなみに、壁の塗り替えはデンマーク人の趣味の一つなのだそうで、町中のペンキ屋さんはそれが理由で十分に商売が成り立っている。臙脂《えんじ》色に壁を塗っている若い女性の家にも訪問したことがあるが、これにはちょっと驚いた。いずれにせよ、光の扱いがデリケートで、どの家にもどの部屋にも主張があり、独特の雰囲気を感じさせるのである。

このようなデンマークの家だが、これがお年寄りの住まいとなると、一見して親譲りとわかるような大きなキャビネットがあり、家族の写真が所狭しと飾られている。自分の両親とおじいちゃん、おばあちゃん、兄弟姉妹、子ども、孫と五世代にわたる生活史であるから、その数は想像にあまりあるだろう。面白いことに、多くの家庭において、ご自分やそのご主人については若いころのカッコいい写真を飾っている。これは、昔のプライエムのような施設でも、スタッフがまったくいない高齢者住宅でも、また自宅でもまったく同じ様子である。

（1）デンマーク人建築家ポール・ヘニンセン（Poul Heningsen）がデザインしたランプシェードで、頭文字をとってこう呼ばれている。一九二五年に誕生し、デンマークでももっとも人気があるものの一つで、施設や家庭でよく使われている。

PH ランプ（1926年タイプ）
Lind, O & Møller, J. (1994)
Folke Bolig Bolig Folk より

表3－1　住宅の質の国際比較

	一住戸の面積	バス、シャワー（1994年）	温水（1994年）	セントラル・ヒーティング（1994年）
デンマーク	106.9㎡	96.0%	99.0%	96.0%
ドイツ	84.2㎡	97.0%	93.0%	88.0%
フランス	72.7㎡	95.0%	97.0%	90.7%
イギリス	－	99.0%	100.0%	85.0%
アメリカ	101.1㎡	－	－	－

出典：United Nations (1996), Annual Bulletin of housing and building statistics

デンマークは、アーネ・ヤコブセン（Arne Jacobsen、一九〇二～一九七一）、ヨーン・ウッゾナ（Jørn Utzon、一九一八～）、ヘニン・ラーセン（Hennin Larsen、一九二五～）など、鳥肌が立つような天才的建築家を多く輩出しているが、とくにアーネ・ヤコブセンは家具のデザインにおいて日本でも有名である。この国においてよい家具文化が育っている背景に、よいモノを買って長く使うという生活文化があるためだろう。

本書の冒頭でご紹介したバルドは、自分が初めてもらった月給で買ったというヴェグナー（Wegner）のYチェア(2)を一脚だけもち、大事に使っていた。バルドとモダンなYチェアの取り合わせは奇妙であったが、六〇年近く使い込まれて手垢にまみれたYチェアは、日本では生活とはかけ離れたショーウィンドウのなかでしか見たことがなかっただけにちょっとした感動であった。また、日本でも根強い人気があるロイヤルコペンハーゲンのイヤープレートを壁一面に飾る習慣はデンマーク・インテリアの定番であり、お年寄りの家において数多く見られた。

もっとも驚いたのは、どの家も本当に広く、立派な造りであったということだ。所得が少ないから家が狭いとか、安普請とか、貧相であるということがまずない。これが、「福祉は、住宅に始まり住宅に終わる」といわれる国の実態であろう。実際に、デンマークは世界でもっともホームレスが少なく、一住戸当たりの面積が広い。また、住まいの質という面からも、セントラル・ヒーティング、温水循環などの設備整備率も際立って高くなっている（**表3－1**を参照）。

こうしたゆたかな居住環境は、彼らの生活センスのよさだけではなく、地方に大きな裁量権を与えながら政府主導ですすめられた住宅政策があったからこそ実現したのである。

戦後、ヨーロッパ諸国では、住宅不足を解消するために、入手しやすい価格で質のよい住宅を供給することを政策の中心課題として据えた（OECD, 2000）。この課題に対して、社会保障の一環として公的責任において積極的に取り組んだのが高福祉国として名高い北欧の国々やオランダ、イギリスである。

住宅政策の特徴は、公営住宅の割合の高さに如実に現れている（**表3－2**を参照）。本書でテーマにしている高齢者住宅（高齢者住宅、プライエボーリ、グループホームなど）も公営住宅で

（2）デンマーク人デザイナーのヴェグナーがデザインした椅子。中国家具の影響を多分に受けて、背もたれがYの形になっている。家具の歴史は、デンマーク工芸博物館で詳しく知ることができる。

表3－2　所有形態別住宅構成の国際比較

（単位：％）

	持ち家	公営住宅	分譲賃貸	その他
デンマーク1997	53	20	21	6
デンマーク1970	49	15	36	0
スウェーデン	43	22	16	19
オランダ	47	36	17	0
イギリス	66	24	10	0
フランス	54	17	21	8
イタリア	67	6	8	19
スペイン	76	2	16	6
EU 平均	56	18	21	5

出典：OECD Economic Surveys: Denmark, 1999

あるが、実際に北欧の住宅政策といえばまず公営住宅（一一五ページの註を参照）の充実ぶりを思い浮かべる方が多いだろう。公営住宅は、一九世紀後半以降の歴史をたどればデンマーク民主主義のシンボルであることをすぐに理解することができる。もちろん、これに異論を差しはさむことはできない。

しかし、国立建築研究所（一九ページ参照）で公営住宅を研究するハンス・クリステンセン（Hans kristensen）は、地方自治、住人の民主主義に支えられた公営住宅の充実だけでなく別の側面にも光をあてている。とくに、戦後の住宅政策のなかでは持ち家政策も含めてすべての国民に対して手厚く広範な補助を行ってきたからこそ、世界でも最高の居住環境を実現できたというのである（Kristensen, 2002）。公営住宅については次項「公営住宅の重い位置づけ」に譲ることにして、まずは公営住宅、持ち家を問わず進められた広範な補助制度について触れておこう。

デンマークでは、一九四五年より住宅不足を解消するために大規模な住宅整備を進めたのだが、それは「建築費補助（boligstøtte）」と「家賃補助（boligsikring）」による二重補助制度によるものだった。建築費補助は、「建物（brick and mortar）」に対してなされるものであり、これは自宅取得時に組むローンの利子が税金から控除されるものである。また、家賃補助は「人（human-being、賃貸住宅居住者）」に対してなされるものである。

建築費補助はローンの利子控除という形で行われるが、対GDP比租税負担率が四八・〇パーセント（二〇〇二年）と非常に高く、常にスウェーデンとトップ争いをしているような状態であるから節税効果は非常に大きなものとなる。この優遇税制は、一九六〇年代と一九七〇年代には支払った利子に対しての全額控除が認められていた。その効果は推して知るべしで、住宅建築戸数がうなぎ上ぼりに上昇して「バブル経済」といわれた時代のことである。その後は徐々に改正されて、利子総額の三三パーセントまでしか控除できないこととなった。

次に、「人（賃貸住宅居住者）」に対してなされる家賃補助についてはどうであろうか。これは、民間賃貸住宅に住む人にも、公営住宅に住む人にも、同様に補助が与えられるというものである。民間賃貸住宅に住む人にも家賃補助を行うというのは、われわれ日本人からすればやや理解しがたいところがある。しかし、すべての市民に質のよい住宅を供給するのはコムーネ（市）の責任であるのだから、補助の対象は民間賃貸に住むか公営住宅に住むかという住宅の所有形態によって決められるのではなく、一人ひとりのニーズ（必要）によって決められるべきであるというわけである。実際に家賃補助の額は、家賃をベースにして収入、家族構成、住宅の大きさなどから計算され[3]、その方法はかなり複雑なものとなっている。しかし、収入が低い場合は、概《おおむ》ね収入の一五パーセント前後が小遣いとして残るような形で補助額が設定されている。本書の主題である高齢者住宅（プライエボーリ、グループホーム、狭義の高齢者住宅）に住む場合もこの家賃補助を受けることができ、年金しか収入のない場合は家賃を払っても収入の一五パーセントが残るように補助を受けられるようになっている。

こうした二重補助は、社会保障費のなかでも無視できない比重を占めている。一九九九年の実績でいえば、建築費補助には一七〇億クローナ（約三四〇〇億円）が支出され、その三三パーセントが国から支払われている。家賃補助については一六〇億クローナ（約三二〇〇億円）が使われ、七五パーセントが国から出されている（Kristensen, 2002）。そして、その合計三三〇億クローナ（約六六〇〇億円）という金額はＧＤＰの二・八パーセントに相当する。

こうした補助をコムーネからの支出という側面から見ると、生活支援金や早期年金（障害者年金）に匹敵する額に上っており、それぞれ社会サービス支出の一〇パーセント前後を占めている。すべての国民を対象として、いかに質の高い住宅づくりと居住確保に力を入れているかが理解できるだろう。

こうした二重補助制度は住宅需要を確実に下支えし、**表3-1**（一一〇ページ）にあるように、一人当たり居住面積五一平方メートル、一戸当たり平均面積一〇七平方メートルという、世界でも最高水準の居住環境を実現することとなった。しかし、これはあくまでも社会民主党政権下の政策であって、自由党（保守系）はこれを批判して家賃補助のみにすべきだと主張していた。二〇〇一年秋、アナス・フォー・ラスムセン率いる自由党が保守党などと連携して中道右派連立政権を樹立したが、財政改革のなかで公営住宅の払い下げ計画を優先的に進めたかったためなのか二重補助制度にメスは入れられていない。

（2）公営住宅の重い位置づけ

住宅建設を促進した手厚い補助制度はさることながら、デンマークの住宅政策をもっとも強く特徴づけるのは、何といっても「公営住宅（Almene Bolig, Social Housing）[4]」の存在だろう。

（3）一般的に住宅に対する住宅補助金 **Boligstøtte** は三種類ある（Boligydelse、Boligsikring、Lån til beboerindskud）。**Boligydelse** は年金受給者を対象としたもので、公営賃貸住宅、協同組合住宅、持ち家に対して支給される。**Boligsikring** は年金受給者以外を対象とし、**Lån til beboerindskud** は入居に際して支払うデポジットのためのローン貸付で、ペンショニストであるないに関わらず支給される。

（4）中央政府、地方自治体などの公的資金を投入してつくられた住宅の総称で、若者住宅、家族住宅、高齢者住宅などがある。これを供給できるのは、コムーネの認可を受けた公営住宅協会（**almen boligorganisation**）や、同じく認可を受けた非営利住宅協会（**almennyttigt boligselskab**）、セルアイネ法人とされている。その内容については第3章第2節（1）（一三二ページ）を参照。

表3－3　デンマークにおける所有形態別住宅戸数(2001年)（単位：万戸）

住宅の種類		戸数（%）
持ち家	一戸建て住宅、集合住宅	92.5（38.6%）
	テラスハウス	11.9（5.0%）
	農家	10.8（4.5%）
	その他	12.8（5.3%）
	小計（持ち家）	**128.0（53.4%）**
賃貸住宅	持ち家賃貸住宅	42.1（17.6%）
	公営住宅	47.3（19.7%）
	個人所有の協同組合住宅	15.9（6.6%）
	学生寮	2.9（1.2%）
	市所有の住宅	3.5（1.5%）
	小計（賃貸住宅）	**111.7（46.6%）**
合　計		**239.7*（100.0%）**

出典：The Royal Danish Ministry of Foreign Affairs [2002], *DENMARK*
＊サマーハウス21.7万戸は含まれていない（筆者による）。

現在、デンマーク（人口五三八万人）には約二四〇万戸の住宅がある（二一万七〇〇〇戸のサマーハウスを除く）。所有形態別に見ると、持ち家が五三・四パーセント（一二八万戸）であり、賃貸住宅が四六・六パーセント（一一一万戸）という構成になっている（**表3－3**を参照）。賃貸住宅の四三パーセントを占めるのが公営住宅四七万三〇〇〇戸であり、これは全住戸の一九・七パーセントに当たる。デンマーク人の五人に一人、つまり約一〇〇万人が公営住宅に住んでいることになる。

　参考のために日本の例を示すと、全住戸（四五〇〇万戸）に占める公営住宅（二一六万戸）の割合はわずか四・

八パーセントで、二〇人に一人弱の割合となる。イタリアやスペインなどの南欧では全住宅に占める公営住宅の割合がさらに低く二～四パーセントとなるのであるが、この公営住宅こそ「福祉の基盤」であり高福祉国のシンボルということができるだろう。

さて、読者の方々は「公営住宅」という言葉を聞くとどんなイメージを抱かれるだろうか？「一部の人々のための特別な住宅」、「所得が低い人のための住宅」——一般の方が抱くイメージはこのようなものであろう。日本では市営住宅や県営住宅への入居には所得制限が設けられており、家賃も特別安く設定されている。住宅政策が一部の人々への残余的な福祉施策としてしか位置づけられていないのだから、このように捉えられるのは当然のことである。

これに対して、デンマークの公営住宅は、家族、シングル、年齢、子どものあるなしを問わず、すべての国民に例外なく平等に保障するための普遍的な福祉政策のなかで、いわば中産階級のシンボルとして位置してきた。[5]「所得が〇〇以下であること」といった所得制限を設けず、逆に住宅の面積に上限を設けることで質を保ちつつ適正な家賃を維持し、普通の人間が普通に暮らすための理想的な住宅づくりを目指したのである。これを戦後コンスタントに年間一万戸ベースで

(5)　公営住宅法では、一住戸の総床面積は一一〇平方メートルを超えてはならないと定められている（一〇九条）。この規定は実質的に、家族住宅、高齢者住宅に適用されるが、若者住宅については五〇平方メートルを超えてならない（三項）とされており、重度身体障害者が家族にいる場合は一一〇平方メートルを超えてもよいとされている（四項）。

表3－4　デンマークにおける公営住宅の種類と供給数

（単位：戸）

種類	戸数
若者住宅	18,039
家族住宅	396,141
高齢者住宅	26,293
その他（未登録）	95,639
合　計	536,112

出所：Helge Mølller（Boligselskabernes Landsforning）への取材より（2004年10月）

（これは、人口比でいうと日本の年間二〇万戸に相当）建設してきた。主な住人は、若い専門職者、サラリーマン、熟練工などで、いずれも経済的にややゆとりのある層である。もちろん、社会的弱者にも門戸は開かれており、先にも述べたように家賃が払えない人には家賃補助がある（**Kristensen, 2002**）。

国民の五人に一人が住んでいるという公営住宅には、高齢者住宅のほかに「若者住宅（Ungdomsbolig）」や「家族住宅（Familiebolig）」も含まれ、その構成は**表3－4**のようである（数値が**表3－3**の公営住宅と合わないのは出所が異なることによる）。本書でテーマとしている高齢者住宅（広義）は、公営住宅のごく一部でしかないのである。

デンマークの若者は高校卒業（一八歳）と同時に親元から独立して独り住まいをはじめるので、そのときの引っ越し先の有力候補の一つがこの若者住宅となる。広さは、公営住宅法において五〇平方メートル以下となっており、実際には三五平方メートル前後のものが多く、家賃は一八〇〇クローナ（約三万六〇〇〇円）前後と手頃なものとなっている。もちろん、バス、トイレ、キッチンがついた完全な独立住宅である。恋人と一緒に住んでいる若者住宅でのパーティに参加したことがあるが、キッチンのほかに居間兼寝室が一室のみで、やや狭そうであった。

しかし、大多数を占める家族住宅には六〇平方メートルから一〇〇平方メートルを超えるものまでさまざまなタイプがあり、家賃については四〇〇〇～六〇〇〇クローナと支払いやすい額となっている。また、家賃補助に関しては若者住宅でも家族住宅でも同様であり、入居時に必要なデポジットは家賃の約三ヵ月分である。

(3) 供給主体（非営利住宅協会）とテナント・デモクラシー

こうした公営住宅について、資金計画、建築計画を立てて実際に供給しているのはどんな組織だろうか？　市民に住宅を供給する責任はコムーネにあるため、答えはコムーネということになるだろう。しかし、実際にはコムーネが供給するケースは減っており、「非営利住宅協会（Almennyttig boligselskab）」、「セルアイネ法人（Selvejende institution）」がコムーネとの協定によって計画し、建築することとなっている。[6] とくに、高齢者住宅（広義）については、非営利住宅協会が建築から運営までを行うケースが増えている（一四五ページ）。

協会はコムーネとの協定（aftale）に基づき、その強い連携のもとに資金計画を立て、業務推

（6）公営住宅の供給主体のうち、セルアイネ法人（非営利法人）は厳密には以下の三種類が挙げられている。若者住宅を供給するセルアイネ法人、高齢者住宅または高齢者向け集合住宅（四三ページ）を供給するセルアイネ法人である。

進リーダーとして設計・施行を行って、入居者募集、家賃徴収、その後のメンテナンスまでを行う。よって、コムーネは住宅を建築せず所有もしない。しかし、建築に要するイニシャルコストの七〜一四パーセントを出し、かつ無利子ローンの担保保証をする。さらに、各非営利住宅協会の理事として住民とともに名を連ねて運営に参加することで、「コムーネはすべての市民に住宅を供給する義務を負う」という責任を果たすのである。実際に、公営住宅の二五パーセントは住宅困窮者のための特別枠としてコムーネにキープされ、高齢者住宅の場合なら市の判定を受けなければ住むことはできない。

しかし、コムーネが供給責任を負っているとはいうものの、公営住宅における最高意思決定機関は団地ごとに住人を中心として結成される「理事会（Bestyrelsen）」である。先ほど言ったように、この理事会にはコムーネ当局も名を連ねるが、あくまでも中心は住人である。「テナント・デモクラシー（Beboerdemokrati）」と呼ばれる住人主体の民主主義理念の下《もと》に、住人、コムーネ当局、協会が一つのテーブルについて、住宅の修理や家賃改正、共用部分の利用法、居住環境などについて問題が起こるたびに話し合いをし、改善に向かって協働していくのである。

テナント・デモクラシーについては、デンマーク最大の非営利住宅協会である「ＤＡＢ（Danmark Almennyttig Boligselskab）」を訪問したとき、高齢者住宅担当のアナス・ヒョールッケが次のように説明してくれた。

「デンマークには、『住む人が中心にいる』というテナント・デモクラシーが浸透している。住人は理事会を構成し、そこにはＤＡＢの社員が理事として入ることが法律で決められている。また、住人はＤＡＢの理事として経営に参画しないといけないんだ。住人の意見をまとめて、運営に反映させるのに互角の関係が形成されているということだ」

その内容は、公営住宅法の第一八九条によって次のように決められている。

・住人は、住宅の事務活動に参加しなければならない。
・住人は、理事会をもたなければならない。担当非営利住宅協会の理事長は、住人理事会の理事である。
・住人は担当非営利住宅協会の理事になり、経営を見守る。
・住宅のメンテナンスをしなければならない。年に二、三回の屋根、窓枠などのチェックを行い、早めの処置で老朽化を未然に防ぐ。

こうした非営利住宅協会は全国に七〇〇組織あり、約五〇万戸の公営住宅を管理運営している。その規模はさまざまであり、アナスがいるＤＡＢは三万八〇〇〇戸（五三団地）の公営住宅を管理運営しており、デンマーク最大規模となっている。しかし、一〇〇戸前後からなる団地を一つだけ運営している小規模な協会もある。そして、これらを統括しているのが「全国非営利住宅協会連盟（ＢＬ：**Boligselskabernes Landsforening**）」である（**図３－１**を参照）。

図３－１　非営利住宅協会の組織

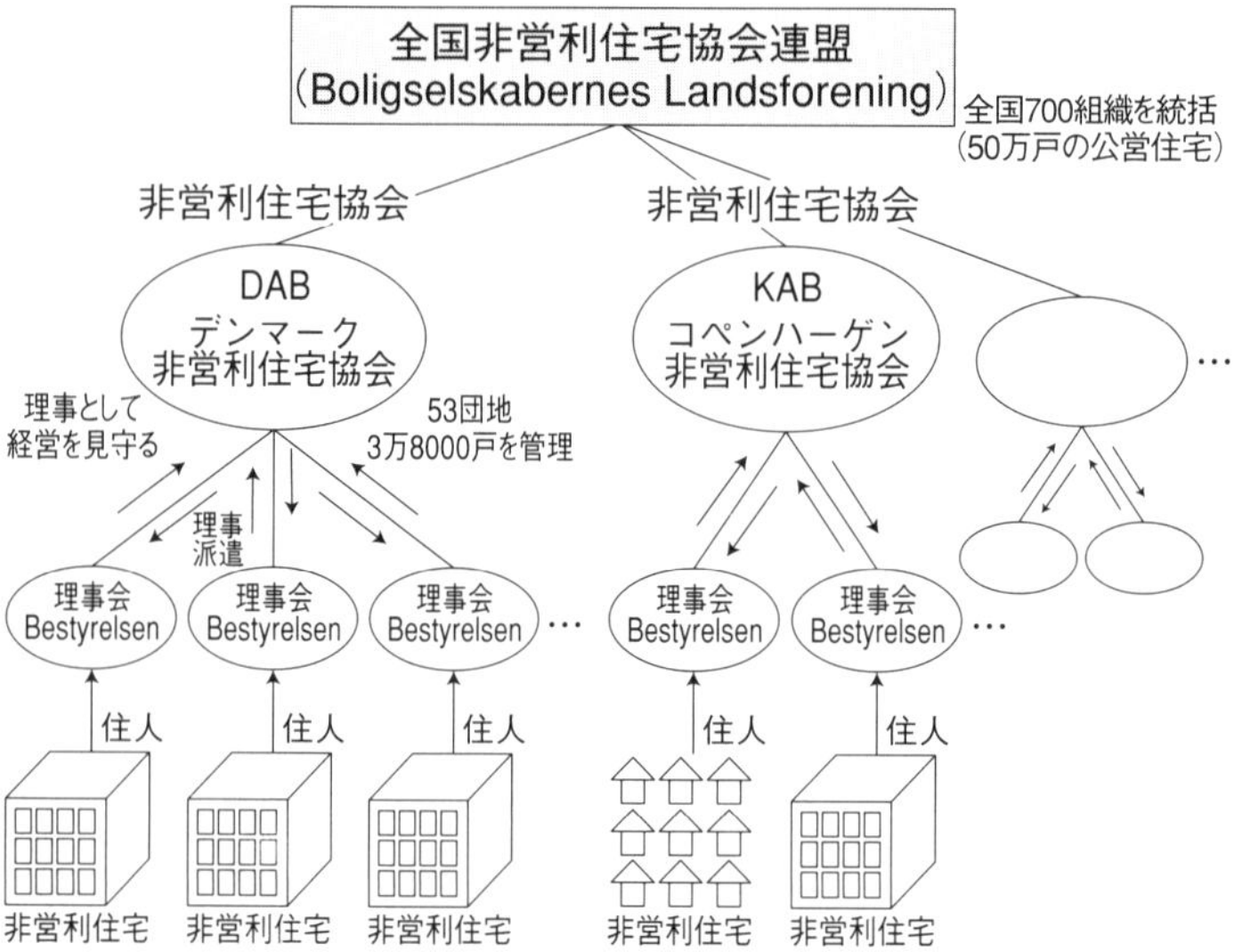

（BLへの取材により筆者作成。2004年10月）

まず、ＤＡＢを訪ねてみよう。小さな会社、小さなオフィスが多いデンマークにあって、フレデリクスベアコムーネにあるＤＡＢ本部には社員が一七〇人働いていた。一階フロアには地域ごとに団地のパンフレットが置かれ、広さ、価格などが表示されていた。高齢者住宅だけでなく公営住宅全般を扱っているので、若者住宅や家族住宅もそのなかに含まれている。そのせいか、子どもの笑顔が表紙に印刷されたパンフレットが多い。なかには、巻頭で紹介したバルドが住むソフィルンのパンフレットもあった。ソフィルンもＤＡＢの運営・管理によるもので、具体的にはＤＡＢが統括するホースホルム非営利住宅協会が供給・管理主体となっている。

　このほか、一階フロアには電話交換の女性が五人ほどいて、電話の応対に集中していた。私も連絡をとったことがあるが、常に通話状態でこれほど連絡がとりにくい組織はなかったように思う。これは、電話による全国からの住宅の相談や申し込みに応じているためであり、常に回線がふさがっているのである。

　私はここで高齢者住宅担当のアナス・ヒョールッケに会ったが、彼はテナント・デモクラシーについて熱く語ったあと、家賃の五パーセントが割り当てられるメンテナンス（維持管理）費にデンマーク公営住宅運営の特徴があるのだと誇らしげに説明を続けた。住人が支払う家賃がどのように使われているのかという内訳に関しては、**表３－５**を見ていただきたい。

「この維持費があるから、デンマークの公営住宅は年月がたっても老朽化しないのだ。建物の窓枠は傷みやすいし、暖房や室内のキッチンも時代とともに新しいものになる。そういうものを定期的に入れ替えて、住宅の質を常に高いレベルに維持しておくんだ」

表３－５　公営住宅の賃貸料の用途内訳

（単位：%）

ローン返済	50
積み立て	30
メンテナンス（維持管理）費	5
修繕費	5
電気、水道、暖房費	4.5
税金	2
非営利住宅協会への支払い	2
その他	1.5

（DABへの取材より筆者作成。2001年６月）

さらに彼は、デンマークのベビー・ブーマーがこれから年金受給者となるので、年間五〇〇〇戸の高齢者住宅を建設しても間に合わないだろうというDABの予測を教えてくれた。これは、日本の人口規模に置き換えると年間一二万戸に相当する。日本の高齢者住宅の勇《ゆう》たる「シルバーハウジング」が一〇万戸の建設を目指しながらも制度開始後一七年になる今日、実際に整備された戸数は一・九万戸で、高齢者向け優良賃貸住宅の建設が一〇万戸を目指しながらようやく三万戸に近づいたことと比べると、天と地の開きがあることがわかる。

DABなどの非営利住宅協会のそれぞれの活動に加えて、先ほど少し触れたように七〇〇を超える非営利住宅協会を取りまとめる上部組織として「全国非営利住宅協会連盟（BL）」がある。各協会間の連絡や教育研修、コンサルティング、冊子発行による住人の啓蒙などにあたり、政府に対して強力なロビー活動をするのもこの連盟である。その歴史を知れば、連盟のロビー活動がいかに強力なものかを理解できるだろう。

デンマークでは一九世紀後半から二〇世紀初頭にかけて、工業化の波にのって都市へと人口が集中したことは第1章で述べた通りである。一九世紀半ばには都市居住者は全人口の二〇パーセント（二七万人）であったものが、二〇世紀初頭には約四〇パーセント（三四万人）、一九二五年には五六パーセント以上（一九二万）へと膨れ上がり（**図3－2**を参照）、これに呼応して二度の戦時期を除いて住宅が増えていった（**図3－3**を参照）。ちなみに、一九世紀後半には二二万人がアメリカ大陸へと移住しているが、これも工業化に伴う農村からの人口移動の結果の一つ

図3－2　＜コペンハーゲン地域における都市人口の推移＞

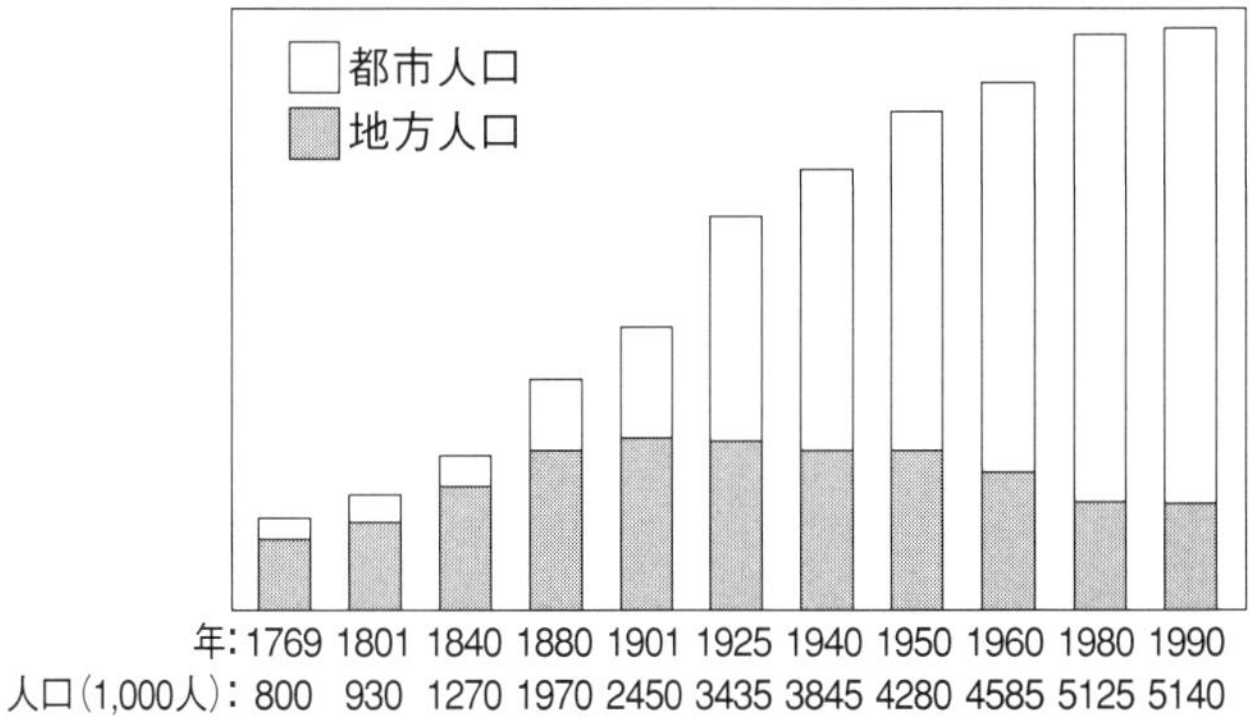

出典：Boligselskabernes Landsforening（1994）, FOLKE BOLIG BOLIG FOLK

図3－3

＜1850-1993年の住宅建築の推移＞

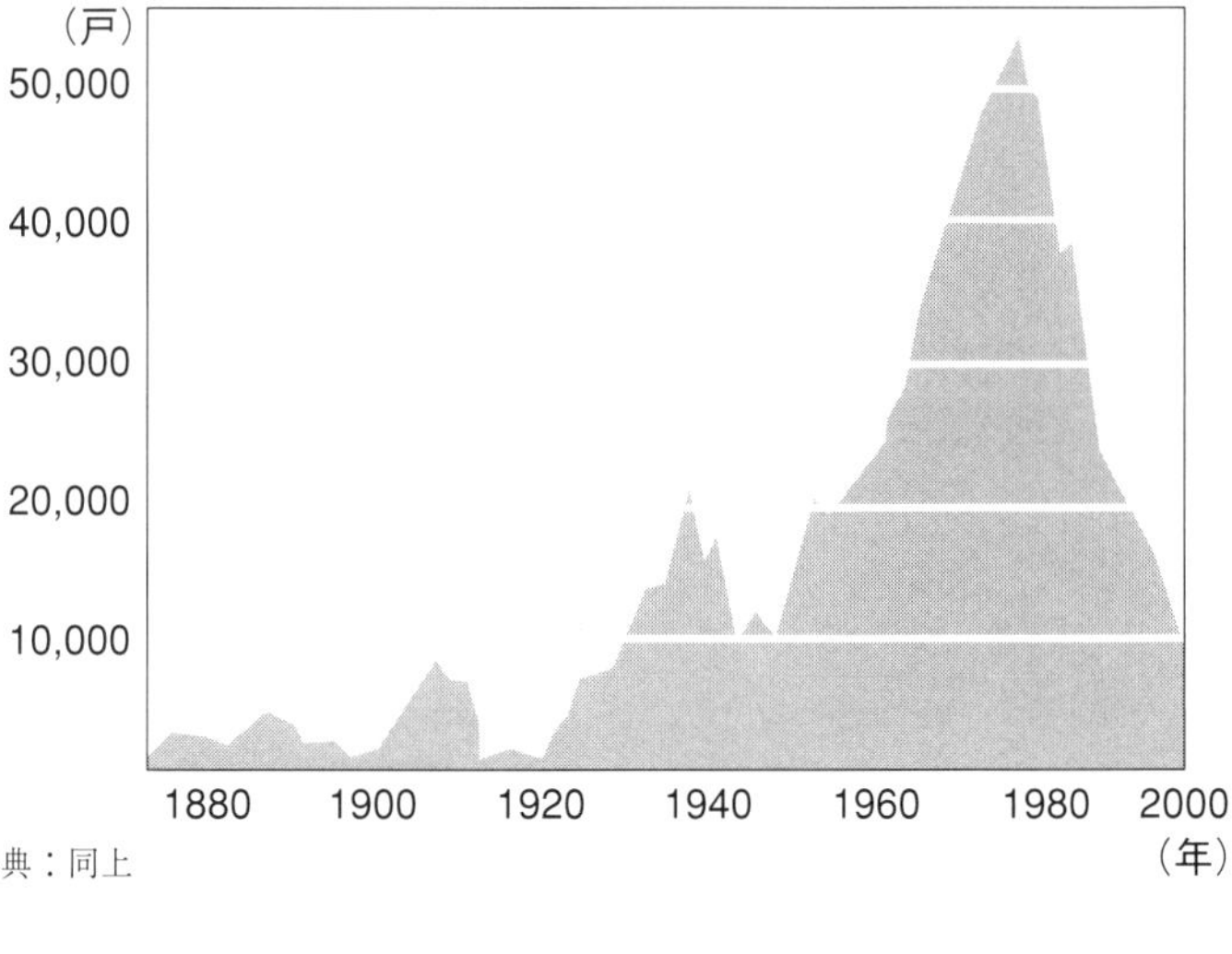

出典：同上

である。

急速に膨れ上がる都市労働者の住まいづくりは非営利セクター中心に行われ、さまざまな組織ができていた。まず一九一二年には、のちに大きく成長する労働者住宅協会（AAB：Arbejdernes Boligforening）と庭園住宅協会（Haveboligforening）が設立された。そして、この二大協会が、第一次世界大戦前後に設立された多くの協会とともにそれ以降の非営利住宅の建築をリードしていったのである。一九三〇年代には機能主義が一世を風靡し、年間一万戸近い住宅が建設されていった。大協会を中心にそれらのいくつかが連携して設立されたのがデンマーク公営住宅共同組織（FO：Fællesorganisationen af almennyttige danske Bligselskaber）である（Lind, 1994）。ちなみに、BLが現在も発行を継続している〈Boligen《ボーリン》（住宅）〉（一二八ページで紹介）は、FOによって一九三三年に創刊されている。

一九世紀後半に誕生した社会民主党は一九二四年に政権をとって住宅政策に重点を置いた政策を展開していくが、それは事前にこうした非営利住宅協会の活動

AAB（労働者住宅協会）のマーク

Boligenの創刊号（1933年1月）

と蓄積が草の根的にあったからこそ可能であったのである（Lind, 1994）。また、テナント・デモクラシーは、このような蓄積のなかで育っていったのである。デンマークの公営住宅が「福祉の基盤」であり「デンマーク民主主義のシンボル」であることはすでに説明したが、非営利住宅協会とその連盟（ＢＬ）はそれを実際に築いてきた「デンマーク民主主義の牙城」といっても言いすぎにはならないだろう。

二〇〇四年一〇月、私は全国非営利住宅協会連盟に広報部長のヘルグ・ムラー（**Helge Møller**）を訪ねた。私は訪問の前に質問事項をメールで送っておいたのだが、それにきちんと答えていくという几帳面さと、日本から来た無名の人間にもきちんと説明してやろうという気持ちがとてもうれしかった。彼は、これまで会ったデンマーク人とはやや赴きが異なり、眼光鋭い筋金入りの社会民主主義者という風であった。

彼は、ＢＬが発行する〈**Beboer Blader**《ビボア・ブレエ》〉（住人新聞）〉という冊子で盛んに論陣をはっていることを教えてくれた。ＢＬは、公営住宅の住人を中心に全国五五万人の会員を擁しており、〈**Beboer Blader**〉は会員向けに年四回発行されている機関紙である。娯楽性をもたせながらも、住人自らがテナント・デモクラシーについて考える媒体として発行されてきたものである。

ヘルグ・ムーラー

年会費は八〇クローナであるので、これだけでも年間約四四〇〇万クローナ（約八億八〇〇〇万円）になる。会員向け機関紙のほかに、各非営利住宅協会に対しては先ほど紹介した〈Boligen〉という専門性の高い情報誌を毎月発行して、公営住宅の動向、協会のこれから、研修会の日程などを伝えている。

「とくに〈Boligen〉は、一九三三年に発行されて以来、テナント・デモクラシーの理念を世間に対してアピールしてきた情報誌だ。今、公営住宅は、新政権の下《もと》で住人への売却が検討されようとしている。しかし、これは国民にゆたかな居住の権利を保障する憲法に違反する行為であって、金銭的余裕のある人間がよい住宅に住むことができ、そうでない人間はその恩恵から取り残されるというのは、デンマーク国民がこれまで培ってきた価値観にまったくそぐわないものである。よって、これを許してはいけないのであって、私は新政府のこの方針と三年間にわたって闘ってきた。一二月号（二〇〇四年）でも、このテーマについて巻頭言を書くんだ」と、彼はひときわ眼光を鋭くして、公営住宅と非営利住宅協会が直面している問題を語ってくれた。

「デンマーク民主主義の牙城」たるこの協会では、設立五〇年を記念して大規模な行事を行い、その一環として旗をつくって職員が各駅で配ったそうである。彼は、その旗を私にプレゼントしてくれた。「日本でこの旗を振って宣伝します」という私の冗談を聞いたとき、初めて満面の笑みをたたえた。

2 高齢者福祉と住宅政策

では、こうした公営住宅は高齢者福祉とどのような関係にあるのだろうか？

デンマークにおいて住宅政策は社会保障の一環として位置づけられ、「住宅は福祉の基盤」とされてきた。高齢者福祉分野においても、もちろんこの命題は当てはまる。何度も繰り返すことになるが、一九八八年以降は公共で造られるすべての高齢者の住まいを一元化して高齢者住宅（広義）として統合した。一九九六年以降に造られるようになったプライエボーリ（介護型住宅）も、認知症（痴呆）高齢者のためのグループホームも、すべて「公営住宅法」に準拠して建てられる公営賃貸住宅なのである。高齢者福祉と住宅政策について考えるにあたって次の四つの点に注目して、以降でその意義の深さに触れてみたい。

❶一九八八年、高齢者の住まいを「高齢者住宅法」のもとに一元化し、一九九七年以降、さらにこれを「公営住宅法」へと統合したこと。
❷建築戸数をコムーネが決定でき、財政面でも地方自治を支援するシステムになっていること。
❸「居住機能」と「ケア機能」の分離は、福祉行政にもダイナミックな影響を与えたということ。
❹「居住機能」は一元化され、さまざまなバリエーションが現れているということ。

（1）高齢者住宅法から公営住宅法へ

今日のデンマークにおいては、高齢者住宅（狭義）もプライエボーリ（介護型住宅）も、認知症高齢者のためのグループホームも、一つの法律に準拠してつくられる高齢者住宅（広義）である。居住環境としても非常に似通っており、その様子をまとめてみたのが**図3－4**である。あえて違いを指摘するなら、広さとキッチンが簡易型であることくらいだろうか。しかし、あるコムーネでは、プライエボーリに一般住宅と変わらないフル装備のキッチンをつけていたりする。どれも普通の生活を営む場であり、最期まで住み切ることができる「ついの住みか」である。

在宅においても施設と変わらないケアが提供されているのだから、そもそも「これは、高齢者住宅なのか、プライエボーリなのか？」と疑問を抱くこと自体、もう意味のないことなのかもしれない。

高齢者住宅（広義）を規定する高齢者住宅法は内容が徐々に廃止され、一九九七年に実質的に「公営住宅法（Lov om Almene Bolig）」に一元化されたことはこれまで何度か触れた。まったく、デンマーク人は大胆な変革を行うものだと改めて度肝を抜かれたのだが、この法律改正によって高齢者住宅、家族住宅、若者住宅が公営住宅法の下《もと》に統合されたのである。一九八八年から施設建設を凍結することを決めた際に、施設と住宅の区別をなくして高齢者の住まいを「高齢者住宅（広義）」として一元化した。その約一〇年後の一九九七年にはこれをさらに拡大して、大胆にも高齢者住宅、家族住宅、若者住宅を一つの法律によってまとめたのである。

図3－4　高齢者居住の比較

<table>
<tr><td colspan="2"></td><td>プライエム（旧型）</td><td>プライエボーリ
（介護型住宅）</td><td>高齢者住宅（狭義）</td></tr>
<tr><td colspan="2">位置づけ</td><td>施設</td><td colspan="2">広義の高齢者住宅</td></tr>
<tr><td colspan="2">高齢者観</td><td>介護を受ける人</td><td colspan="2">自立して生きる人</td></tr>
<tr><td colspan="2">介護観</td><td>介護提供型
Care for
失った能力に着目</td><td colspan="2">自立支援型
Care with
能力と目的・目標に着目</td></tr>
<tr><td colspan="2">住人観</td><td>施設入居者</td><td colspan="2">賃貸住宅テナント</td></tr>
<tr><td colspan="2">室内の様子</td><td>Kredsends Hus
（フレデリクスベア市）
</td><td>Verahus
（コペンハーゲン市）
</td><td>Sophielund
（ホースホルム市）
</td></tr>
<tr><td colspan="2">平面図</td><td>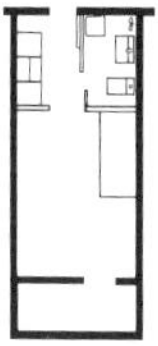</td><td></td><td>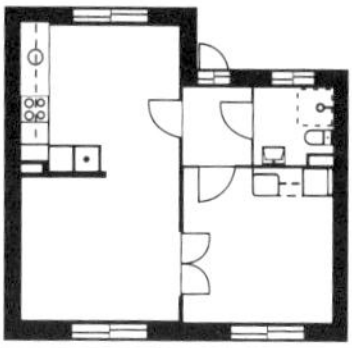</td></tr>
<tr><td colspan="2">関連法</td><td>居住：建築法
ケア：社会支援法</td><td colspan="2">居住：高齢者住宅法（1997年以降は公営住宅法）
ケア：社会支援法（1998年以降は社会サービス法）</td></tr>
<tr><td rowspan="5">居住環境</td><td>居室</td><td>15m^2前後
一部屋＊</td><td>40m^2前後、二部屋
（居間　＋　寝室）＊＊</td><td>60m^2前後、三部屋タイプも有</td></tr>
<tr><td rowspan="3">設備</td><td>トイレなし</td><td colspan="2">トイレ有（4－7m^2）</td></tr>
<tr><td rowspan="2">キッチンなし</td><td colspan="2">キッチンは各戸についている</td></tr>
<tr><td>簡易キッチン</td><td>普通のキッチン</td></tr>
<tr><td>廊下</td><td>内廊下</td><td>内廊下</td><td>外廊下</td></tr>
<tr><td colspan="2">食事風景</td><td></td><td></td><td>食事は各戸で各自で</td></tr>
<tr><td colspan="2">生活単位</td><td>20－30人</td><td>10人前後</td><td>－</td></tr>
</table>

＊　プライエムの居室面積：1967年のプライエムのガイドラインでは、個室、トイレ（シャワー付き）、緊急時のアラーム付きを基本とし、居室面積にについては17m^2前後とされた。

＊＊プライエボーリの居室面積：高齢者住宅法（1988年施行）では、住居面積は67m^2以下とされた。これは、食堂などの共用空間を含めた面積であるため、実際の居室面積は40m^2前後となっている。公営住宅法では、110m^2以下となった。

（筆者作成）

その変化の様子を整理してみたのが**表3－6**である。もっとも大きな実質的変化は、住居の面積の上限が六七平方メートル（高齢者住宅法での規定）から一一〇平方メートルになったことであろう（若者住宅については、五〇平方メートル以下にすることが別途規定されている）。また、供給主体からコムーネが姿を消し、公営住宅組織が中心になっていることも変化の大きなポイントである。この法律では、それぞれの定義、建築条件、住人デモクラシー、建設主体、家賃補助などを広範囲にわたって決め、高齢者住宅、家族住宅、若者住宅などについて規定している。まず、高齢者住宅についての件《くだり》で、設計（デザイン）について触れている一一〇条を見てみよう。

❶高齢者住宅（Almene aeldreboliger）は、車椅子利用者を含む高齢者や障害者に配慮して造られなければならない。その床面積は、共用部分を含めて一一〇平方メートルを超えてはならない。

❷高齢者住宅は、水道と排水がついた専用のトイレ、風呂（シャワーを意味する）、キッチンがなければならない。しかし、コムーネまたはアムト（県）は特別な場合には専用（独立）キッチンをつけなくてもよい。

❸各住宅からは、二四時間にわたっていつでも緊急支援が呼べなければならない。

❹歩行障害がある者も住宅へアクセスができなければならない。既存住宅を改築して高齢者住宅にするものについては、コムーネは特別な配慮によってエレベータがなくても認めることができる。

表3－6　高齢者の住まいに関わる法律の変化（高齢者住宅法から公営住宅法へ）

	住宅建築法の時代	高齢者住宅法の時代	公営住宅法の時代
法律施行年	1975年	1988年　1月　1日	1997年　1月　1日
法律名称	住宅建築法 lov om boligbyggeri	高齢者・障害者住宅法（高齢者住宅法） lov om boliger for ældre og personer med hadicap	公営住宅法 lov om almene boliger
同法律で規定される住宅の範囲	－	高齢者・障害者住宅 bolig for ældre og person med hadicap	公営住宅（高齢者住宅・家族住宅・若者住宅） almene bolig
上記住宅のうち高齢者に関連する住い	プライエム　plejehjem 保護住宅 beskyttet bolig 高齢者向け集合住宅 let kollektivbolig	高齢者住宅　ældrebolig プライエボーリ plejebolig（1996年より） 認知症高齢者グループホーム bofællesskab for dement	高齢者住宅 almene ældrebolig プライエボーリ　plejebolig 認知症高齢者グループホーム bofællesskab for dement
同法律で規定される住宅の供給主体	コムーネ　kommune 非営利住宅協会 almennyttigt boligselskab セルアイネ法人 selvejende institution	コムーネ　kommune 非営利住宅協会 almennyttigt boligselskab セルアイネ法人 selvejende institution	公営住宅組織 almen boligorganisation
住宅条件のポイント	－	面積は67m²以下 （詳しくは131ページ図3－4の下註**参照）	面積は110m²以下 （詳しくは132ページ参照）
住宅建設における費用負担	－	住人　2% コムーネ　7% 担保保証付ローン91% **	住人　2% コムーネ　14%* 担保保証付ローン84% （詳しくは141ページ参照）

＊高齢者住宅（公営住宅）建設時、コムーネからの補助は2004年10月時点においてイニシャルコストの7%である。
＊＊高齢者・障害者住宅法通達（1995年9月5日・725号）によった。　（筆者作成）

この四つのうち、とくに、❷においてバス・トイレ、キッチンの設置を義務づけている点に注目したい。元気な高齢者が自立して暮らす高齢者住宅（狭義）なら、この規定は当然のことである。しかし、この法律はプライエボーリやグループホームなどの「より安心の住まい」にも適応されており、プライエボーリを訪れてもグループホームを訪ねても、その住戸に簡易キッチンがきちんとついているのはこの法律に根拠があるのである。そして、この規定は、「高齢者はいかに虚弱化しようとも独立住宅に住む権利がある」という一九七九年の高齢者政策委員会の報告書にその源泉がある。さらに、構造的なバリアフリーについては「車椅子利用者を含む高齢者や障害者に配慮して造られなければならない（❶）」とあるように、非常に抽象的な表現しかなされていない。これが枠組み法の枠組み法たるところであって、各コムーネにおいて住民のニーズを基本に予算や建築家の良識に任せて自在に展開されている（建築規定については一三八ページを参照）。

建築家の良識やレベルの高さということについては、もう一つ面白い話がある。住宅の広さに上限があることを日本人に話すと、すべての人が「理解不能」とばかりに首をかしげる。もちろん、私もその一人であった。日本では、逆に住戸の広さに下限を設けることで「縛り」を入れているからである。しかも、特別養護老人ホームは一〇・六五（現在一三・二）平方メートル以上、ケアハウスは二一・六平方メートル以上、グループホームは七・四三平方メートル以上というように、住まいの種類ごとにその基準が異なる（外山、二〇〇二）。

表3－7　公営住宅の単位当たり上限建築費

（単位：クローナ、1クローナ＝20円）

公営住宅の種類	地　域	上限コスト
家族住宅	郊外	14,500（290,000円）
	都市部	17,000（340,000円）
高齢者住宅	郊外	17,500（350,000円）
若者住宅	都市部	20,000（400,000円）

出典：Nyhedsmail nr. 15 om støttet byggeri（「公営住宅に関する法律案内ニュースメール」2003年12月13日付）

これに反して、デンマークではただ一つの上限があるのみである。目安としての上限を設けなければ、建築家は作り手より住み手の立場で発想するために広いものを造ってしまって国やコムーネの負担が大きくなってしまう。これは家賃に反映されて、結果として市民（高齢者）に負担を強いることになる。それを防止するための「上限縛り」なのである。また、**表3－7**のように住宅の種類に応じて単位面積当たりの建築費にも上限を設けている。

建築家としてのレベルが高いというのか、人間としての良識を踏まえているというのか、下限を設ける必要などないのである。そうしたデンマーク人に、施設や住まいの種類によって広さの基準が違う日本の事情と実際の広さについて話すと、首をかしげるというより呆れられる。

話題を次へと進めよう。❹のアクセスについては、単に玄関に段差がないというハードな条件だけでなく、公共交通機関を利用して外出しやすくするために、バス停や駅からの距離が近いことという含みもある。私はこれを「社会的バリアフリー」と称しているが、その具体的内容もコムーネに任されている。建築家やコムーネの担当者、福祉関係者の頭のなかには、この記述についての具体的内容が当然守られるべき基準としてきちんと納められており、それは一般高齢者にも認知されているようである。その内容は、エルドラセイエンが高齢者向けに出している「高齢者住宅ハンドブック　心の部屋」に見ることができる。次ページのコラムを是非読んでいただきたい。

では、実際に建築家が建築物を設計するときには何を基準にするのだろうか？　そのためには「建築規定」(8)というものがある。これは、すべての住宅設計に共通する建築基準法のようなものである。二九〇ページで紹介しているシニア住宅「ソルベアシニア（Solbjerg Senior）」を設計したヨニー・ソーレンセン（Jonny Sørensen）は、一〇センチ以上もあるこの規定書を私に見せてくれた。それは、変更されるたびに差し替えられるようにバインダー形式になっていた。

「非常にたくさんの規定があって、説明できるものではないよ。でも、この規則によって、高齢者住宅、公営住宅にかぎらず、すべての住宅は車椅子利用者に配慮して設計しなければならないようになっているんだ」と、ヨニーは教えてくれた。そのポイントをピックアップしたものが、**表3－8**である。この規則によって、すべての住宅が車椅子利用者対応になっていることがわかる。

また、このほかにも、「トイレは二人介助できる広さがなければならない」という規定がある。これは、「労働環境法（lov om arbejdsmiljø）」によるものである。実質的にトイレの広さは、以前は四平方メートルであったものが現在は七平方メートルにまで広げられている。高齢者住宅や

ドアを開けると、そこは「社会」！

デンマーク人は、理想の高齢者住宅を次のように考えている。

❶商店、郵便局、銀行、バス停留所、駅などに近い。
❷共に活動する場所がある。
❸住戸入り口付近がバリアフリーである。
❹家のなかに階段がなく、風呂と寝室が1階にある。または、造れる可能性がある。
❺バス・シャワー室は車椅子でも使えるゆとりがある。
❻入り口がダイレクトに戸外につながっている。

Margarethe Kahler 著「高齢者住宅ハンドブック　心の部屋」（エルドラセイエン）より

特に興味を惹かれるのは、「入り口がダイレクトに戸外につながっている」という項目である。これは、屋外に建っていることや、集合住宅であっても廊下が「外廊下」であることを意味する。

社会にさらされ、社会とダイレクトにつながりながら生きる。社会とはそこから保護されることではなく、そこに出ていって交流するものなのである。

高齢者住宅の「外廊下」

玄関前の椅子は社会とのつながりのシンボル

表３－８　「小規模住宅のための建築規則」に定められた建築条件（一部）

○（一般原則３－１）住宅には台所、風呂、トイレがついていなければならない。台所は独立しているか、居間に続いていなければならない。

○（３－２ドアの状態）玄関のドアはバリアフリーでなければならない。

○（３－６風呂とトイレ）少なくとも一つのバスルームにおいて、洗面台、トイレ、バスタブ、シャワー、ビデの前には少なくとも1.1mの余裕がなければならない。改築については、目的を満たせばそれ以下でもよい。

○（３－７－１ドアと戸の幅）玄関ホール、玄関は通行できる幅が1.3m以上なければならない。戸外に通じるドア、風防室のドア、玄関ホールのドア、玄関のドアは、３－６の条件を満たしつつ少なくとも９M（＝約90cm）の幅がなければならない。また、それぞれの部屋や台所、風呂、トイレに通じるドアの一つは少なくとも９M（＝約90cm）の幅がなければならない。

○（３－７－２ドアと戸の幅）廊下はドアの前では1.3m以上、それ以外は1.1m以上の幅がなければならない。

出典：Bekendtgørelse om bygningsreglement for småhuse 1998-06-25

プライエボーリは高齢者の住まいであると同時に、介護スタッフにとっては専門職としての労働の場である。デンマークでは、この規定を厳しくして福祉現場で働くスタッフの労働環境を守っている。

（2）地方自治と高齢者住宅の財政

住宅政策は、戦後、主に都市住宅省[9]が主管庁として担当してきた。国からの財政補助が大きいとはいえ、中央政府と地方自治体で費用を分担しつつ、公営住宅の建設戸数の地方への割り当て、補助金の額などについては双方で綱引きが演じられてきた。基本的には、公営住宅建設の建設数、建設費用、質（面積と平方メートル当たりの単価）については中央政府がコントロールすることでその質を確保してきたといえる。たとえば、単位面積当たりの建築費は国によって**表3－7**のように規定されている。

しかし、地方自治については、一九七〇年の行政改革によってそれまで一〇〇〇以上あった教会区(10)を二七五のコムーネに統合し、地方自治体としての規模を大きくすることで財政規模の拡大と行政機能の向上を図りつつ地方自治を推進してきたのがデンマークである。住宅供給については、中央と地方の主導権争いのあと、一九九八年、政府はこれまでの総量規制（地方への建設数割り当て）を緩めて地方に大幅な決定権をゆだねた。現在では、各自治体が、人口動態と市民のニーズなどから今後必要となる公営住宅の建設計画を独自に立てている。年に一度、次年度の建築計画を経済産業省産業建設局に伝える義務が公営住宅法に定められているが、産業建設局では全国から集まった計画数を集計するのみで調整することはない。この集計は毎年一二月に行われ

（8）二〇〇四年一〇月現在、Bygningsreglement for småhuse 1998-06-25（小規模住宅のための建築規定）には、建築決定や申請からドアの幅などの建築条件、防火対策などについて細かく具体的に規定されている。

（9）（By og Boligministeriet）都市住宅省の下で行われていた建設行政は、二〇〇一年九月に発足した新政権の下では、経済産業省（Økonomi- og Erhvervsministeriet）の産業建設局（Erhvervs- og Byggestyrelsen）に移管されている。

（10）（sogn, parish）教会を核とする地域コミュニティへの帰属意識を構成する最少単位。一九七〇年の行政改革において二七五のコムーネに整えられる。

るので、担当官は年末が一番忙しい（この業務は二〇〇七年一一月福祉省へと移管された）。

ここで面白いことに気づく。国は公営住宅建設に関する決定権を地方に委ねると同時に、建設補助についての自治体負担を徐々に重くしているのである。具体的には、それまで自治体から建設主体（非営利住宅協会、セルアイネ法人）への建設補助は建設費（イニシャルコスト）の四パーセントであったものを一九九四年には七パーセントに引き上げ、さらにローンの担保保証の二〇パーセントを負担するという義務を新しく課している。この負担は、以前にはなかったものである（Gottschalk, 2000b）。さらに一九九八年には、決定権を与えるのと引き換えにその担保保証の一〇〇パーセントをコムーネに負担させて国の重荷を軽減している。デンマーク流の合理的な「アメとムチ作戦」といったところだろうか、自己決定には自己責任（自己負担）が伴うということでもあろう。各自治体は自律していて甘えがなく、市民の血税を市民のニーズに合わせて最大限活用したいと考えているので、負担が増えても自由度の高いほうがよいのである。

自治体負担が大きければ自ずと建設にもブレーキがかかるわけで、別な言い方をすれば慎重な決定ができるようになるのだ。実際に高齢者住宅を建てても、公営住宅とはいえ常に空きのない状態にしておかなければ家賃収入がなくなってローン返済に支障をきたすことになる。ローン返済ができなければこのコムーネの担保保証のなかからより多くを取り崩さなければならないので、コムーネは経営感覚をもって慎重に必要量を予測して公営住宅事業にかかわるというわけだ。

細かい事情を尋ねるために、二〇〇三年一一月と二〇〇四年一〇月の二回にわたって、私は経済産業省産業建設局にイェンス・アイリング（Jens Eisling）を訪ねた。彼は、産業建設局において高齢者住宅を担当している専門官である。背が高く、ちょっとはにかみやのところがある五〇歳前後の男性であった。複雑な仕組みをなかなか理解できない私に苛つくこともなく、時間をかけて何度も何度も説明してくれた。以下に記すのは、彼へのインタビューから得た情報である。

表3－9　公営住宅の建設資金内訳（2004年現在）

住人（デポジット）	2％
コムーネまたはアムト*	7％**
担保保証ローン	91％

＊　143ページの註(12)を参照。
＊＊　同、註(11)を参照。
出典：Lovbekendtgørelse nr.626 af 30. juni 2003

まず、公営住宅建設に必要なイニシャルコストはどのようにしてまかなわれるのだろうか？　その内容は、**表3－9**に示したように、大部分がローンによってまかなわれている。このあたりの事情を、イェンスの説明によって具体的な額面で見てみよう。

国が予測した二〇〇二年におけるデンマークの公営住宅一戸当たりの平均建築費（イニシャルコスト）は、九一万五〇〇〇クローナ（約一八三〇万円）である。このうち二パーセントを住人が入居時のデポジットとして負担し、七パーセントをコムーネが負担する(11)。残る九一パーセントは担保保証ローン（**realkreditlån**、三五年まで延長可能）でまかなわれる（公営住宅法一一八条）。その担保保証をコムーネが負担することによって、コムーネは財政的な補助を行う。この担保保証は、以前はなかったものが一九九四年にはコムーネが二〇パーセントを負担し、一九九八年には一〇〇パーセントを負担するようになったものである（一四〇ページ)。そして、住人が毎月支払う家賃の半分はこのローンの返済に回され、国はローン返済の一部を負担する。住人の家賃からローン返済に充てられる年間の額面は、イニシャルコストの三・四パーセントに相当する。つまり、二〇年間住めばイニシャルコストの六八パーセントを負担していることになるのである。

コムーネ(またはアムト)[12]が担保保証の対象とする金額の平均は、一住戸について三五万七〇〇〇クローナ(約七一四万円)である。また、国が三〇年のローン期間を通じて負担する額はその総額を計算するとイニシャルコストの約二五パーセントに相当する。さらに国は、廊下などの共用部分(servicearealer)の建設補助として、一住戸について四万クローナ(約八〇万円)を援助している。繰り返し確認するが、こうした資金計画は、高齢者住宅(狭義)についてもプライエボーリやグループホームについても同様に適用されている。もちろん、いまや公営住宅法にはすべての公営住宅が含まれているので、若者住宅や家族住宅にも適応されることはいうまでもない。

ここで気になるのは、「予算の関係上、中央政府は地方自治体の計画量について本当に総量規制をしないのか?」という問題であろう。ネストベコムーネでは、二〇〇七年を目途に「プライエセンター・カセーン」を計画し、個室にトイレがついていない古いプライエムをすべて閉鎖して、プライエボーリと高齢者住宅一〇一戸のビッグ・プロジェクトに統合しようとしている。ここまで大きなプロジェクトを計画していているコムーネはさすがに少ないが、たとえばリュンビユー・トアベックコムーネ（人口五万一〇〇〇人、高齢者一万人）では、現在四八〇戸ある高齢者住宅を今後一〇年間で六〇戸増やして五四〇戸にしようという計画を立てている（二〇〇三年時点）。高齢化が進展しているなかでこうしたコムーネが多いわけだが、この点について、二〇〇四年にイェンスを訪問したときに次のように質問してみた。

「地方から多くの計画が上がってきても、中央では本当に計画調整しないのですか？」

すると彼は、次のようにきっぱりと答えた。

「高齢者や障害者の住宅をはじめ、すべての公営住宅の建設戸数やデザインは、コムーネが独自に決めることが公営住宅法に謳われているんだ」

しかし、実際には、公営住宅建築にかかるコストの負担割合やローンの担保保証の割合をコントロールすることによって、実質的には時間をかけてゆるやかに制御していることはこれまでの話において明らかである。

---

(11)　公営住宅建設におけるコムーネの費用負担は、公営住宅法の施行前は高齢者住宅については一三パーセント、家族住宅は七パーセント、若者住宅は四パーセントと、それぞれ規定する法律が異なるためにまちまちであった。公営住宅法で一元化されたことに伴い、一九九七年一月一日より一四パーセントに統一された。二〇〇四年一〇月現在、コムーネの負担は七パーセントとなっている。

(12)　重度重複障害者の住居はアムト（県）が供給する場合があるため、その建築費にかかるローンをアムトが担保保証する場合がある（公営住宅法第一一八条第二項）。

また、建築イニシャルコストの何パーセントをコムーネが負担するのかという数値については、社会全体の経済状況も配慮される。つまり、景気がよいとコムーネの税収も増えるので負担率を高くしようという力動が働く。逆に、景気が悪いと負担率を低くして建築を促進し、景気回復の一助とするのである。現在、コムーネの初期負担は七パーセントであるが、これは一四パーセントにしてもよいことになっている（公営住宅法一一八条）。現在、デンマークは景気もよいので、まもなく一四パーセントに引き上げられるのではないか、とイェンスは予測していた。

以上、公営住宅の建設について、コムーネへの権限委譲を行うに際して中央政府が財政負担を上手くコントロールしていった様子を概観した。この動きは、社会民主党政権が絶妙な「アメとムチ作戦」で地方自治を推進してきた姿であるということができる。しかし、二〇〇一年九月以降の中道右派の連立新政権下においては公営住宅の住人への払い下げが検討されるなどしており、社会民主党支持者はこれを、「住宅行政が都市住宅省から経済産業省産業建設局へと移管されて、建築行政へとなり下がっている」と批判している。

（3）「居住とケアの分離」のダイナミズム

次に、「居住機能」と「ケア機能」の分離が福祉行政にもダイナミックに影響を与えたということについて見てみよう。

図3－5を見ていただきたい。これは、一九八七年以降新規建設された高齢者住宅の供給主体

図３－５　高齢者住宅の供給数と供給主体の変化

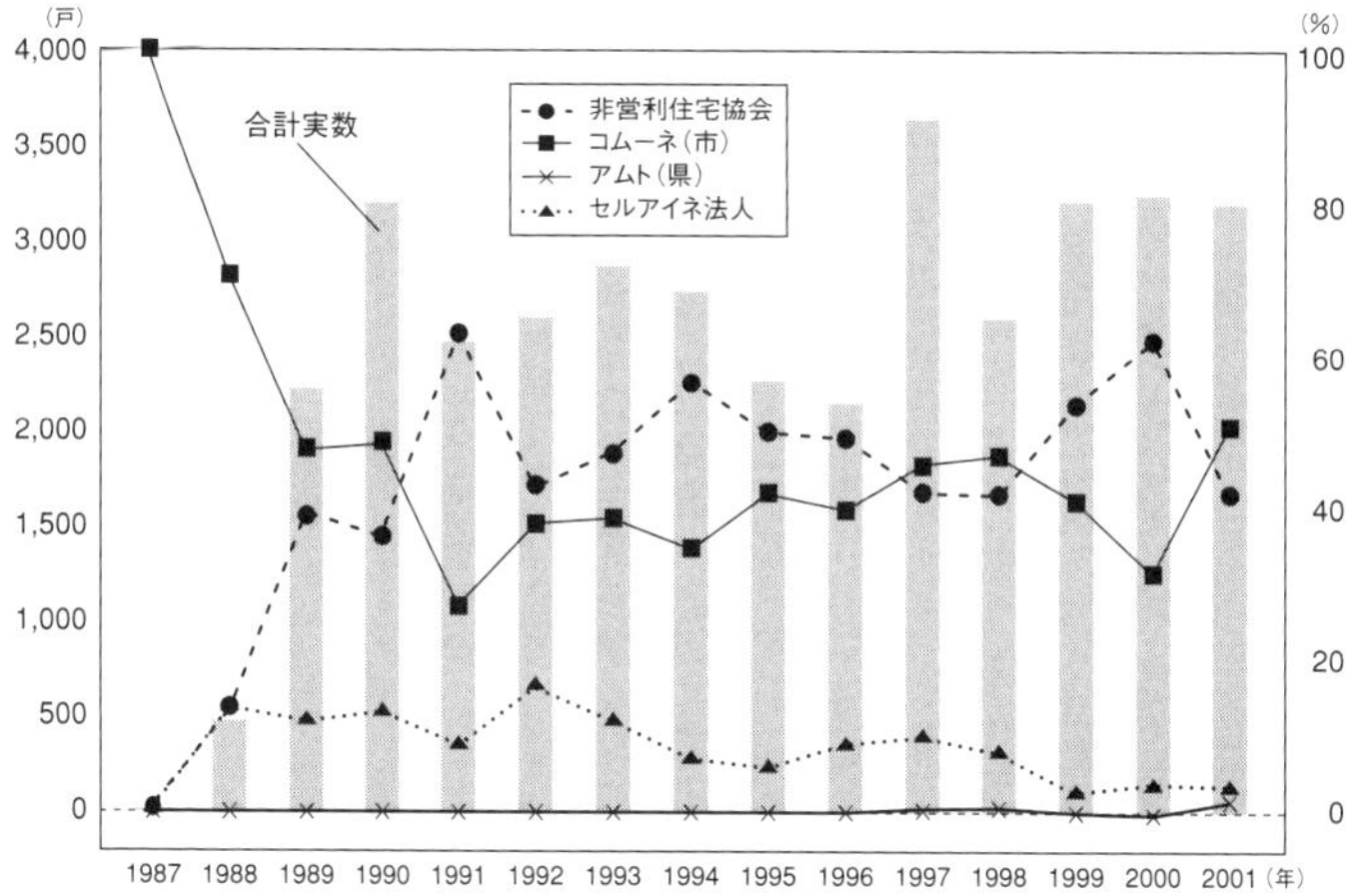

（デンマーク統計局資料をもとに筆者作成）

についての経年変化をとらえたものである。一九八七年に建設された高齢者住宅の一〇〇パーセントがコムーネの手になるものであったのに対して、二年後には半減し、累計では四二パーセントにまで減少している。減少分を非営利住宅協会が補い、その割合は五〇パーセント近くになっている。一九八七年以降、高齢者住宅の建設・所有・運営主体はコムーネから非営利住宅協会へと推移し両者で分け合う形となっている。コムーネは「ケア」を担当し、「居住」については非営利住宅協会に任せるというように、「居住とケアの分離」は住宅と施設を対象として行われただけでなく経営・運営面でも推進されているのである。

このことは、コムーネにとってどのような意味をもつのであろうか？　供給主体が非営利住宅協会に移行したといってもコムーネとの連携の下《もと》にプロジェクトを進めるので、コムーネが強い影響力を維持できることは先ほど述べた通りである（一二〇ページ）。大きいメリットは、財政負担の軽減と雑務負担の軽減だろう。新しい高齢者住宅を建てるケースで考えてみよう。

コムーネは、公営住宅の建築、運営を非営利住宅協会に一任する。これだと、土地の手当てや建設費などイニシャルコストの負担を全面的に引き受ける必要がなく、ローンの担保保証を行うのみで初期投資が少ないのである。

次に、煩雑な管理業務と人件費の負担から逃れられるということも、自治体にとっては大きなメリットになるだろう。建物のメンテナンスはもとより、庭そうじやゴミ出し、配水管のつまりなどの修理をしてくれるケア・テイカー（用務員）の管理など、すべての煩雑な業務と人件費から開放されるのである。きちんとした住宅のメンテナンスは、社会的資産である建物を良好な状態で維持管理するという点からも、住む人の生活のゆたかさという点からも重要であり、「餅は餅屋」で専門家に任せる意義は大きい。コムーネ側は、ケアの専門家として、建物経営から解放されてケアに専念できるのである。この点について、コムーネの担当者の声を聞いてみよう。ヘアレウコムーネ（Herlev）の高齢者福祉課長であるヤン・ムンクは次のように語ってくれた。

「住宅や施設の建設は、土地の手当てからはじまり、設計、建築と……それは大変な業務です。非営利住宅協会に任せるようになってから、言葉は適切でないかもしれないがラクと言えばラクですよ」

現場からは、相方にとって仕事の質が向上するという声が聞かれた。ファクセコムーネ（Fakse、人口一万二五〇〇人）の「エイブルヘウン（アクティビティ・ハウスと高齢者住宅のコンプレックス」では、アクティビティ・ハウスの建物のなかに「ファクセ高齢者住宅協会（Fakse Ældre Boligselskab）」という看板を掲げた一室ができた。ここにはリリアンナという女性が専任でおり、ファクセコムーネ内にある一八四戸の高齢者住宅の家賃や光熱費、暖房費の計算および徴収にあたっている。高齢者住宅の運営を分離独立して、住宅協会に移管したわけである。

エイブルヘウン所長のミケル・イブシングは、「リリアンナが高齢者住宅に関する事務を一手にやってくれるので、僕らはアクティビティ・ハウスの利用者の生活や活動に関することに集中できるようになった。一方で、住宅協会は住宅運営に専念できるので、住人の声が住宅改善などに生かされやすくなった」とメリットを説明してくれた。

「居住とケアの分離」のアイデアは、地元建設業者と社会福祉法人、医療法人、介護保険事業者とのコラボレーションという形で日本でも増えている（三三一ページを参照）。

(4) 高齢期のさまざまな住まい

コムーネ行政のなかで、高齢者住宅が福祉の基盤となってうまく展開されている様子を見ていただいた。次に、こうした現実を踏まえて、高齢者の視点から見れば実際にどのような住まいの選択肢があるのかということをまとめてみたい。

表3－10　デンマークにおける高齢期の住まいの種類

持ち家	Ejerbolig
賃貸住宅	Lejebolig
協同組合住宅	Andelsbolig
共生型住宅	Bofællesskab
高齢者住宅	Ældrebolig
プライエム、保護住宅	Plejehejm, Beskyttede bolig

出典：Bolig til tiden :om valg af bolig tilden tredeje alder,By of Bolig Ministeriet
（「タイミングのよい住い：第三の人生のための住いの選択」都市住宅省）

高齢者の住まいは、所有形態や居住形態によってさまざまな種類がある。これまで話してきたのは主に公営賃貸住宅として供給される高齢者住宅（広義）であり、プライエボーリ、グループホーム、高齢者住宅（狭義）などがあった。ここでもう少し視点を広げ、持ち家や民間企業から提供されるものも含めてまとめてみよう。それには、都市住宅省が二〇〇〇年に発行した〈タイミングのよい住まい（Bolig til tiden）〉という小冊子が役立つだろう。ちなみに、この冊子のサブタイトルが「第三の人生への住まいの選択（valg af bolig til den tredje alder）」となっていることに呼応して、都市住宅大臣が「われわれは自分で決める」というタイトルで巻頭言を寄せている。そして、この冊子で紹介している区分は、**表3－10**のようになっている。

プライエムと保護住宅が「より安心の住まい」であり、入居するにはコムーネの判定[13]が必要である。また、高齢者住宅（狭義）も判定が必要である。

これに対して、コムーネ判定の必要がなく「好み」で選べる住宅に、持ち家、賃貸住宅、協同組合住宅、共生型住宅がある。持ち家は説明の必要がないであろう。賃貸住宅というのは、個人の持ち家を借りて住むものである。では、協同組合住宅、共生型住宅とはどのようなものであろうか？　協同組合住宅は、デンマーク民主主義の産物の一つとしてユニークな特徴をもっている。この住宅もまた一九世紀末から二〇世紀初頭にかけての住宅不足を背景として生まれ、二〇世紀半ばに広がっている。

まず、住まいを造ろうとする人たちが「協同組合住宅協会（Andelsboligforening、以下、組合協会）」をつくり、組合協会として土地を購入して建物を建設していく。そして、メンバーは土地購入費と建設費の二〇パーセントを出資する。あとの八〇パーセントはローン（Realcreditlån、五〇年まで可能）でまかなうが、ローン返済は組合協会が行い、組合員（住人）は組合に家賃を支払う形となる。

当初はコムーネが建設補助金を出しており、組合協会はイニシャルコストの一〇パーセントまで直接補助を受けることができていた。しかし、この補助は徐々に減少して、二〇〇四年一二月末日をもって打ち切られた。現在では、コムーネの支援はローンの一部保証（六五パーセント～八五パーセントに対する保証）を通してなされているのみである。コムーネのローン保証があれ

---

(13)　プライエム、保護住宅、プライエボーリ、高齢者住宅（狭義）の入居には、本人の希望はもとよりコムーネの判定（visitation）が必要である。判定は、ホームドクター、訪問看護師などが参加して行われ、本人が真に安心感をもてない状況であることや、ケアについての強いニーズがあることなどが検討される。

ば、組合協会は銀行からローンを借りやすくなるのである。

また、このローン保証は返済が順調に行われていればそのまま据え置かれる。これまで返済が滞って保証金が弁済に当てられた例はないので、実際問題としてコムーネとしては懐が痛む可能性は低いのである。しかし、近年、協同組合住宅の高級化に伴って無理なローンを組む例もあり、かなりリスクが高まっているとのことである。さらに、こうしたコムーネの保証を利用しない方式(Andelsboliger bygget uden støtte)も登場している(ABF取材、二〇〇四年一〇月)。

それぞれの組合協会では理事会(bestyrelse)をつくり、住民主体でさまざまな問題を決定し、テナント・デモクラシーを実践していく。二八一ページで紹介しているヘニンセン氏の協同組合住宅では、「子どもとは同居しない」という決まりを自主的につくったが、それはこの理事会で決定したものである。

各組合協会では、その協同組合住宅に住みたい人の待機リストをつくって、空きが出ると連絡するという業務も行っている。空きが出るとは、住戸を売却した人があるということである。売却して別の住宅に住み替えたいときには、各自が最初に出資した持ち分(二〇パーセント分)を売却して、購入した人に家賃支払いを継続してもらうのである。協同組合住宅は根強い人気があり、住宅戸数は約一六万戸ある。デンマーク独自のユニークな住宅所有形態は全住宅戸数の六・六パーセントに当たり、二〇軒に一軒以上が協同組合住宅となる(一一六ページを参照)。

そして、こうした協同組合住宅協会は全国に七二〇〇協会あり、BL(全国非営利住宅協会連盟、一二六ページ参照）と同じく各協会を統括する組織がある。それは、一九七五年に結成された「協同組合住宅協会連盟（ＡＢＦ：Andelsboligforeningernes Fællesrepræsentation）」と呼ばれるもので、全協会のうち半分の三六〇〇協会がこの連盟に所属している。このうち、約四分の三が二〇〇戸以下から成る小規模な組合協会である。各協会に法律・経済面でのアドバイスをしたり、研修会をしたり、ＢＬと同様にロビー活動も行っている。一年分として一〇〇クローナの会費を集めて〈ABF nyt（新しい協同組合住宅協会連盟）〉という雑誌を毎月発行して会員に送付している。その内容は、居住者へのインタビューや料理に関する記事などもあって楽しい編集内容となっている。

次に、「共生型住宅」の話に進もう。これは、最近、高齢者の間で人気が高まっている居住形態で、一般に「オレコレ（oldkollektiv）」と呼ばれている。デンマークでは認知症高齢者のためのグループホームを「Bofællesskab for Dement（認知症高齢者のための共生型住宅）」というが、「Bofællesskab」には「人が一緒に住むコモンスペース（共用空間）のある家」というようなニュアンスがある。ちなみに、「fælles」とは「common（共同、共通）」という意味である。この歴史も古く、それだけで何冊もの本があるくらいである。簡潔にいえば、第1章で紹介した「コモン―セルフ」モデルのように、各戸（セルフ）は独立しつつも共同の場（コモン）をもつ住宅の集合体と理解していただいてよいと思う。現在、デンマークにおいて高齢者の間で広がっている共生型住宅の場合、共用棟にコモンキッチンはあるが食事づくりを分担するというようなことはなく、それぞれ一般住宅と変わらない生活となっている。協同組合住宅の方式で共生型住宅を建てた例を二八一ページで紹介しているのでご覧いただきたい。

デンマークの高齢者の住まいは、このような形でゆたかなバリエーションで構成されているのである。そして、やや余談ではあるが、こうしたバリエーションを見ていてつくづく思うのは、高齢者住宅（狭義）、プライエボーリ、グループホームなどの公営住宅はもちろんのこと、バリエーションの一端を構成する協同組合住宅や共生型住宅もまた、デンマーク民主主義の息吹を色濃く受けているというその奥深さである。

（5）高齢期の住み替え相談

高齢期の住まいの種類をまとめたが、どこにどんな住宅があって、どのような手続きをすればいいのかを教えてくれる相談窓口のようなものはあるのだろうか？

公営住宅はコムーネの管轄であるから、各コムーネの社会福祉事務所（Socialforvaltningen）が扱っている。社会福祉事務所は一般的には市役所にあるが、市民の生活に近い場にということでショッピングセンターのなかに置いているコムーネもある。児童であれ、障害者であれ、高齢者であれ、そのほかさまざまな生活に関する問題を一つの相談窓口で受けられるようにしたのが、一九七六年の社会支援法（lov om social bistand）である。障害や年齢の区別なく社会福祉事務所で相談にのり、現場と連携をとりながら判定員につなぎ、実際に住み替えが決まれば家賃と家賃補助の計算をして本人との連絡にあたっている。非営利住宅協会に建設・管理を任せている住宅については、家賃徴収業務を住宅協会に任せるコムーネもある。

まず、公営住宅への入居について話そう。高齢者住宅（狭義）やプライエボーリの待機リストには多くの高齢者が名前を連ねている。とくに、プライエボーリの場合には、その住宅の戸数の三〇パーセント前後の人数の待機者があり、高齢者住宅（狭義）の場合は一〇パーセント前後というのが一般的である。いずれも判定委員会の判定が必要であるが、プライエボーリへの入居は多くのコムーネで待機期間を二ヵ月までにするように努力がなされている。

次に、住宅の種類が公共や民間の枠を超えて多様化していることを背景に、より広い視点から相談に応じるサービスもはじまっているのでその様子を紹介しよう。

「空を飛んで、鳥の目をもたなきゃだめよ！」と言うのは、ヒレローコムーネ（Hillerød）にある住宅関係の事務所の一角で「Boligrådgiving for Seniorer（シニアのための住宅アドバイス）」という窓口を設けて相談業務にあたっているキエステン・ヘボ（Kirsten Hebo）さんである。彼女は、事務所に週一回駐在して、市民からの高齢期の住まいについての相談に応じている。ヒレローコムーネがその場を提供して、彼女に給料を支払う形をとっている。よって、彼女は市民のために中立公平な立場で相談業務にあたることができる。

彼女は、普段は高齢者居住に関して、土地探しにはじまって建物コンセプトの策定、事業者のコーディネートなど、コンサルタント業務をしているビジネスパーソンである。彼女の本来の事業内容やその風貌から察するに、彼女は新しいイメージを感じさせる人であった。まず、趣味のよいやや高価そうなパンツルックで颯爽としている点が、これまで福祉施設で多く出会った女性とは異なる雰囲気である。といっても、バリバリのキャリアパーソンという風ではなく、温かく気さくな雰囲気で誠実さにあふれていた。社会福祉に感心があり、精神障害者や身体障害者の住まいの改造のコーディネートにも力を入れているとのことであった。そういう彼女が、コムーネの依頼を受けて毎週水曜日の一時から三時までの二時間相談窓口に座ってヒレローコムーネのシニアのために相談に応じているのである。彼女の言葉に耳を傾けてみよう。

キエステン・ヘボ

「ここに相談に来る人は、漠然とした考えしかもっていません。そうした人たちに考え方の整理をしてもらうのが私の仕事なの。なぜ、あなたは引っ越ししたいのか？　これをまず整理することが重要ね。でないと、どんな家がよいのか方向性が定められないし、相談はむしろ銀行に行くほうがいい場合もあったりするのよ」

そして、指し示したステップは次のようなものであった。

❶なぜ、引っ越したいのかを整理する。

・子どもが大きくなったから？
・家が広すぎると感じるようになったから？
・経済的な理由から？
・庭の手入れが嫌になったから？

❷どんな住宅に引っ越したいのかを考える（一四八ページの**表3－10**）
❸不動産業者に現在の家の値打ちを調べてもらう（これによって、どんな家に住み替えが可能なのか選択肢が限定されてくる。銀行に相談して、全資産状況との関連を見てもらうことも必要）。
❹どの町のどんな地区（都心か郊外かなど）に住みたいのか？　これまでの友人ネットワークをどうするのかを考える。

❶のような質問を投げかけると、「これまでこんなこと考えたこともなかったわ」と言う人がいたりするらしいが、キエステンの相談業務を見ると、非常に広い視野で高齢期の住み替えを検討することの大切さを感じる。日本でもキエステン・ヘボさんのような利用者主体の視点に立ち、高齢期の生活のありようについてはもちろん、不動産業務も理解し、資産運用にも知識ゆたかな人が包括的な視点から相談に乗ってくれる窓口が、質の高い高齢者住宅の発展のためにも必要なのではないだろうか。
「高齢者住宅への住み替えは、広い視野をもって考えることが必要です。身体が虚弱になったか

ら引っ越しするとか、歩きにくくなったから引っ越しをするということではなくて、引退後どのように生きたいか、生活したいかを考えたうえでの住まい選びが大切なのよね。そのためには、鳥になって大空を飛んで多くの可能性のなかから慎重に選ぶことが大事なの」

キエステンが所属する「シニアのための住宅相談」はオースフコムーネではじまり、現在、デンマーク全土に拡まりつつある。

第4章

デンマークの高齢者ケア政策

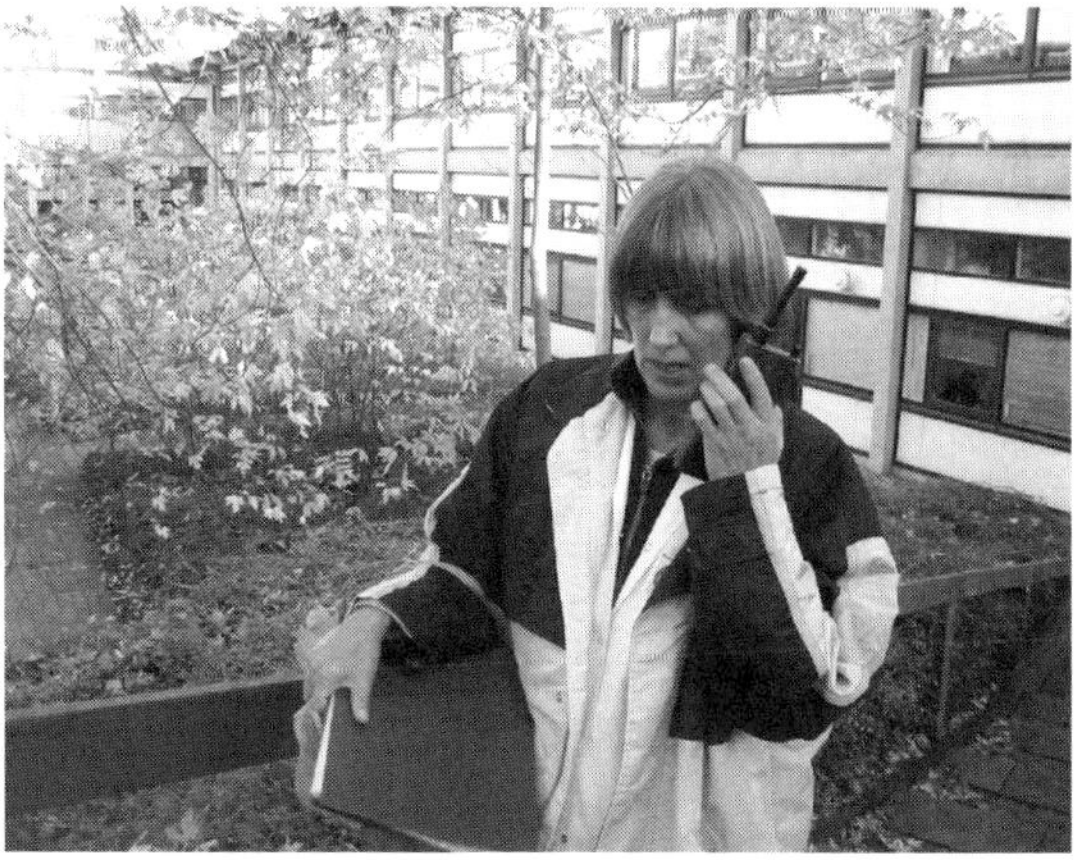

高齢者宅を巡回する訪問看護師

ケア（omsorg）には、高齢者を「介護する（pleje）」ということだけではなく、その人と心をかよい合わせながら「生活をともにする」というニュアンスがある。

利用者主体の立場に立つとき、医療だ福祉だといった提供者側の論理は意味をなさない。そこには保健と福祉が融合した世界があり、看護師も徹底した生活者視点にたって、24時間にわたってケアが届けられている。

1 ニーズ判定とケースマネジメント

(1) 個別ケアと自立支援

初夏の太陽があふれるプライエムの庭で、そこに住んでいると思われる女性が車椅子に座って日向ぼっこをしていた。スタッフはときおりやさしい眼差しを注ぐだけで、それ以外は何もしない。そのまま、時間が流れていた。

デンマークでの五月や六月という季節は、長い冬をやっと抜け出していよいよ夏がやって来るという、あの暗い冬を体験した人間にしかわからない喜びの季節である。国民の一人ひとりが、からだ全体でその喜びを表現する。とにかく、こんなに多くの人がいたのかと思うくらいにゾロゾロと戸外に人が出てくる。ある人は公園に寝ころんで服を脱ぎ捨て、太陽の光を全身で受け止める。その女性も、短い期間の太陽の恵みを楽しんでいたのだろう。こんな場面では会話は不要であり、そのまま放っておかれるのが一番心地よい。

このプライエムには「感覚の庭」(1)があって、そのときラベンダーが咲き乱れていた。たぶん、日向ぼっこをしている女性にもこの香りは届いていたにちがいない。この風景は、「何もしないでその人のゆたかな時間を見守るというのは、こういうことなのだな」ということを象徴的に理解させてくれた。

デンマークのケアは、「『個別ケア』を特徴としている」、「『自立支援（help to self-help）』に最高の価値を置いている」と言われる。

まず、個別ケアについてであるが、これはケアする側や管理者側の立場に立つのではなく、あくまで高齢者の立場に立って、その人が「今どのように感じているのか」、「何に困っているのか」、「何がしたいと思っているのか」を懸命に考える態度を大事にするものである。その結果として、一人ひとりは個性が違うから自ずと個別ケアになるのであって、それらは「人中心主義（person centered）」や「利用者の視点に立つ（user's point of view）」ケアそのものなのである。

しかし、ここまで高齢者の立場で考えようと思うと、本当にその人のことが好きであったり、尊敬の念を抱いていなければ難しい。逆に、このような感情をもっていれば、高齢者の立場で物事を考えることはごく自然にできる。こうした意味で、デンマークでは高齢者福祉の世界で働く重要な要件として、「高齢者が好きであること」ということをいの一番に挙げる現場スタッフが多い。

また、自立支援についていえば、日本の社会福祉の理論体系や介護保険制度の価値体系のなか

（1）デンマークでは、認知症高齢者グループホームやプライエボーリでよく見られる。ハーブを植えて香りや色（嗅覚、視覚）を楽しんだり、実のなる木なら味覚も楽しむことができる。また、異なる材質の砂を入れてそこを歩くことで足裏に刺激を与えたり、オブジェに触れたり（触覚）、水のせせらぎの音を愉しんだり（聴覚）できる。

でも「人間の尊厳を守る」ということと同様もっとも重要な価値観である。こうした自立支援については、デンマークにおいては「背中に手を回すケア」がよいとされ、余計な手出しはせず、今ある能力を徹底して使いきって「自分のことは自分でする」ように支援していく。誤解を恐れずに言うならば、「何もせずにほおっておく」のがベストなケアなのである。

こうしたことは、理論的に理解できても実践するのがなかなか難しいものである。そこで、デンマークの社会福祉保健教育では理論と実習を交互にくり返し、全体の三分の二を実習にあてている。現場で考え、実践で身に付ける教育方針をとっている。現場でのケアのありようはデンマークが培ってきた福祉の文化であって、大切なものは人から人へと伝承されていくのである。「実習の現場でも『十分にケアしたか』よりも、『やりすぎはしなかったか』という点で議論することが多い」と言うのは、ブロンビュー社会福祉保健養成校（Social- og Sundhedsskolen, Brånby）の校長先生であった。現場での体験を通して、いろいろと感じたり考えたことを先輩たちと一緒に考えて成長していくのだろう。

次に、「介護」ではなく「ケア」という言葉のもつ独特の語感について、私なりの捉え方やデンマークでのニュアンスについて触れたい。というのも、デンマークでは最近は「pleje（介護・看護）」という言葉よりも「omsorg（ケア）」という言葉がよく使われるようになっており、ケアを介護・看護に限定せずにより広い意味で使っている場合が多いからである。この変化は、介護の対象から生きる主体へと、その高齢者観を発展させてきた一九九〇年代の取り組みと符合するものであるが、そうした折に私は広井良典氏の『ケア学』（医学書院、二〇〇〇年、一四〜一五ページ）に触れることとなった。以下、引用させていただく。

「あらためていうまでもなく、『ケア』ということばはもともと英語であるが、一般に、その意味はおよそ次のような三つに整理できるかと思われる。第一はもっと広義のもので、たとえば英語の〝take care of yourself〟といった表現に示されるように、「配慮、気遣い」といった広い意味のものである。……こうした例では『ケア』は、『（だれかのことを）大切に思う』、あるいはほとんど『愛する』といってもよいような、広い意味でつかわれている。さてケアの第二の意味は、いわば中間的な、少し限定された内容のもので、『世話』ということばに相当するような意味である。そして第三に、最も狭義の医療や福祉（または心理）といった分野に特化された意味である。つまり英語にそくしていえば、〝nursing care（看護）〟〝ambulatory（外来ケア）〟〝intensive care（集中ケア）〟〝long-term care（長期ケアまたは介護）〟といった用法にしめられるもので、もっとも「専門的」「あるいは職業的な意味内容を含むレベルにかかわるものである」

このように、「ケア」というのは非常に広い概念をもつものなのである。デンマークでの私の経験を総合すると、デンマークの「omsorg」の語感には、広井氏が言う第一の意味、つまり「大切に思う」や「愛する」という意味合いが含まれているといっても間違いにはならないだろう。

ケアの現場では、高齢者が精神的に不安定になったときなどには「その背景や理由を考えよう」と言われる。二一〇ページで紹介しているフレデリクスベアコムーネの在宅介護課で夜間巡回をするシッタも、そのような話をしてくれた。また、宮崎和加子さんの次の言葉も、デンマークのケアのありようを理解する上で非常に参考になるものである。この表現からは、ケアが心を通い合わせるための手段であるかのようなイメージさえ思い浮かぶ。

「私は、『何かケアをさせてもらうと心と心がグッと近づく』という経験を長年してきました。ただ、言葉だけでご指導したり、相談を受けたりするだけでは人間関係は深まっていきません。おむつの状況を見させてもらったり、身体を拭かせてもらったり、爪一つでいいから切らせてもらったりと、何かその人のケアをさせてもらうのです。そのことによってグッと関係が近づくという経験をしていましたから……」（『その人らしい終末期―ケアのありかた、スタッフのありかた―』より）

宮崎さんは、ケアがもつ深い意味を「ケアを通じて心が近づく。人間関係が深まる」というように表現している。高齢者の立場に立って、高齢者のことを第一に考えて心を通いあわせるというのは、「個別ケア」や「自立支援」の根底にあるデンマークにおけるケアの思想に相通じるものである。

（2）新政府の方針

次に、こうしたケアの思想に基づいて展開されている政策へと話を進めよう。デンマークのケア政策といった場合、在宅重視で構築されていることは今さらいうまでもない。というよりも、「住み慣れた環境のなかで最期まで自分らしく生き、住みきる（地域にとどまる）ことを支えるケアが施設・在宅の区別なく届けられている」というのが正しい表現であろう。その方針と実態はまさに「ニーズのあるところにケアあり」であり、そのようなケア政策が住宅政策と車の両輪のように、あるいはコインの裏表のように不可分のものとして結びついてきたのである。

まず、在宅ケアは二四時間にわたって提供されなければならず、とくに、迅速な緊急時対応は不可欠の要件である。また、何らかの理由で入院しても病院での治療が終わればすぐに退院して、元通りの生活へ復帰することを可能にしてくれる地域でのリハビリ、そしていざというときにすぐに利用できるショートステイは、住宅を基盤とした地域での生活継続になくてはならないものである。そして、何よりも重要なのは最期の終わり方であり、ターミナル期を医療との連携によって在宅で支えられるかどうかということだろう。

政府はこうした点について、これからの見通しをどのように描いているのだろうか。社会省では、今後、重要度を増す在宅ケアを**表4－1**のようにまとめている。これは、二〇〇三年一一月、社会省にモーテン・ハイン（Morten Hein、高齢者福祉行政官）を訪ねたときに提示されたものである。ベテラン女性官僚が多い社会省にあって、彼のように若い男性官僚は珍しい存在である。

表4－1　社会省による「これからの高齢者在宅ケア重点施策」

- ホームヘルプ（身体介護、家事援助）
- 高齢者のための住まい
- リハビリテーションと身体・精神面での維持支援
- 介護者のレスパイト
- 予防訪問（75歳以上高齢者対象）
- ターミナル患者へのケア

出典：社会省提供資料（2003年11月）

黒ぶちのスリムな眼鏡をかけて、ニコリともせずに説明してくれた。別れ際に、「おかあさんにでも、あげて」とバッグをプレゼントすると、「彼女にプレゼントするよ」と、初めて白い歯をのぞかせて笑った。

このとき彼は、福祉についても税率凍結が前提であり、経済発展あっての福祉であるということを強調した。そして、話の方向性は、「かぎられたパイをどのように分けるか？　民活を図りながらいかに合理的なシステムを構築するか？」に集約されていた。実際に、高齢者福祉への支出は年間三〇〇億クローナ（約六〇〇〇億円）に上っており、これはGDPの二・一パーセントに相当する。また、在宅ケア利用者は二〇万人おり、八〇歳以上の高齢者ではその五〇パーセントが利用している。さらに、高齢者福祉分野で働く職員は九・五万人にも上っている。当の高齢者の人口推移を見ると、現在高齢者人口は約八〇万人（八〇歳以上高齢者二一万人）であるが、二〇四〇年には一五〇万人（八〇歳以上高齢者四〇万人）にも膨れ上がり（**表4－2**を参照）、財政負担、福祉サービスの増加とそれに伴うスタッフの増加など、あらゆる面でデンマークを苦しめるこ

表4－2　高齢化の推移（2010年以降は予測値）

	全人口	高齢者(65歳以上)	高齢者(85歳以上)
1940年	3,844,000	300,000（7.8%）	13,000（0.3%）
1950年	4,281,000	390,000（9.1%）	17,000（0.4%）
1960年	4,565,000	479,000（10.5%）	24,000（0.5%）
1970年	4,907,000	598,000（12.2%）	35,000（0.7%）
1980年	5,122,000	733,000（14.3%）	54,000（1.1%）
1990年	5,135,000	800,000（15.6%）	78,000（1.5%）
2000年	5,330,000	790,000（14.8%）	98,000（1.8%）
2010年	5,479,000	906,000（16.5%）	113,000（2.1%）
2020年	5,577,000	1,157,000（20.7%）	140,000（2.5%）
2030年	5,673,000	1,357,000（23.9%）	221,000（3.9%）
2040年	5,688,000	1,480,000（26.0%）	307,000（5.4%）

出典：Gottschalk [2000] と統計局資料より筆者作成。

ととなるという。こうしたのっぴきならない状況を背景に、政府が今後重点を置こうとしているポイントを次のようにまとめてくれた。

❶自立支援
❷脱施設
❸さらなる透明性――質の標準化、質と価格のバランス
❹判定（政治的決断）とサービス提供者の分離
❺高齢者ケアにおける「自由選択」

とくに、❶と❷は改めて確認する必要もないが、❸の透明性の確保、❹の判定、❺の自由選択が新しい特徴として注目される。後期高齢者の急増に伴って在宅ケア利用者の増加が予想されるこれからの時代において、デンマーク独自の在宅ケアの質を落とすことなく、しかもかぎられた予算のなかで公平にサービ

ス提供を継続していくためには、これまで顧みられることのなかった業務の標準化を図りつつ透明性を高めていくことがはっきりと謳われている。これは、介護保険施行五年目の見直しのなかで「質の標準化と情報の開示」などをこれからの重要施策の一つとする日本の方向性と相似している。

こうした改革については、現在デンマークでも進行中であるため、実際に現場で話を聞いていると戸惑いや混乱が見られることもしばしばである。それでは、改革の波が押し寄せるケアの現場を見てみよう。

ビヤーネ・クリステンセン

(3) デンマークのニーズ分類モデル——ＩＣＦ[2]（国際生活機能分類）を踏まえて

「高齢者の状態を、ニーズ分類モデルで分けていこうというのには僕は反対だ。人間の状態は、固定的なモデルには当てはめられないと思うよ」

このような形で、今、デンマークの介護の現場に押し寄せている改革を冷静に分析しているのは、デンマーク版「老健[3]」ともいえる「ディアコニシスティフテルセン高齢者センター（Diakonisse stiftelsens Ældrecentret）」のビヤーネ・クリスチャンセン（Bjarne Christiansen）所長である。彼は、私が見るかぎりデンマークでも最高のソーシャルワーカーとしての価値観を身につけた経営管理者の一人であろう。初めて会ったのは一九九七年で、別れ際に「これで本を書きな」と言ってディアコニシスティフテルセンのロゴ入りのボールペンとシャープペンシルのセットをプレゼントしてくれた人である。

デンマークでは、高齢者の状況をアセスメントし、ニーズの程度によって分けていくシステムの導入がはじまっている。これは、以前にはなかったものである。「ニーズ分類モデル（**Klassificeringsmodel**）」と呼ばれるものがそれであり（**表4－3**を参照）、これはコペンハーゲン北部のベッドタウンであるリュンビュー・トアベックコムーネ（人口五万人）で採用されているものである。よく知られているように、デンマークでは地方自治が確立しているためにニーズの分類についても全国共通のものはなく、それぞれのコムーネによって微妙に違っている。フレデリクス

（2）（International Classification of Function）人間の生活機能と障害の分類法として、二〇〇一年ＩＣＩＤＨ（国際障害機能分類）の改定版として世界保健機構（ＷＨＯ）総会で採択されたもの。日本においては厚生労働省に日本語翻訳権が与えられ、二〇〇二年七月に日本語訳が完成した。ＩＣＦと介護保険制度との関係は、二〇〇三年度の介護報酬改定の際に、リハビリテーション実施計画書にＩＣＦの考え方が取り入れられたことからはじまっている。二〇〇四年度よりケアマネジャーの養成研修に本格導入されたが、複雑な分類法とケアプランへの活用方法がわからないという声が多く聞かれている。

（3）「老健」は、日本における老人保健施設の略称。一九八六年に老人保健法の改正によって創設された。病院からの退院患者、慢性疾患があるが入院の必要はない高齢者などを対象として、リハビリテーションや看護、介護を通じて在宅復帰を目指す中間施設である。

分類	内容
基準0	**自分のことができる** ・当カテゴリーに入る高齢者は、全面において自分の身の周りのことは自分でできるが、住居が商店街から遠い、高齢に従う孤立感があるため、軽度の世話が必要。知的状態は老衰現象なし・精神的に安定している。 ・**掃除・洗濯は自分でする。**
基準1	**軽度の介護を必要とする** ・軽度の移行問題があり、杖・松葉杖・車椅子・何らかの義具・コルセットを使用しているが、自分でほとんど何でもできる。 ・軽度の脳血管障害の後遺症（言語障害・軽度の麻痺）があるかもしれない。 ・加齢による衰え（記憶力の減退・視聴覚の減退）がはじまったために、社会的交流がなく、孤立感があるかもしれない。 ・服薬管理が必要かもしれない。（糖尿病などで）急ぎの傷の手当てと注射が必要かもしれない。 ・毎日の電話網グループに入る必要性があるかもしれない。 ・**そうじ・買い物・洗濯と週に1度の入浴介助が必要である。**
基準2	**部分的要介護、または部分的自立** ・身体介護およびベッドメーキングなど朝夕の介護が必要で、次の介護職員が来るまで一人でいることができる。 ・**トイレ通い・緊急通告は自分でできる。** ・身体的には健康であるが、日常生活をこなす精神的支援を必要とする（毎日のガイダンスが必要であるかもしれない）。 ・掃除・洗濯・買い物の支援を必要とするかもしれない。服薬管理、傷の手当て、カテーテル、ストーマの取り換え介護を必要とするかもしれない。

表4－3　ニーズ分類モデル

基準	内容
	・車椅子を利用しているかもしれない（椅子、ベッドから車椅子の移行は自分でできる）。義具の取り外し、食事の用意に援助が必要かもしれない。 ・視聴力の衰えが著しく、記憶力が衰えているかもしれない。おとなしく、良好に治療が進んでいる精神疾病がある利用者。家族に不幸があった者、自分の人生の危機に陥った者、あるいは鬱病がはじまりかけているために緊急的な精神的不安定状態を示す利用者。
基準3	**重度の介護必要** ・身体介護と衣服の脱着を必要として、トイレ介助など1日に数度介護を受ける。利用者はリフトを使用か、職員2名の介護を受けることができる。緊急通報は自分でできる。食事介助を必要とする（食べさせる）。失禁、重度の**麻痺**、突然の失神発作の可能性がある。 ・精神的に不安定で、恐怖ノイローゼをもち、一時的に攻撃的になるかもしれない。 ・重度の抑うつ状態にあるかもしれない。 ・**介護棟のなかで、問題なく他の住人と共同生活ができる認知症（痴呆）高齢者であるかもしれない。**周囲の事情を理解することができず、経済的援助を必要とすることがよくある。
基準4	**自分で何もできなく極度の介護を必要とする。** ・二四時間中頻繁な介護を必要としてリフトか同時に職員二名の介護を受ける。 ・家族かプライエムのような住居形態に住んでいるのが普通。 ・食事介助を必要とする。パーキンソン病などの慢性病があり、かなりの介護を必要としている。特殊な補助器具を使用しているかもしれない。 ・常に怖がっている、あるいは不安定で周囲を問題に陥れるような言動を起こす認知症高齢者や、攻撃的になり職員が常に安心感を与えるよう努力しなければいけない利用者がこのカテゴリーに入る。

出典：Klassificeringsmodel（Lyngby-tårbæk Kommune）

表４－４　ニーズ分類カテゴリー／利用時間別の在宅ケア利用者数（リュンビュー・トアベックコムーネ）

	利用可能な在宅ケアの時間（時間／週）	リュンビュー・トアベックの利用者数（全利用者に占める割合）
カテゴリー０	0.1時間	68（ 2.0%）
カテゴリー１	1.7時間	164（48.6%）
カテゴリー２	3.9時間	779（23.1%）
カテゴリー３	7.1時間	566（16.7%）
カテゴリー４	13.1時間	325（ 9.6%）

出典：リュンビュー・トアベック市資料

ベアコムーネのように、レベル分けしていないコムーネもあるほどである。

日本のような介護保険制度はなく、介護はすべて税金から賄われて利用者負担がない。「ニーズのあるところにケアあり」の通り、必要とあらば上限なしでサービスを提供してきたのがデンマークのケア政策の基本である。しかし、各グループにおける週当たり在宅ケア利用時間の平均は**表４－４**のようであり、これが利用時間のおおよその目安になっているのは明らかである。ニーズ分類モデルをつくることでコムーネ当局としては市内の高齢者の状況を知り、サービス提供の予測を立てたりコントロールすることができるのである。また、他のコムーネとのレベル合わせや市民への公平性確保という点からも、サービス利用者のニーズの基準をつくることは重要となる。そして、このデンマークの基準は、世界保健機構（ＷＨＯ）が先導している「国際生活機能分類」（ＩＣＦ）の考えに則していて実によくできているのである。

新評論の北欧好評関連書

北欧から
学ぼう！

よりよく北欧を知るために

～環境・教育・歴史・福祉・社会・文化～

北欧の教育から学ぶ！

環境先進国から来た自然教室

幼児のための環境教育

スウェーデンからの贈りもの
「森のムッレ教室」

岡部 翠編

262頁
2100円

ISBN978-4-7948-0735-9

森の中で遊びながらエコロジーを学び、集中力や思いやりを育む総合的な人間教育として普及した野外保育の神髄と日本での実践例を紹介！

藤原紀香さんも絶賛された自然教室入門書。

自立していく子どもたちへ

あなた自身の社会

スウェーデンの中学教科書

A.リンドクウィスト
J.ウェステル
／川上邦夫訳

228頁
2310円

ISBN4-7948-0291-9

皇太子さま45歳（2/23）の誕生日に朗読された詩『子ども』収録。一人立ちをしはじめた年代の子どもたちに自分を取り巻いている「社会」というものをわかりやすく伝える。

デンマークの民衆学校とは

改訂新版 生のための学校

清水 満

334頁 2625円

ISBN4-7948-0334-6

【デンマークに生まれたフリースクール「フォルケホイスコーレ」の世界】テストも通知表もないデンマークの民衆学校の全貌を紹介。新版にあたり、日本での新たな展開を増補。

日本で注目されている北欧教育の原点

コルの「子どもの学校論」

クリステン・コル／清水 満編訳

264頁 2100円

【デンマークのオルタナティブ教育の創始者】試験のない学校「フリースクール」を親達とつくり、教育の国家からの自由を主張した彼の教育思想は、今ではデンマークの公教育となった。本邦初訳！

ISBN4-7948-0612-4

日本にとって、未来の学校がここにある

ライブ！スウェーデンの中学校

宇野幹雄

272頁 2520円

ISBN4-7948-0640-X

【日本人教師ならではの現場リポート】入学試験なし、休暇中の宿題なし。ちょっとユニークな経験をもつ日本人教師が、スウェーデンの中学生のありのままの姿を綴る。

代表的な環境教育のテキスト

視点をかえて 自然・人間・全体

B・ルンドベリィ＋K・アブラム-ニルソン／川上邦夫訳

214頁 2310円

視点をかえることで、太陽エネルギー、光合成、水の循環など、自然システムの核心をなす現象や原理がもつ、人間を含む全ての生命にとっての意味が新しい光の下に明らかになる。

ISBN4-7948-0419-9

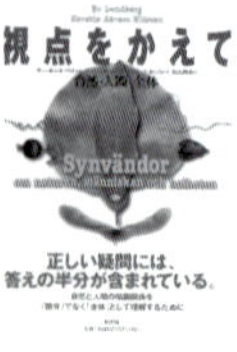

重度の二次障害を防ぐ独自の療法とは

日本の理学療法士が見たスウェーデン

●山口真人

【福祉先進国の臨床現場をレポート】重度の二次障害を防ぐ独自の療法とは。今後の日本のケアやリハビリの現場、制度のあり方についての課題を詳しく報告する。**写真多数**

ISBN4-7948-0698-1

238頁　2310円

小さな塾から人と社会の"いま"を問う

比較障害児学のすすめ

●小笠　毅

【日本とスウェーデンとの距離】傷害の有無によって学びの場を分ける日本と、他者との違いを認めながら共に学ぶ場をつくるスウェーデンの比較から、教育の未来を問う。

ISBN4-7948-0619-1

248頁　2100円

障害者の人々の生活と支援策の実例

スウェーデンの知的障害者

●河本佳子

【その生活と対応策】障害者の声に耳を傾け、需要に合った社会を形成すべく、長年にわたり豊富な支援制度を確立してきたスウェーデンの支援策の実例を紹介。

ISBN4-7948-0696-5

236頁　2100円

あせらないでゆっくり学ぼうよ

スウェーデンののびのび教育

●河本佳子

「あせらなくてもいいじゃないか。一生涯をかけて学習すればいい」。グループ討論や時差登校など平等の精神を築く、ユニークな教育事情（幼稚園～大学）を自らの体験を基に描く。

ISBN4-7948-0548-9

243頁　2100円

大変なんです、でも最高に面白いんです

スウェーデンの作業療法士

●河本佳子

患者の障害面ばかりをみるのではなく、患者の全体像をも見極めて治療訓練にあたる「作業療法」。福祉先進国スウェーデンで現場に立つ著者の大変でも最高に面白い記録。

ISBN4-7948-0475-X

250頁　2100円

発見と学習を促す新しい環境作り

スウェーデンのスヌーズレン

●河本佳子

【世界で活用されている障害者や高齢者のための環境設定法】障害者の興味の対象となるものを身の回りに置くことで、新たな発見が生じ、様々なコミュニケーションが生まれる。

ISBN4-7948-0600-0

208頁　2100円

前大使がレポートする最新事情

スウェーデン・スペシャル［I］
高福祉高負担政策の背景と現状

●藤井 威

福祉大国の独自の政策と市民感覚を、金融のスペシャリストでもある前・駐スウェーデン特命全権大使が解き明かす最新事情レポート。クリスター・クムリン 元・在日本スウェーデン大使 すいせん！

ISBN4-7948-0565-9

258頁 2625円

本邦初の〈ラトヴィア論〉も紹介

スウェーデン・スペシャル［II］
民主・中立国家への苦闘と成果

●藤井 威

遊び心の歴史散歩から、歴史的経験に裏打ちされた中立非同盟政策、独自の民主的統治体制の背景が見えてくる。歴史、言語、民族性などを記述した「付説・ラトヴィアという国」収録。

ISBN4-7948-0577-2

314頁 2940円

高度に発達した地方分権の現状

スウェーデン・スペシャル［III］
福祉国家における地方自治

●藤井 威

高福祉、民主化、地方分権など日本への示唆に富む、スウェーデンの大胆な政策的試みを「市民」の視点から解明する、前大使の最新レポート3。

追悼 アンナ・リンド元外相

ISBN4-7948-0620-5

234頁 2310円

歴史的・文化的背景を詳細した最良の旅案内

スウェーデンの世界遺産紀行

宇野幹雄

【自然と歴史のひとり旅】

ISBN4-7948-0778-6

スウェーデン在住の著者が一年半をかけてスウェーデン全土の世界遺産を探訪し、それらの歴史的・文化的背景、そして行く先々で出会った人々との交流やエピソードを写真とともに綴った紀行文。

340頁 3675円

過去から現在に至る歴史の歩み

物語スウェーデン史

武田龍夫

【バルト大国を彩った国王、女王たち】北欧の地で繰り広げられた歴史ドラマを豊富な写真と図版で再現！歴代の国王・女王を中心として物語風に「面白く」読めるよう工夫。

238頁 2310円

ISBN4-7948-0612-4

知られざるスウェーデンのクラシック音楽の魅力！

歌の国スウェーデン

戸羽 晟

ISBN4-7948-0777-9

【クラシック音楽ガイド】スウェーデン音楽の基礎にあるのは「歌」だ。歌曲の素晴らしさ、管弦楽の厚みある歴史等、知られざる魅力を紹介する日本初のガイド。

352頁 3990円

スウェーデン理解のための決定版

スウェーデン人

イリス・ヘルリッツ／今福 仁訳

【我々は、いかに、また、なぜ】日常的事例を挙げて、スウェーデン人の行動・思考の特質を活写。この国で暮らし、この国の人とつきあうために解説した決定版！

234頁 2310円

ISBN4-7948-0687-6

デンマークの環境知性が贈る「未来書」

エネルギーと私たちの社会

デンマークに学ぶ成熟社会

J・S・ノルゴー＆B・L・クリステンセン
飯田哲也訳

224頁
2100円

ISBN4-7948-0559-4

坂本龍一氏すいせん

成熟社会へと転換したデンマークのエネルギー政策に影響を与えたベストセラー、待望の翻訳！一人一人の力で未来を変えるために、現代日本に最も必要なエネルギー入門書！

デモクラシーの真のあり方を追求する

北欧のエネルギーデモクラシー

●飯田哲也

【未来は予測するものではない、選び取るものである】価格に対して合理的に振舞う単なる消費者から、自ら学習し、多元的な価値を読み取る発展的「市民」を目指して！

ISBN4-7948-0477-6

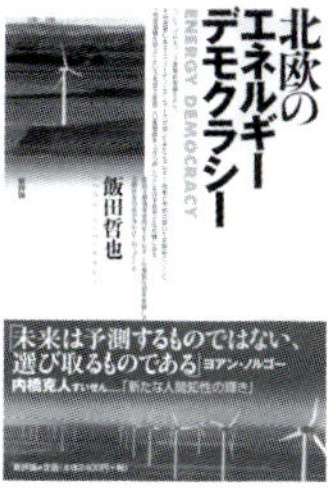

280頁　2520円

地球規模で考え、地域で行動

デンマークの環境に優しい街づくり

●福田成美

自治体、建築家、施工業者、地域住民が一体となって街づくりを行っているデンマーク。世界が注目する環境先進国の「新しい住民参加型の地域開発」から日本は何を学ぶのか。

ISBN4-7948-0463-6

264頁　2520円

風を感じて〜自転車の旅

デンマークの緑と文化と人々を訪ねて

●福田成美

福祉・環境先進国の各地を、自然豊かな〝緑の道〟に沿って訪ねる自転車でのユニークな旅。そこにはゆったりと流れる時のなかで、人々が培ってきた文化がある。**写真多数**

ISBN4-7948-0580-2

304頁　2520円

デンマーク独自のデモクラシーの形

デンマークのユーザー・デモクラシー

●朝野賢司・生田京子・西英子・原田亜紀子・福島容子

【福祉・環境・まちづくりからみる地方分権社会】「User Democracy」、日本語に訳せば「利用者民主主義」。デンマーク独自のデモクラシーの形を5人の若手研究者が多方面から解説。

ISBN4-7948-0655-8

334頁　3150円

フィンランドのベストセラー日本上陸！

マイホーム

K・ホタカイネン／末延弘子訳

364頁　2940円

家庭の危機に直面した男が巻き起こす悲劇コメディー。世界12ヶ国語に翻訳されたフィンランドのベストセラー、日本上陸！2004年秋には本国で映画化された注目作。

ISBN4-7948-0649-3

愛され続ける作品を少し違った角度から解読！

アンデルセンの塩

J.ミュレヘーヴェ／大塚絢子訳／今村渚（編集協力）

256頁　2310円

【物語に隠されたユーモアとは】アンデルセン生誕から200年、いまだ世界中で世代を超えて愛され続ける作家の魅力を「塩＝ユーモア」の視点から解読する。

ISBN4-7948-0653-1

紺野美沙子さんすいせん！感動のクリスマスストーリー

みどりとサンタ　グリーンサンタものがたり

南野泉／SUMA・画

176頁　1470円

世界中の子どもたちに贈りたい、地球を愛するやさしい心が芽生える一冊！デンマークの環境親善大使グリーンサンタと日本をつなぐ感動のクリスマスストーリー！

ISBN4-7948-0715-5

『ニルスのふしぎな旅』刊行100周年記念作品

エヴァ先生のふしぎな授業

K・ガヴァンデル／川上邦夫訳

272頁　1890円

教室に居ながら時空を超えた旅に出る秘密の授業。先生と過ごした1年は「夢」だったのか？現代ヨーロッパをテーマに、小学5年生を対象とした懸賞文学作品当選作！現代版『ニルスのふしぎな旅』。

ISBN4-7948-0566-7

訳者＝フィンランド政府外国人翻訳家賞受賞

蜜蜂の館

レナー・クルーン／末延弘子訳

256頁　2520円

【群れの物語】人間の心と身体、世界のなりたち、生態系のつながりの不可思議な真実を解き明かす珠玉の長篇。「存在すること」の意味を、美しい言葉でつむぐレーナ・クルーンの最新作！

ISBN4-7948-0753-3

フィンランドから届いた社会諷刺

ペレート・ムンドゥス

レーナ・クルーン／末延弘子訳

282頁　2625円

【ある物語】現代に警鐘を、未来に可能性を――現代フィンランド文学を代表する作家レーナ・クルーンから届けられた社会諷刺。世界にひそむ憂うべき不安要素36章を収録。

ISBN4-7948-0672-8

現代フィンランド文学の金字塔

ウンブラ・タイナロン

レーナ・クルーン／末延弘子訳

284頁　2625円

【無限の可能性を秘めた二つの物語】医師ウンブラと患者との対話、黄泉の国タイナロンに届く手紙という二つの物語を通じ、幻想と現実の接点に迫るフィンランド文学の金字塔。

ISBN4-7948-0575-6

詩情溢れる言葉で幻想と現実をつなぐ七話

木々は八月に何をするのか

レーナ・クルーン／末延弘子訳

230頁　2100円

【大人になっていない人たちへの七つの物語】植物は人間と同じように、それぞれに名前があり、個性があり、そして意思を持っています。詩情溢れる言葉で幻想と現実をつなぐ七つの短編集。

ISBN4-7948-0617-5

デンマーク流「住み慣れた地域で最期まで」

デンマークの高齢者福祉と地域居住

●松岡洋子

【最後まで住み切る住宅力・ケア力・地域力】デンマークの最新の「地域居住」の実像と、その真相に迫り、日本の住宅政策への具体的・発展的提言を行う。

ISBN4-7948-0676-0

368頁　3360円

福祉国家の高齢者ケアの「本当の姿」

スウェーデンの高齢者ケア

●西下彰俊

スウェーデンの高齢者ケアには、政策レベルでも介護実践レベルでも様々な問題点があることをエビデンス（データの裏付け）をもって解明し、そこから見えてきた日本の課題をも探る問題提起の書。

ISBN4-7948-0744-1

248頁　2625円

スウェーデンは一日にして成らず

スウェーデンの高齢者福祉

●P・ブルーメー&P・ヨンソン／石原俊時訳

【過去・現在・未来】二〇〇年にわたる高齢者福祉の歩みを一貫した視角から辿り、この国の未来を展望する。私たち日本人は、このメッセージをどのように受け取るのか！

ISBN4-7948-0665-5

188頁　2100円

愛する人との別れ、病気、家庭内の不和…

高齢者の孤独

●B・マンス&P・オーレスン編／石黒　暢訳

【25人の高齢者が孤独について語る】愛する人との別れ、病気、家庭内の不和等、デンマークの生活風景を表す写真とともに赤裸々に綴られる。そこからきっと光が見えてくる。

ISBN4-7948-0761-8

240頁　1890円

誰が彼らを虐待するのか！そして、その支援方法は？

性的虐待を受けた少年たち

●A・ニューマン&B・スヴェンソン／太田美幸訳

【ボーイズ・クリニックの治療記録】誰にも言えない…。性的虐待を受けた少年達の心の傷の実情、治療の課題等、被害者支援の確立に向けた最新の議論。

ISBN4-7948-0757-1

304頁　2625円

あなたとあなたの愛を守るために！

セクシコン　愛と性について

●A・ブラント／近藤千穂訳

【デンマークの性教育事典】「性教育＝人間教育」という原点に立ち、性、恋愛など社会や文化の違いを超えた人間の普遍的な部分を掘り下げた「読む事典」。

ISBN978-4-7948-0773-1

336頁　3990円

日本・北欧 政治関係史入門

日本人は北欧から何を学んだか

●吉武信彦

日本人が北欧のいかなる点を学ぼうとしたのかを、時代背景となる日本・北欧間の政治関係の歴史を江戸時代から現在まで整理し、共に歩んできた豊かな歴史的関係を検証！

ISBN4-7948-0589-6

256頁　2310円

バルト三国を独立に導いた「歌の革命」

木漏れ日のラトヴィア

●黒沢　歩

世界遺産の街リーガに住む日本人女性によるラトヴィアリポート。バルト三国を独立に導いた「歌の革命」。人々のあり方と心情、文化を四季折々の暮らしのリズムの中に追う。

ISBN4-7948-0645-0

256頁　2520円

美しい街に暮らす人々、家族、文化の魅力

ラトヴィアの蒼い風

●黒沢　歩

【清楚な魅力のあふれる国】世界遺産リーガの街、人々、家族、文化の魅力を清冽な筆致で描くラトヴィア紀行第2弾！二〇〇七年五月、天皇、皇后両陛下バルト三国訪問！

ISBN978-4-7948-0720-5

248頁　2520円

学習についての専門家はあなたです！

新しく先生になる人へ

●A・H・アンドレセン＋B・ヘルゲセン＋M・ラーシェン／中田麗子訳

【ノルウェーの教師からのメッセージ】生徒と保護者、そして同僚との出会いが楽しみでもあり不安なあなた！ちょっと読んでみませんか？新任教師へのエール！

ISBN978-4-7948-0785-4

224頁　1890円

あなたは、どこで何を買っていますか？

北欧の消費者教育

●北欧閣僚評議会編／大原明美訳

【「共生」の思想を育む学校でのアプローチ】「自立・共同・共生」の視点から体系化を図り、成熟社会へ向けた21世紀型消費者教育モデルとしての画期的実践ガイド！

ISBN4-7948-0615-9

160頁　1785円

一割であることの意義とは？

オルタナティブ教育

●永田佳之

【国際比較に見る21世紀の学校づくり】「一割の妙」マイノリティの声が反映される社会空間の創設を―。デンマーク、タイ、オーストラリア他に見るスキマとアソビの教育世界。

ISBN4-7948-0664-7

370頁　3990円

日本のとるべき方向性を提示

風力発電機とデンマーク・モデル

●松岡憲司

【地縁技術から革新への途】各国が開発にしのぎを削る産業としての風力発電機、その技術開発の歴史に見るデンマークの姿と日本のとるべき方向性を提示する。

ISBN4-7948-0626-4

238頁　2625円

明日の市場の勝者をめざして

ナチュラル・チャレンジ

●K-H・ロベール／高見幸子訳

スウェーデンの環境保護団体である「ナチュラル・ステップ」が、明日の地球のための環境対策と市場経済の積極的な両立を図り、産業界に持続可能な社会を作る模範例を提示。

ISBN4-7948-0425-3

301頁　2940円

サスティナブルな地域社会を創るには?

スウェーデンの持続可能なまちづくり

●S・ジェームズ&T・ラーティー／高見幸子監修・編著／伊波美智子解説

【ナチュラル・ステップが導くコミュニティ改革】「まちづくり」に関わる諸分野の成功事例を紹介し、サスティナブルな地域づくりの知恵をまとめたスウェーデンの実践書。

ISBN4-7948-0710-4

256頁　2625円

地域の誇りと存続を賭けた振興の精神に学ぶ

オウルの奇跡

●ミカ・クルエ／末延弘子・ユッカ・ビータネン+笹野 尚監修

【フィンランドのITクラスター地域の立役者達】フィンランド北部でのハイテク都市建設の立役者達の物語を通して、地域の誇りと存続を賭けた振興の精神に学ぶ。

ISBN4-7948-0307-9

208頁　2310円

新たな都市づくりのモデルを探る

スウェーデンの修復型まちづくり

●伊藤和良

【知識集約型産業を基軸とした「人間」のための都市再生】石油危機・造船不況後の25年の歴史と現況をヨーテボリ市の沿海に見ながら新たな都市づくりのモデルを探る。

ISBN4-7948-0614-0

304頁　2940円

持続可能性を創造する北欧デザインの美学!

エコロジーのかたち

●C・B=ダニエルセン／伊藤俊介・麻田佳鶴子訳

【持続可能なデザインへの北欧的哲学】技術や社会的取り組みの面からではなく、デザインの問題として「環境と建築」を考える北欧発・持続可能性を創造するデザインの美学。

ISBN798-4-7948-0742-2

226頁　2940円

グリーグが最も愛したオペラ歌手

評伝 エレン・グルブランソン

F・エルスタ／田村哲雄訳　280頁　2625円

ISBN4-7948-0658-2

【グリーグとコジマ・ヴァグナーを魅了した北欧のプリマ・ドンナ】スカンジナビア系超ドラマティック・ソプラノの祖と呼ばれるオペラ歌手の生涯が初めて明らかになる。

世界的名誉の複刻

改訂版 恋愛と結婚

エレン・ケイ／小野寺 信・百合子訳　452頁　3990円

母性を守り、女の自由を獲得するには！岩波文庫版より改訳をした世界的名著の複刻。当時欧州社会を支配していた封建的保守的な性道徳の概念を真っ向から攻撃した衝撃の書。

ISBN4-7948-0351-6

北欧文化交流の第一世代が綴る

バルト海のほとりの人びと

小野寺百合子　200頁　1890円

ISBN4-7948-0399-0

【心の交流を求めて】北欧文化交流の第一世代が、ヤンソン（ムーミンの原作者）、リンドグレン（童話作家）、エレン・ケイ（婦人運動家）などとの多彩な想い出を語る。

新しい教育環境の創造

共感する心、表現する身体

清水 満　264頁　2310円

【美的経験を大切に】知育重視の教育から、子どもの美的経験を大切にする新しい教育環境を創る。人間は「表現する者」であるという人間観をデンマークとドイツから学ぶ。

ISBN4-7948-0292-7

よりよく北欧を知るために

●ご注文方法　下記の注文票にご記入のうえ、お近くの書店へお申し込み下さい。●お近くに書店のない場合は、小社宛直接お申し込み頂ければ直送させて頂きます（その際、送料実費はお客様のご負担となります）。

下記注文票を、FAX（03-3202-5832）あるいは郵送でお送り下さい（住所は下記をご覧下さい）。また、メールでも承ります（sales@shinhyoron.co.jp）。●直送の場合は、①クロネコヤマトのブックサービス（着払い、冊数不問で送料一律200円）、②冊子小包（郵便振替用紙同封、送料約290円～380円）のいずれかをお選び下さい。　＊価格はすべて税込価格です。

①ブックサービス　②冊子小包　（いずれかに○をお付け下さい）

お名前

〒

ご住所

ご指定の書店名　　所在地

書名　冊

書名　冊

書名　冊

書名　冊

書名　冊

新評論　〒169-0051　東京都新宿区西早稲田3-16-28　☎03（3202）7391　FAX03（3202）5832

その点について、神戸市でケアマネジャーとして働いている神谷良子さんが興味ある示唆をくれた。彼女はNPO法人神戸ライフ・ケア協会に所属しており、制度外の横だし部分について、軽費有償サービスをコーディネートすることによって利用者の自立した生活を支えるために奮闘している。

「日本も見習いたいね。日本では判定の基準が身体状況に特化されていて、歩けないとか右麻痺とかの障害をそのまま『できないこと』としてとらえて、それを埋め合わせるための『介護の手間』として直結して判定しています。それに対してデンマークでは、このモデルを見るかぎり、精神的なものや自立心・依存心といった性格、家族の支援などの要素を包括的に入れ込んでいると思う。片麻痺のある人は落ち込んでいて何もできないかもしれないけれど、頑張って何でも自分でする人はいます。その人は自立のはずでしょ？　それに、家族に助けてもらってできる人もいる。そうした周辺状況を勘案したうえでの判定でないといけないと思うのね。これを見ると、広い意味での環境を配慮した判定がなされているように思う。また、緊急通報は自分でできるのかというような具体的な指標があるのもいいね。私、とてもこの指標が気に入ったわ」

彼女が指摘するように、この基準は日本でも取り入れようとしている「国際生活機能分類」の考え方（二五四ページ）に合致している。つまり、かつての国際障害分類（ICIDH[4]：International Classification of Impairment, Disability, and Handicap）では、人間をトータルにとらえることをせず、病気や障害に注目して、それを機能や能力の不全、つまり社会的不利として直線的に結びつけ、「障害そのものを治さなければ社会的不利もなくならない」という考え方をとっていた。ＩＣＩＤＨの考えからは、「病気や障害は社会的不利」、「病気や障害は介護の手間を生むもの」という発想しか出てこない。しかし、ＩＣＦでは、人間が生きることの全体像を生命（身体状況）、生活（生活状況）、人生（社会状況）の三局面で総合的・双方向にとらえて、かつ住宅や補助器具などの環境を整備すれば障害は障害でなくなるし、神谷さんが言うように個人の性格によっても感じ方が違ってくるという総合的なとらえ方をするのである。ＩＣＦでは、障害は周りの環境因子や個人因子によっても変わるのだからその環境条件を整えることに工夫をし、生活や人生をゆたかにするという発想で取り組まれることになる（二五四ページの**図４－６**を参照）。そのために、生活や人生を踏まえたうえでの具体的な目標が重要になってくるのである。

ＷＨＯから発表されているＩＣＦ基準は生活機能と障害を分類するための世界標準であり、現在、日本でも「共通言語[5]」の問題とともに取り上げられることが多くなっている。しかし、すでにデンマークではこの研究を社会省プロジェクトとして行っており、現場での議論も沸騰している。これは、デンマークにとってみれば、在宅、施設、デイセンターなどの異なるサービス領域にまたがる共通言語、さらには介護、看護、リハビリといったケアの内容に共通する言語を再確認する必要があるということなのである。「ニーズのあるところにサービスあり」とばかりに、おおらかにサービス提供してきたデンマーク。これからは、かぎられた資源をいかに公平に、そして効率よく提供するかに主眼が置かれるため、サービス内容の標準化やその基盤となるサービス提供領域全体にまたがる共通言語を統一する必要があるのである。

ところで、ＩＣＦ理論については、従来から「人・モノ・環境」という視点から自立支援を組み立ててきたデンマークの歴史からすれば当然のことであり、また自然なことではないだろうか。より具体的に説明しよう。

デンマークの多くのコムーネで使っている「生活機能評価表」（**表4－5**）というものをご覧いただきたい。これは、在宅ケア利用の要否を判定する前に行うチェック表なのであるが、何ページにもわたる日本の認定調査票に比べるときわめてシンプルである。にもかかわらず、ＩＣＦ

（4）一九八〇年に、疾病の治療をふまえて医療者によってつくられたものである。障害を機能障害、能力障害、社会的不利の三つのレベルに分けてとられるなど、マイナスの側面のみで捉えていたため、改善が求められていた。一九九二年よりＷＨＯの国際会議の中で検討が重ねられて二〇〇一年にＩＣＦが生まれている。

（5）『共通言語』としてのＩＣＦ（ＷＨＯ国際生活機能分類）の活用―医療・介護・福祉の連携のツールとして―」と題して、平成一六年度厚生労働科学研究・障害保健福祉総合研究が行われている。平成一六年一一月一二日には、東京で発表会が行われ、福祉からは大橋謙作日本社会福祉学会前会長、医療からは野中博日本医師会常任理事、上田敏日本障害者リハビリテーション協会顧問による鼎談が行われ、ＩＣＦと共通言語の関連、その必要性、クラインエントと専門職の協働、内閣府や国土交通省、文部科学省へのＩＣＦ普及に向けた働きかけ戦略について話されている。さらに、ＩＣＦを医療・介護・福祉の場で活用していくために、指標標準化のコーディング（記号化）作業も進められている（右記発表会資料より）。

表4－5　生活機能評価表（FUNKTIONSVURDERINGSSKEMA）

1.1　身体介護	自分でできる	何とかできる	むずかしい	できない	コメント
1.1.1 顔・手・上半身を洗う	⊙	○	○	○	
1.1.2 下半身を洗う	⊙	○	○	○	
1.1.3 シャワー	⊙	○	○	○	
1.1.4 洗髪	⊙	○	○	○	
1.1.5 足浴	⊙	○	○	○	
1.2.1 服を着る	⊙	○	○	○	
1.2.2 服を脱ぐ	⊙	○	○	○	
1.2.3 くつ・くつ下をはく・脱ぐ	⊙	○	○	○	
1.3.1 トイレに行く	⊙	○	○	○	
1.3.2 小便のコントロール	⊙	○	○	○	
1.3.3 大便のコントロール	⊙	○	○	○	
2.1 飲食					
2.1.4 サンドイッチの用意	⊙	○	○	○	
2.2.1 自分で食べられる	⊙	○	○	○	
2.2.2 自分で飲むことができる	⊙	○	○	○	
2.3.1 皿洗いと後片付けができる	⊙	○	○	○	
3.0 移動	⊙	○	○	○	
4.0 日々の家事					
4.1 買物	⊙	○	○	○	
4.2 そうじ	⊙	○	○	○	
4.3 洗濯	⊙	○	○	○	
4.4 コミュニケーションができる	⊙	○	○	○	
5.0 活動	⊙	○	○	○	
	よい	問題あり	限られている	なし・孤独	
6.0 ネットワーク（家族・友人）	⊙	○	○	○	
	はっきりわかるレベル	理解できる状態	現実がわからない	理解ができない	
7.0 心理的・精神医学的状態	○	○	○	○	
	やや問題あり	問題あり	重い	できない	
8.0 急性・慢性の疾患・ハンディキャップ	⊙	○	○	○	
	適切	まあ適切		適切でない	
9.0 全機能における住宅の状態	⊙	○	○	○	

の考えと同様に、高齢者本人を身体状況、生活状況、社会状況、住宅状況、性格状況などを含めて包括的にアセスメントできるようになっている。

この評価表に関連して興味深いのは、「移動できるかどうか」という設問に対して、車椅子を使って移動できる場合は「できる」にチェックを入れるところである。そして、メモ欄に「車椅子使用」と記入する。本人の身体状況（機能障害）を見るのではなく、環境因子・個人因子を踏まえた上での生活機能を評価するという考え方なのである。まさに、ICFの考え方である。日本の介護保険判定では、たとえ車椅子を利用すれば動ける人でも、歩行障害があれば「移動不可能」という評価になる。(6) 現在、日本でもICF議論がさかんにはなっているが、トップダウン式の知識の詰め込み研修ではなく、現場の議論をさかんにしてボトムアップ式の実践練り上げ改革にしていかなければならないと再認識するところである。

---

(6)　日本では二〇〇三年七月、通知「介護支援専門員養成研修事業の実施について」が改正され、ケアマネジャーの実務研修ではアセスメントの部分でICFの考えを学ぶこととされた。しかし、現場ではICFはリハビリテーションに特定の考え方であるという固定概念があったり、単なるアセスメントツールであるというような狭隘なとらえ方がなされているなど、その本質的な理解が難しいことが明らかとなっている。香取照幸厚生労働省老健局振興課課長は、「本来ケアマネジメントは、その人のマイナス部分を埋めるためだけにあるのではなく、可能性を引き出し現実化することが大きな課題である。いかに利用者の〝意欲〟を引き出し『可能なこと』を『できる（する）こと』にするか。ここがケアマネジャーの腕の見せどころなのだ」として、今後のさらなる普及啓蒙の必要を語っている（〈介護保険情報〉二〇〇四年七月号、八ページ）。

デンマークでは介護基準の標準化など以前には考えらなかったことなので、驚きであった。しかしながら、その標準化の内容を見てみると、環境を踏まえたうえでの全人的なアセスメントになっている。つまり、これまでのデンマーク的な価値観を反映した現場ツールとしてすでに展開されているので、さらに驚いた次第である。

(4) ニーズ判定とBUMモデル、共通言語

では、こうしたアセスメントと判定（Visitation）の作業は誰が行うのだろうか。以前は、利用者（判定を受ける人）が住む福祉地区の在宅ケアリーダー（訪問看護師）が、日々利用者と接しているOT・PTなどと一緒に判定を行うケースが多かった。つまり、サービスを届ける現場スタッフ（実践者）がアセスメントを行い、判定をしていたのである。しかし、最近、こうしたシステムにも大きな変化の波が押し寄せている。

日本でも、「ケアマネジャーがサービス提供事業所に所属しているのは、公平性確保の原則から不適切である。ケアマネジメントは独立事業とすべき」という議論が常に存在してきた。これは、自事業所が提供できる範囲で都合のよいプランを立てる可能性があるのと、囲い込みの可能性があるという理由からである。デンマークにおいてはこれまで、サービス提供者は公的セクターのみであったが、「自由選択（Frit Valg）」によって提供者（公共・民間から）を自由に選ぶことができるようになった。判定をサービス提供と分離して、より自律性を高める必要が出てきた

のである。こうした課題を受けて新しい時代に向けての制度を整えるために、二〇〇三年一月一日、「ＢＵＭ（バム）モデル」が導入された（図4－1を参照）。

社会省の高齢者福祉担当課長モーテン・ハインによれば、ＢＵＭモデルの意義は次のようなものであった。

「サービス決定者（行政）とサービス提供者を分離することは、今のデンマークにとって大きな課題です。これまではすべて公共がやっていましたが、自由選択の導入で民間事業者も入ってきます。彼らは、あくまでコムーネの管轄の下《もと》に動きますが、サービス提供者としてはコムーネも民間事業者も同等の位置づけです。行政当局としては、中立公正な立場でアセスメントを行い、サービス内容を決め、それを提供者に振り分けるという独立した機能をもたなければなりません。また、その結果をフォローして、市民全体によいサービスを保障していくという責任を負うわけです」

実際に、判定を行う部門の動きを見てみよう。フレデリクスベアコムーネの在宅ケア課（Hjemmeplejen）は、市役所から一本通りを離れたレンガ造りの建物のなかにある。課長をはじめとする管理者の部屋はもちろん、ホームヘルパーや訪問看護師など現場スタッフのミーティングルームもあり、夜間巡回スタッフは毎日ここからスタートする。二四時間対応のアラーム拠点もここにあり、判定部門もこの建物内に席を置いている。

図４－１　BUM モデル

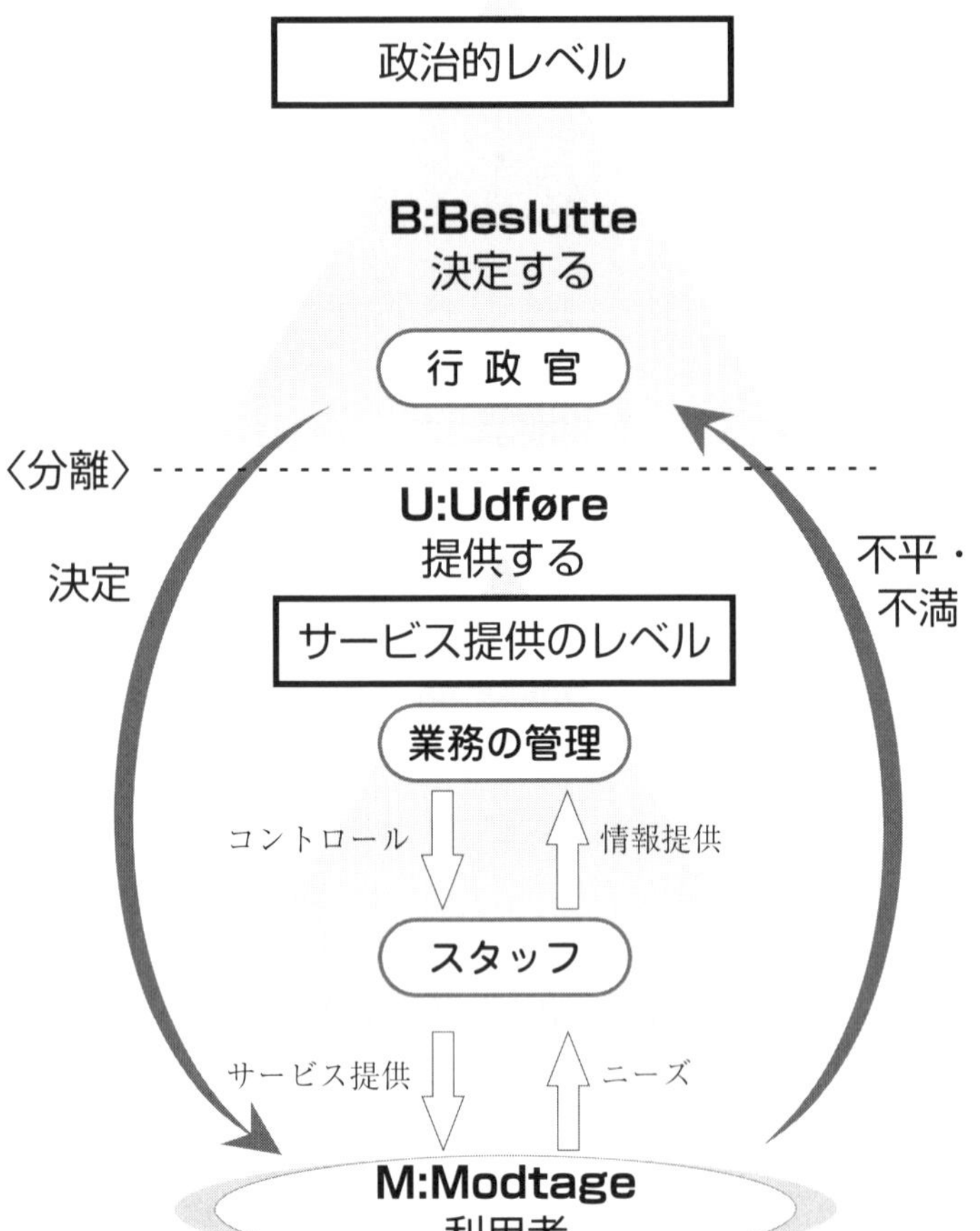

B Beslutte：判定（行政当局）
U Udføre：サービス提供（訪問看護師、ホームヘルパー、OT·PT）
M Modtage：サービス利用（市民、利用者）

出典：デンマーク社会省の資料

フレデリクスベアコムーネには四四〇〇人の在宅ケア利用者がいて、毎月約一〇〇人の利用者が新しく判定を申し込んでくる。在宅ケア部門には「ビジテイター（visitator）」と呼ばれる判定専門の看護師が一六人いるが、[7] 彼女らは新しい利用者の判定に加えて、四四〇〇人の利用者全員に対して年に一回の更新のための判定も行っている。一人の看護師は一ヵ月に六人の新規申請者の判定をし、さらに二二人の更新判定をする計算になる。自宅を訪問するので、少なくとも一人のアセスメントに一時間はかかり、判定と書類記入とコンピュータ入力にさらに一時間以上かかる。新規申請者ともなれば、一日一人が精いっぱいである。月二〇日の就労として考えても、かなり忙しい仕事である。

判定の仕方は、まず一七四ページの機能評価表によるアセスメントからはじまる。ビジテイターは詳細なプランは立てず、掃除、買い物、洗濯、身体介護の必要と大まかな時間を決めるのみである（**表4－6**を参照）。たとえば、身体介護については、日中、夜間、深夜のいずれが必要であるかを決定していくのみである。彼女らの判定は、高齢福祉課で認定されたのち決定される。そして、一日に何回、何時にどのようなケアを届けるかという具体的

（7）フレデリクスベア市の在宅介護課（Hjemmeplejen）には判定部門（Visitationsafdeling）があり、一六人の看護師はこの部門に所属して職務にあたっている。

在宅ケア課・建物外観

表４－６

フレデリクスベアコムーネ
判定部
住所
2000 Frederiksberg
Telefon:
Telefax:

フレデリクスベアコムーネ

在宅ケア利用の判定

－判定部－

名前	**CPR 番号**
住所	**地区**
〒	**電話**

☐ 継続ヘルプ　☐ 臨時ヘルプ　時間当たり自己負担額______
☐ 再判定　ヘルプは第___週から始まる　月・年当たり見積______

そうじ
☐ 提供者：______
程度______　☐ ２週に１回　その他：______　必要分：______
その他特別な援助：______

買物
☐ 提供事業者：______
☐ 毎週　☐ ２週に１回　その他：______　分：______
☐ ４週に１回郵便局、銀行、薬局　その他：______　分：______
☐ 買物　☐ 薬局

洗濯
☐ 提供事業者：______
☐ ２週に１回　☐ ４週に１回　その他：______　必要分：______
☐ 共同洗濯機　☐ 自分の洗濯機　☐ 洗濯たたみ

身体介護
☐ 提供者：______
☐ 日中　☐ 夜間　☐ 深夜　☐ 週末
☐ 入浴　必要分：______

判定者の注意書

______
名前

同意声明
このケースに関する重要な情報を得て、さらに他に提供することを承諾してサインする。

Frederiksberg d. ____ /____200

______
名前

郵便はがき

料金受取人払

新宿北局承認

4523

差出有効期限
平成23年2月
19日まで

有効期限が
切れましたら
切手をはって
お出し下さい

1 6 9-8 7 9 0

260

東京都新宿区西早稲田
3—16—28

株式会社 **新評論**
SBC（新評論ブッククラブ）事業部 行

お名前	SBC会員番号 L 番	年齢
ご住所（〒 ） TEL		
ご職業（または学校・学年、できるだけくわしくお書き下さい） E-mail		

本書をお買い求めの書店名
市区 郡町 書店

■新刊案内のご希望 □ある □ない
■図書目録のご希望 □ある □ない

SBC（新評論ブッククラブ）入会申込書

※に✓印をお付け下さい。

SBCに **入会する** □

SBC（新評論ブッククラブ）のご案内

◆当クラブ（1999年発足）は入会金・年会費なしで、会員の方々に小社の出版活動内容をご紹介する小冊子を定期的にご送付致しております。**入会登録後**、小社商品に添付したこの**読者アンケートハガキ**を累計5枚お送り頂くごとに、全商品の中からご希望の本を1冊無料進呈する特典もございます。ご入会は、左記にてお申込下さい。

読者アンケートハガキ

●このたびは新評論の出版物をお買上げ頂き、ありがとうございました。今後の編集の参考にするために、以下の設問にお答えいただければ幸いです。ご協力を宜しくお願い致します。

本のタイトル

●この本を何でお知りになりましたか

1.新聞の広告で・新聞名（　　　　　　　　）2.雑誌の広告で・雑誌名（　　　　　　　　）3.書店で実物を見て
4.人（　　　　　　　　）にすすめられて　5.雑誌、新聞の紹介記事で（その雑誌、新聞名　　　　　　　　）　6.単行本の折込みチラシ（近刊案内『新評論』で）7.その他（　　　　　　　　）

●お買い求めの動機をお聞かせ下さい

1.著者に関心がある　2.作品のジャンルに興味がある　3.装丁が良かったので　4.タイトルが良かったので　5.その他（　　　　　　　　）

●この本をお読みになったご意見・ご感想、小社の出版物に対するご意見があればお聞かせ下さい（小社、PR誌「新評論」に掲載させて頂く場合もございます。予めご了承下さい）

●書店にはひと月にどのくらい行かれますか

（　　　）回くらい　　　　書店名（　　　　　　　　）

●購入申込書（小社刊行物のご注文にご利用下さい。その際書店名を必ずご記入下さい）

書名　　　　　　　　冊　書名　　　　　　　　冊

●ご指定の書店名

書店名　　　　　　　　都道府県　　　　　　　　市区郡町

な内容については、三つの福祉地区のリーダー（看護師）によってこのあと決められていく。

ビジテイターの看護師ランディ・ハンセンは、障害をどう評価するかという発想で尋ねる私に対してやや厳しい表情をのぞかせ、「私たちは『何が悪いか（どんな機能障害があるか）』より『何が欲しいのか（普通の生活をするのに何が必要か）』を見るの」と強調した。また、「ニーズは個人によって違うはず。フレデリクスベアではレベルによって分けることはしていません」という説明もしてくれた。日本の基準で制度の理解に躍起となっていた私は、ハッと我に返って、目からウロコが落ちる思いを体験した。そして、失った能力やできないことに目を向けるのではなく、補助器具などの活用によって環境を変えたうえで、「何ができるか」、「何がしたいのか」に目を向けるケアのあり方に関してはどの部門でも徹底していることに改めて驚いた。これは、ＩＣＦ理論の基本となる理念でもある。

しかし、いまや、サービスを際限なく提供することはできない。一六人の判定員は三ヵ月に一度、全コムーネのサービス提供時間を集計する。各福祉地区のリーダーの声も聞きながら、過不足がないかを調べて調整したり、人員を増やす必要がある場合には早めに対処するように働きかけている。つまり、サービス提供のコントロール機能も果たしているのである。

では、ＢＵＭモデルの導入について現場はどのように評価しているだろうか。

「これまでは現場（福祉地区内）で判定できていたのに、行政がするようになって非常にやりにくくなったわ。行政には、現場の声が届きにくいし見えにくい。それに、ショートステイやデイセンターの利用について、こちらにキャパシティがないのに受け入れを頼まれたりするのよ。とってもやりにくいわ」

二〇〇三年一一月、グラデサクセコムーネ（Gladsaxe）の訪問看護師リーダーから聞いたコメントである。わずか人口六万二〇〇〇人のこの街で、「判定とサービス供給を分離しようとすると、現場の声が上に届きにくくなった」というのである。現場で高齢者に接していない人間が判定しても表面的でよくない、ということであるが、施行後一〇ヵ月、現場はやや混乱していた。

ホースホルムコムーネの地区リーダーは、次のように評価していた（二〇〇四年一〇月）。
「以前は、一人ひとりの高齢者をよく知っている現場のリーダーが判定をしていました。わからない点は歩いて見に行けばよかったわ。でもBUMモデルでは、本人をよく知らない人が一回の訪問で判定をしています。時間と手間がかかって、かえって高価につくシステムだと思います」

BUMモデル施行後、一年と九ヵ月がたっていた。現場の混乱もなく、ある程度定着したあとの評価といえるが、かなり厳しい見方である。この点について、先に紹介したディアコネスティフテルセンのビヤーネ所長（一六六ページ）は次のように解説してくれた（二〇〇四年一〇月）。
「BUMモデルは、ほとんどのコムーネで導入している。しかし、判定が事務的になるよね。たとえば、認知症のお年寄りは状態が時々刻々変化するだろう。これをどうとらえるか？　これらは、現場から出された問題を解決しようとして考えられたことではなくこれから高齢者が増えていく時代に向けて、クォリティ・スタンダードをつくろうという政治的な意図によって進められているんだ」と、この制度がデンマークらしいボトムアップ型のものではなくトップダウン型のものであることを指摘した。そして、「二〇〇五年には選挙があるので、(8) 社会民主党が政権を回復すればまた戻るかもしれないね」と、ウインクしながら付け加えてもくれた。

しかし、同席していた同組織の若き女性秘書であるベンテ・ソーレンセンは、BUMモデルの別の側面に光をあてて次のようにつけ加えた。

「権利擁護の面から見ると、BUMモデルは利用者にとってはいい面もあるわ。在宅ケアについては、ホームヘルパーが突然来なかったり、時間が短いというような不満が増えているの。そんな不満をサービス提供者にではなくて、その上の行政に直接訴えることができるので、実質的な改善効果という意味ではよくなっていると思うわ」

BUMモデルは、二〇〇三年一月から導入された。現在、さまざまな議論を呼びながらも確実に現場に浸透している。

(8) 二〇〇五年二月総選挙が行われたが、自由党が保守党とともに勝利を収め、引き続き政権を担当している。

表４－７　「Frit Valg 自由選択」の内容（2003年１月１日より）

○**プライエボーリ、プライエムと高齢者住宅などの自由選択**――配偶者または同居人は、それぞれが高齢者住宅、プライエボーリ、または同様の住宅に住むことを許されたとき、その住居に一緒に住むことができる。
○**身体介護、家事援助のホームヘルパー、配食サービスの自由選択**――すべての年代層において、家事援助、身体介護はコムーネから提供され、個人から、あるいは民間企業から提供される権利がある。
○**さらにフレキシブルなホームヘルプ**――サービスの受け手は、たとえば、ある支援サービスを別のサービスに、または別の補助金に交換することを選ぶことができる。それは、サービス受給者の実際的なニーズに応じて行われる。

出典：Frit valg（Ældler Sagen 発行のパンフレット）

（５）自由選択（Frit Valg）

「自由選択」は、二〇〇三年一月一日から導入された新しい挑戦である。**表４－７**にあるように、三つの内容から構成されている。

この制度は、これまで在宅ケアを届けるのは公共セクターのみであったものを、コムーネが認定した民間事業者からも選べるようにしたものである。サービスの質を均一にするため、各コムーネはクオリティ・スタンダードをつくることが義務づけられた。つまり、サービスの内容を細かく規定したものである。導入当初の現場は非常に混乱しており、業務体制の切り替えに手間どったり、かえって仕事が増えたという不満の声を聞いたものである（ホースホルムコムーネ）。また、民間事業所を利用することはコムーネにとっては高くつき、コムーネが不満に思っている、小さなコムーネでは実行されていない（日刊紙〈ユランポステン（Jyllands-Posten）〉など、多くの問題点が指摘されていた。
二〇〇四年春に「アムツ・コムーネ研究所」で行った調査の結果では、七〇パーセントのコムーネがこの自由選択を導入していたが、ユトランド半島などの地方都市では民間業者がおらずに導入されていないという事実が明らかになった。そして、民間業者を選択した利用者は全体のわずか一〇パーセントであり、そのほとんどが家事支援に集中し、身体介護で民間業者を利用した高齢者は数えるばかりであったそうだ。

この自由選択に関して、エルドラセイエンでも興味ある調査結果を発表している（インターネット新聞〈ディーアール Danmark Radio〉、二〇〇四年一月二九日）。この調査は、自由選択が実施された半年後の二〇〇三年七月に、八〇〇人の高齢者、三〇〇人の家族、二〇〇人のヘルパーを対象に行われたものである。それは、自由選択を導入したにもかかわらず高齢者ケアはよくなっておらず、しかも五人に四人の高齢者は、「自分で個人のヘルパーを雇える」という内容があることすら知らないというものであった。

いずれにせよ、デンマークでは高齢者は保守的な面をもち、公共サービスへの信頼が強いということである。また、アムツ・コムーネ研究所のＥ・Ｂ・ハンセンは、二〇〇四年春に行った調査報告書(8)（二〇〇四年末に発表）のなかで、「自由選択の導入によって、現場の人間が競争意識の下《もと》に仕事を進めざるを得ない状況は仕事をルーティン化してしまい、自立支援の理念がないがしろにされる危険性を孕《はら》んでいる」と、警告を発している。そのうえ、利用者の視点からは「四割がヘルパーとの人間的接触が足りないと感じている」とのエルドラセイエンの調査結果も発表されており（ポリティケン、二〇〇五年二月一八日）、コミュニケーションの質という面からも自由選択の導入には慎重な態度がとられている。

2 二四時間どう支えるか

（1） 在宅二四時間ケアは広薄狭厚《こうはくきょうこう》で

在宅ケア充実の様子は、今さら書く必要がないくらいに多く報告されている。拙著『老人ホームを超えて』でも、日中のホームヘルパー（八七～九三ページ）と訪問看護師（一九七～二〇〇ページ）の動きをレポートしているのでご覧いただきたい。また、『デンマークのユーザー・デモクラシー』（新評論、二〇〇五年）第3章でも最新の状況について詳細な報告がなされている。

しかし、今、もっとも興味があるのは、「一体どこまで在宅で引き伸ばせるのだろうか？」、「そして、それはどのように？」ということであろう。とくに、夜間巡回（Aften Vagt）と深夜巡回（Nat Vagt）は、デンマークでは一九八〇年代にすでに多くのコムーネで整備されたが、在宅でも施設と変わらないケアを提供するうえで重要な課題である。実際に人件費がかかるので、財政負担の大きい部分でもある。

夜間のケア体制については、かつて羽田澄子監督のドキュメンタリー映画『安心して老いるために』（自由工房製作、岩波ホール発売、一九九二年）でデンマークの在宅ケアの様子が描かれていた。男性の家にホームヘルパーが夜間に巡回して就寝の手伝いをするのであるが、コーヒーを飲ませて話し相手となり、時間に追われる様子もなく、まさに在宅ケアのあるべき姿が描かれていた。多くの日本人がこの映画を観て感動し、デンマークの高齢者をうらやましがったと思う。

しかし、今のデンマークにこのような牧歌的ともいえる風景はもはやない。彼らは、掃除は四〇分、買い物は三〇分、オムツ交換は五分で服薬は五分と決められたマニュアルのなかで管理されて働くことが多くなっている。しかも、こうした合理化は二〇〇一年に政権が変わってからのことではなく、一九九〇年代からはじめられていたのである。先に紹介したベント・ロル・アナセンは、二〇〇一年一〇月に私の招聘で日本において講演をしてくれたとき、「ここ一〇年の変化として、在宅ケアはまさに分刻みで行われており、それを規定したマニュアルがある。今日、それを持ってきてお見せしたかったが、電話帳のように厚くて重いのでできなかった」と会場を笑わせたのち、「管理・運営」よりも「共生とコミュニケーション」の重要性を訴えたのである。

また、夜間巡回ともなれば身体介護を中心に組み立てられており、就寝の手伝いをするにして

（8）Leene Eskelinen, Eigil Boll Hansen and Morten Frederiksen. Free Choice-Experience with more Providers of Help with Personal Care and Housework, Oct. 2004, AKF

表4－8　年齢別・週の利用時間別在宅ケア利用状況
（フレデリクスベアコムーネ）

（単位：人）

	2時間以下	2－3.9時間	4－7.9時間	8－19.9時間	12－19.9時間	20時間以上	合計
64歳以下	391	67	45	18	6	9	536
65～79歳	1109	140	120	52	27	14	1462
80歳～	1570	329	261	135	70	24	2389
合計	3070（70.0%）	536（12.2%）	426（9.7%）	205（4.7%）	103（2.3%）	47（1.1%）	4387（100%）

出典：デンマーク統計局。

もコーヒーを入れてあげるような時間はあまりない。着脱の際に会話をかわすような工夫をしないかぎりはコミュニケーションの時間などなく、現在のデンマークの福祉のスローガンである「クォリティを維持する。経済を考える」、「経済あっての福祉」は、現場のスタッフの質に頼る部分がかなり大きいということになる。

この様子を説明するために、フレデリクスベアコムーネの在宅ケアのサービス提供状況を見てみよう。すでに紹介したように、フレデリクスベアコムーネはコペンハーゲンコムーネに囲まれるような形で存在する高級住宅地であり、集合住宅が多い（九六ページ）。戸建住宅が多い郊外都市や一軒家がポツンポツンと点在しているような地方都市とは状況が違うので、そのことを踏まえて読んでいただきたい。また、統合ケアは採用していない[9]。統合ケアを採用しているコムーネの在宅ケアの様子は、次項で紹介する。

まず、全コムーネの在宅ケアの利用者四四〇〇人の時間別の利用状況を見てみよう（**表4－8**を参照）。七〇パーセントが週二時間以下のライトユーザーで、その内容のほとんどが家事支援となっている。週二時間といえば、二週に一回の掃除と洗濯、週に一回の買い物といった程度のものである。逆に、週に二〇時間以上のヘビーユーザーは四七人とわずか一パーセント強である。週一二時間以上の利用者でも二・三パーセント、八時間以上が五パーセント弱と、重度の三グループを加えても八パーセントでしかない。「広く薄く、しかし本当に必要な人には徹底して」という一九八〇年代半ばからの「広薄狭厚《こうはくきょうこう》（広く薄く、狭く厚く）（九三ページ参照）」戦略は、さらに徹底して実践されている。

在宅ケアの内容は、大きく家事支援（Praktisk hjælp）と身体介護（Personlig pleje）に分けられる（内容については、**表4－9**を参照）が、ケアの内容という面から見ても、実際に家事支援のみの利用者が全体の六割にも上《のぼ》っていることからこの戦略の方向性を確認することができる。この六割は、週に二時間以下の利用者と重なっていると推測できる。そして、身体介護のみの利用者はわずか一割で、両方のサービスを受けているのは三割にすぎない。家事支援は多くの高齢

（9）　一九八〇年代初頭よりスケービングコムーネのプロジェクト（四〇～四一ページ参照）などでの成果を踏まえて、主に一九九〇年代に各コムーネによって取り入れられた在宅ケアの方式。施設で暮らす高齢者も在宅で暮らす高齢者も一元化してとらえ、施設ケアスタッフと在宅ケアスタッフの区別をなくして、地域全体として二四時間ケアを提供するもの。「居住（住い）とケアの分離」が実践されるに及んで、住まいが高齢者住宅（広義）に一元化されたのと同様に、ケアについても施設と在宅が統合されたもの。

表４－９　在宅ケアの概要

巡回訪問	家事支援（praktisk hjælp） 身体介護（personlig pleje）	看護（sygepleje）
日中巡回 （Dag vagt）	７：00　スタート 起床、着替え トイレ介助 食事介助（朝食、昼食） シャワー、昼寝誘導 そうじ、洗濯、買い物	口腔ケア 精神的ケア カテーテル交換 ストーマ処置 胃ろうの管交換 胃ろうからの栄養補給 傷の手当て 投薬管理、薬の服用 血液検査とインシュリン注射 緊急訪問 緊急時対応
夜間巡回 （Aften vagt）	15：00　スタート トイレ介助 食事介助（夕食） 着替え、就寝介助	
深夜巡回 （Nat vagt）	23：00　スタート どうしても必要な医療的ケアを中心に提供 翌朝７：00　まで	

注：在宅ケアの内容（フレデリクスベア市の場合）

家事支援　そうじ、買い物、衣服の洗濯

身体介護

（身体面）　シャワー、安心感を与える、着替え、トイレ介助、肌の手入れ、義肢の装着、就寝

（栄養面）　朝食・サンドイッチ・運ばれてきた温かい食事・飲み物の準備と食事介助、片付けと食器洗い

（精神面）　ケア訪問、日常生活のプランづくりの手伝い、散歩、電話をかける、郵便物を読む

出典：FREDERIKSBERG HJEMMEPLEJEN, KVALITETSSTANDARDERより筆者作成。

者で少しずつシェアしながら、より必要度の高い身体介護は重点的にという効率的な配分がなされているのである。ちなみに、民間企業のサービスを利用しているのは約八〇〇人である。

次にサービス提供の仕組みであるが、一日を時間によって三分割している。これは、全国でほぼ共通していると考えてよいだろう。サービス内容は高齢者一人ひとりによって異なってはいるが、おおまかに次のようなことがいえる。

日中はヘルパーによる家事支援（そうじ、洗濯、買い物）を中心に組み立てられており、これに必要な人には身体介護（着衣、食事、トイレ介助など）が加わる。逆に、夜間は身体介護を中心に分刻みのケアが届けられ、深夜の定期巡回は利用者がぐっと少なくなって医療的ケアが中心となる。昼間の掃除、洗濯、買い物といった家事支援は三〇分～一時間という単位で計画され、これに対してトイレ介助、着脱衣などの身体介護は五分、一〇分といった分刻みの単位で計画される。よって、昼間のほうが比較的ゆとりをもって仕事が進められているといえる。

「昼間の仕事の流れのほうがゆっくりしているわよ」という声を、夜間巡回のスタッフから何度か聞いた。実際には、朝の起床と着替えを手伝うケアでは日中巡回のスタッフもかなり忙しい動きをしているのではあるが。

この仕組みを図示して説明しよう。第2章3節（九七ページ）で紹介しているので繰り返しになるが、もう一度確認しよう。市内は三つの福祉地区（**図4－2**中　Ⅰ東、Ⅱ西、Ⅲ北）に分割されており、各福祉地区には約一〇〇〇～一五〇〇人の利用者がいることになる。昼間（午前七

図4－2　フレデリクスベアコムーネにおける在宅ケアのスタッフ体制

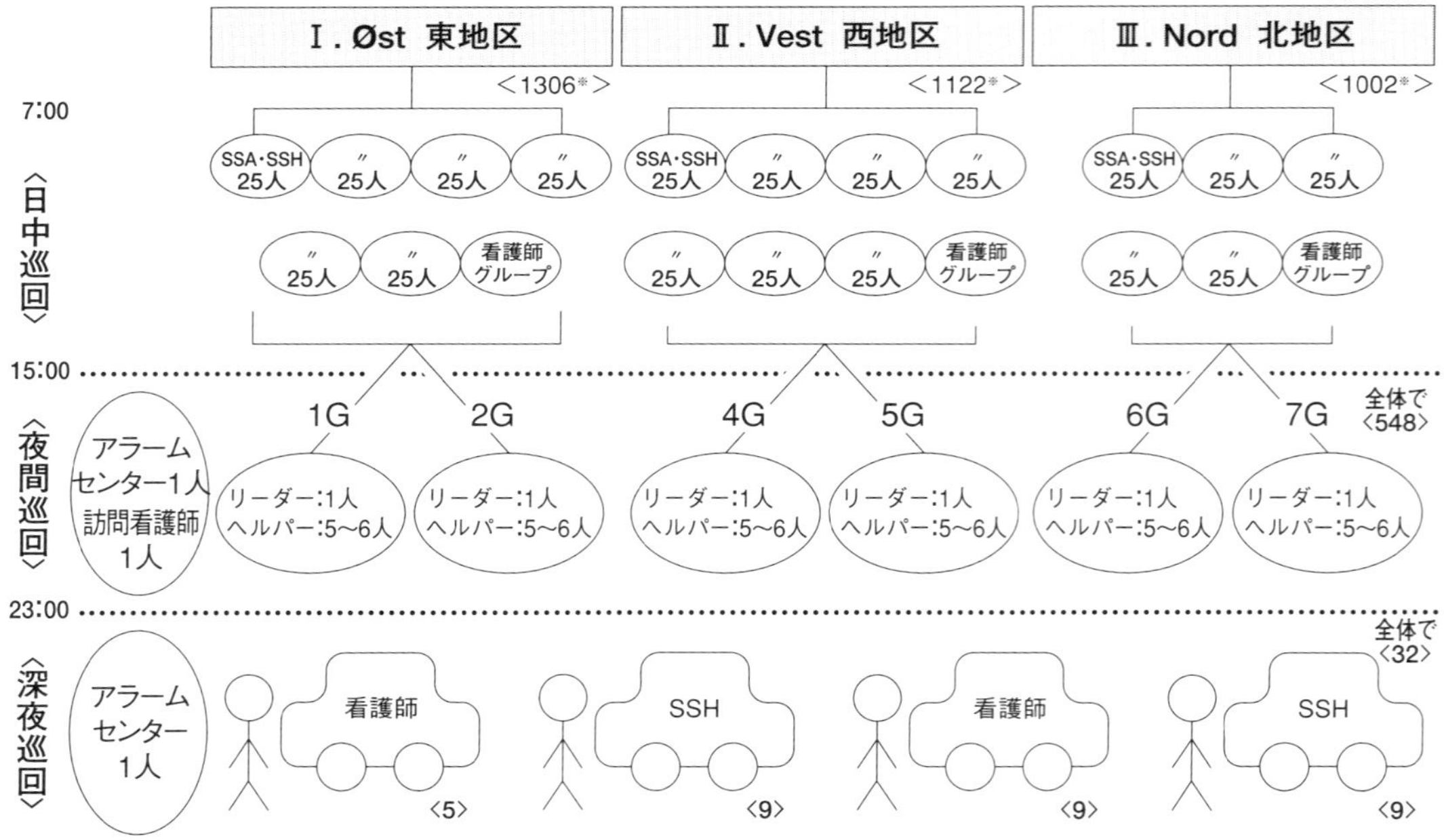

※日中巡回については、このほかに全市で1,365人の訪問看護利用者がいる。

時〜一五時）はそれぞれの地区を六つ前後の小地区（利用者二五〇人）に分けて、社会福祉・保健アシスタント（SSA、二人）と社会福祉・保健ヘルパー（SSH、二〇人前後）で構成されるチームがこの小地区の一つを担当する。つまり、二五人前後のスタッフがチームとなって、約二五〇人の利用者のケアをするわけである。各地区には訪問看護師グループがあり、各チームのリーダーを務める。

これをコムーネ全域で見ると、昼間は約四五〇人の在宅ケアスタッフがいて、一八グループに分かれて働いていることになる。障害者の在宅ケアも同じ枠組みのなかで提供しており、怪我をした若者や退院したばかりの一般成人の在宅ケアもこのサービスの対象となる。

一五時以降は夜間巡回のスタッフにバトンタッチするのだが、三つの福祉地区内をそれぞれ二分して、市全体を六つのグループに分けて（1、2、4、5、6、7）巡回していく。一グループは、一人のリーダーと五〜六人のスタッフによって構成される。リーダーはSSAがなり、スタッフはSSHやその研修生、企業からの派遣ヘルパーである。この様子はあとでご紹介するが、まさに分刻みでプロフェッショナルな仕事が展開されていく。これに加えて、二人の訪問看護師が市内全域の看護にあたる。一人（次ページのハネ）はアラームセンターでコールを受け、一人は市内を定期巡回しながら互いに連携して市内全域を統括する。

さらに、深夜巡回となるとコムーネ全域を一括して、一台の車に一人ずつ乗って、計四人（二人の看護師と二人のSSA）が四台の車で定期巡回しつつ、緊急時にはアラーム拠点の指令を受けて市内のどこへでも飛んでいくことになる。

さて、夜間巡回の紹介の前にアラーム拠点について触れておこう。フレデリクスベアコムーネでは、在宅ケア利用者四四〇〇人中一四〇〇人（三一・八パーセント）がアラーム（Nødkald）を利用している。ペンダント型のものを首から下げ、赤いボタンを押すと拠点と話せるようになっている。高齢者からの緊急連絡を受けて緊急度を判断し、巡回しているスタッフにつなぐのか、救急車を呼ぶのか、病院につなぐのかを判断して連絡をとるのがアラーム拠点の仕事である。

フレデリクスベアコムーネでは、在宅ケア課の建物のなか、つまり訪問看護師やヘルパーがミーティングを行う部屋の横にこの拠点が置かれている。一人の看護師が、数台の電話とコンピュータを前にして座っている。その後ろには、現場スタッフがもつ携帯電話が所狭しと充電中であった。状況を判断して現場につなげていく仕事は責務が重いし、忙しい。不安だから、寂しいからという理由だけで電話をかけてくる高齢者もいる。なかには、一晩に五〇回もコールしてくる高齢者もいる。気持ちを受け止めながら安心するように話し、何回もかけてくるようなことをしないようにていねいに説明することも必要である。単なる事務職では決して務まるものではない。

私が会ったハネ・リサは、やさしい感じのおっとりとした看護師であった。この部屋はミーティングルームとつながっているため、スタッフたちはここを通って出かけていく。夜間は、六グループ約三六人のスタッフが市内でケアを届けているので、彼女は三六人と挨拶を交わすことになる。気心が知れていて信頼感で結ばれた間柄は、夜間の緊急対応をスムーズにすることだろう。

人手が足りなくなると、アラームコールが転送されるようにセットしたうえで彼女も出動する。「出動時は、これが私のオフィスよ」と、無線機とコールの記録用紙を手に抱えてハネが笑った。「私はこの仕事が大好き。二〇年も働いているし、外にも出て行くから利用者の顔はほとんどわかるの」。ここでもやはり、顔見知りの関係がシステムに血を通わせていた。

（2）夜間巡回（Aften vagt）の実際——統合ケアを導入していないフレデリクスベアコムーネ

巡回車にのって、ＳＳＡのシッタと一緒に夜のフレデリクスベアコムーネを巡回しよう。シッタ（五二歳）は、フレデリクスベアコムーネの在宅部門で働くＳＳＡである。この資格は二年前にとったものであって、それまでは看護ヘルパー[10]であった。これは、一九九一年の社会福祉教育

ハネ・リセ

（10）（Sygehjælper）高齢者政策委員会の第三回報告書（一九八二年）に基づいて社会福祉保健教育が一九九一年に改正されたが、看護ヘルパーはこの改正で姿を消した。「高齢者は介護の対象」という価値観や「疾病は治療されるもの」といった医療的な価値観の下に制度設計がなされていた。本書では二二九ページでその仕事ぶりを紹介しているが、その技術レベルは介護の達人というものである。看護ヘルパーは、追加教育を受けることで社会福祉保健アシスタント（ＳＳＡ）になることもできる。

改革で姿を消した「高齢者を介護の対象としてとらえる」旧型のものである。新しい福祉教育体系のもとで生まれたSSAとSSHは、高齢者政策委員会の報告（三二ページ）を受けて「高齢者は介護の対象ではなく、生きる主体である」という理念の下《もと》に構築されている。シッタは新しい制度の下《もと》で学ぶ必要を感じて学校に再入学し、半年間の再教育を受けて五〇歳のときにSSAの資格をとった。SSAは、リーダーとしてケアスタッフをまとめてより大きな責任のある仕事をする。もちろん、お給料もよくなる。このように、意欲のある人間がこれまでの経験を基盤にステップアップし、自己を発展させていくシステムはデンマークの資格制度の特徴である。

「五〇歳目前の勉強だったから大変だったわ。教育が終わってからすぐには職場に戻れなくて、三ヵ月間病院で、三ヵ月間精神病院で働いたの。でも、病院の仕事はあまり好きでないわね。人が来ては去っていく感じがしたの。でも、在宅の仕事は一〇〇パーセントその人と一緒でしょ。最期まで一緒よ。八年間奥さんと一緒にご主人のお世話をすると、家族も同然ね。今はその奥さんのお世話をしているけれど、私はこの仕事にとても満足しているわ」と、シッタは言った。利用者とは非常に長い付き合いである。

　夜間の仕事は、午後三時半のミーティングからはじまる。一〇月一九日のその時間、フレデリクスベアコムーネの在宅介護課のなかにあるミーティンググルームは、これからはじまる夜間巡回

夜間巡回が始まる前の
ミーティング風景

のスタッフでごった返していた。日中巡回では、グループが一八前後と多いので市内の一五ヵ所にあるステーションで打ち合わせをするが、夜間巡回の六グループは一同に会する。シッタは六つのうちの一つのグループのリーダーであり、スタッフは六人いる。二人がＳＳＨであり、白い制服を着ているのでわかる。私服の女性は研修生であろうか、男性二人は企業からの派遣ヘルパーであった。ヘルパーは夜間でも自転車で回るので、夜間には男性スタッフが多い。

七人が一つのテーブルについて、シッタから今日の巡回予定先と仕事内容を記した紙をもらい、日中巡回からの申し送りを伝える。コンピュータから打ち出されたものである。隣のテーブルでは、ほかのグループがミーティングをしていた。三グループが一つの部屋で集まっているので雑然としていて、活気にあふれた雰囲気である。

いよいよ車に乗って出発だ。車を駐車している消防署へと歩いていく。フレデリクスベアコムーネの在宅巡回車は、スズキの「ワゴンアール」である。赤いボディがよく目立つ機動的な小型車で、日本国内では「ソリオ」という名前で親しまれている軽自動車である。シッタは、これから巡回する高齢者の情報を一人ずつ一枚のシートにまとめて綴ったバインダーを持っているが、経路はすでに頭に入っていてそれを見ることはあまりない。日中巡回では二週に一回の掃除や洗濯の仕事があるため、毎日訪問する先が異なる。しかし、夜間巡回ではそのほとんどが毎日ケアを必要とする利用者なので、当然、ルートは同じであって頭のなかにも入っているようだ。こうした定期巡回にプラスして、病院から退院した白内障患者の眼に目薬を注す仕事や怪我をした若者の傷の手当てなどが不定期で入ってくる。

市内を六つに分割した各グループの移動は、東西一・三キロメートル、南北一キロメートルにも満たないので、信号で止まったとしても端から端までの移動に二分とかからない。そんな、小じんまりとした地域を回っているのである。

まず、最初の高齢者住宅へと向かった。古い建物にエレベーターを後づけして高齢者住宅としたものであり、建物入り口はボタンを押せば自動的に開くようになっている。エレベータに乗って階上へと向かう。高齢者住宅の廊下は外廊下タイプが多く、この住宅もそうしたタイプであった。これが内廊下で建物内に廊下があったなら、たとえ住宅であってもとたんに施設臭がするものである（以下、要介護の表記は筆者の主観的判断による）。

❶ 16:40　女性（七〇歳代）高齢者住宅、要介護1

「イェムプライエン（在宅ケアです）」と、ベルを鳴らして声をかける。自分でドアを開けられない高齢者宅には預かった鍵で開けて入るが[11]、自分で玄関まで歩いて出てこれる人や車椅子で来れる人の家にはこうして訪問を行う。インシュリンの注射をする。ふっくらとした女性で、やや忘れっぽくなっている。

❷ 16:50 女性（八〇歳代）高齢者住宅、要介護3

同じ建物内を移動して、別の女性宅へ。細い体に大きな目をしたおばあちゃんが椅子に座ってテレビを見ていた。目薬の点眼と服薬。点眼を終えると、紙をあてて少し待つように言う。彼女はテレビを見るのが好きで、デイセンターに行くのはあまり好きではない。薬はすでに仕分け箱に入っているので、それを手に乗せる。連絡帳への記帳を終えて終了。連絡帳への記入は、日中（青）、夜間（緑）、深夜（赤）と時間帯によって使うペンの色を分けてわかりやすくしている。これも、デンマーク全土でよく見かける方式だ。

この住宅の階段を下りるときに二人のヘルパーに会った。ステーションで別れたスタッフだ。この住宅をあとにして、夜の町を車で次の利用者宅に向かう。約二分の移動時間だ。着いてから車を降りて歩いていると、犬を散歩させている男性に会う。「あら、これからあなたの家に行くところよ」、「そうかい、妻は家にいるよ」と、何気ない会話を交わす。

この住宅もまた高齢者住宅で、一五三戸と規模が大きい。赤、青など、棟ごとにエレベーターと各戸のドアの色を変えているので、自分の家を間違えることがない。訪問する人間にとっても親切な工夫である。前の住宅を出てここに着くまでに五分とかかっていない。

(11)　フレデリクスベアコムーネでは、在宅ケアスタッフがマスター鍵を持ち歩く制度はとっておらず、各戸の鍵を金属製の輪に通して持ち歩いている。さらにあと一つの鍵が保管庫に置いてある。

表４－10　フレデリクスベア市の夜間巡回（15-23時）

夜間巡回での SSA の訪問経路（フレデリクスベア市）

15:30	ミーティング 市の在宅介護課に６グループが集合。	
16:40	❶女（70代）独居１ インシュリン注射	＊＊
16:50	❷女（80代）独居３ 目ぐすり、服薬、やや忘れっぽい	＊＊
17:05	❸女（70代）夫婦１ インシュリン注射	＊＊
17:15	❹女（40代）独居５ 胃ろう栄養、飲み物、服薬＜硬化症＞	＊＊
17:45	❺男（70代）独居２ 目ぐすり、むくみ防止ソックス脱衣	＊＊
18:10	❻女（70代）独居１ ぜんそくの吸入	
18:15	❼男（60代）独居１ 服薬、コミュニケーション	
18:45	★休憩、食事、ミーティング（４、５グループが集合）	
20:05	❽女（70代）独居 服薬管理、服薬	
20:16	消防署へ緊急訪問のための鍵を取りに行く	
20:40	❾男（80代）独居３ 電話の様子をみる	
20:55	❿男（90代）二人４ 傷の手当て	
21:07	⓫女（80代）［２］３ 目ぐすり、服薬	＊＊
21:15	⓬女（70代）独居２ 目ぐすり	＊＊
21:25	⓭男（若）独居４ ストーマ交換	＊＊
21:50	⓮女（70代）独居２ 目ぐすり、コミュニケーション	＊＊
22:10	⓯男（70代）独居３ 目ぐすり、服薬	＊＊
22:20	⓰女（40代）［２］５ 胃ろう栄養、飲み物、服薬、片付け	＊＊

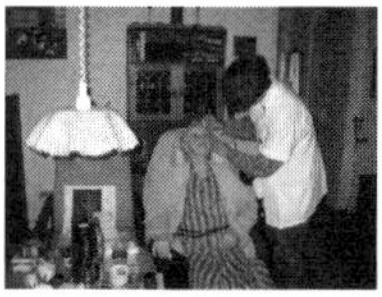
点眼

しばしのおしゃべり

休憩

夜も自転車で

ご夫婦

＊［２］は、二回目の訪問であることを示す。
＊独居・夫婦の次に書いている数は、筆者が日本の要介護認定に即して観察した主観的要介護度である。参考のために記している。
＊年齢は、筆者による推定年齢である。
＊＊高齢者住宅内移動。

図４－３　夜間巡回 aften vagt の様子（フレデリクスベア市、SSA に同行）

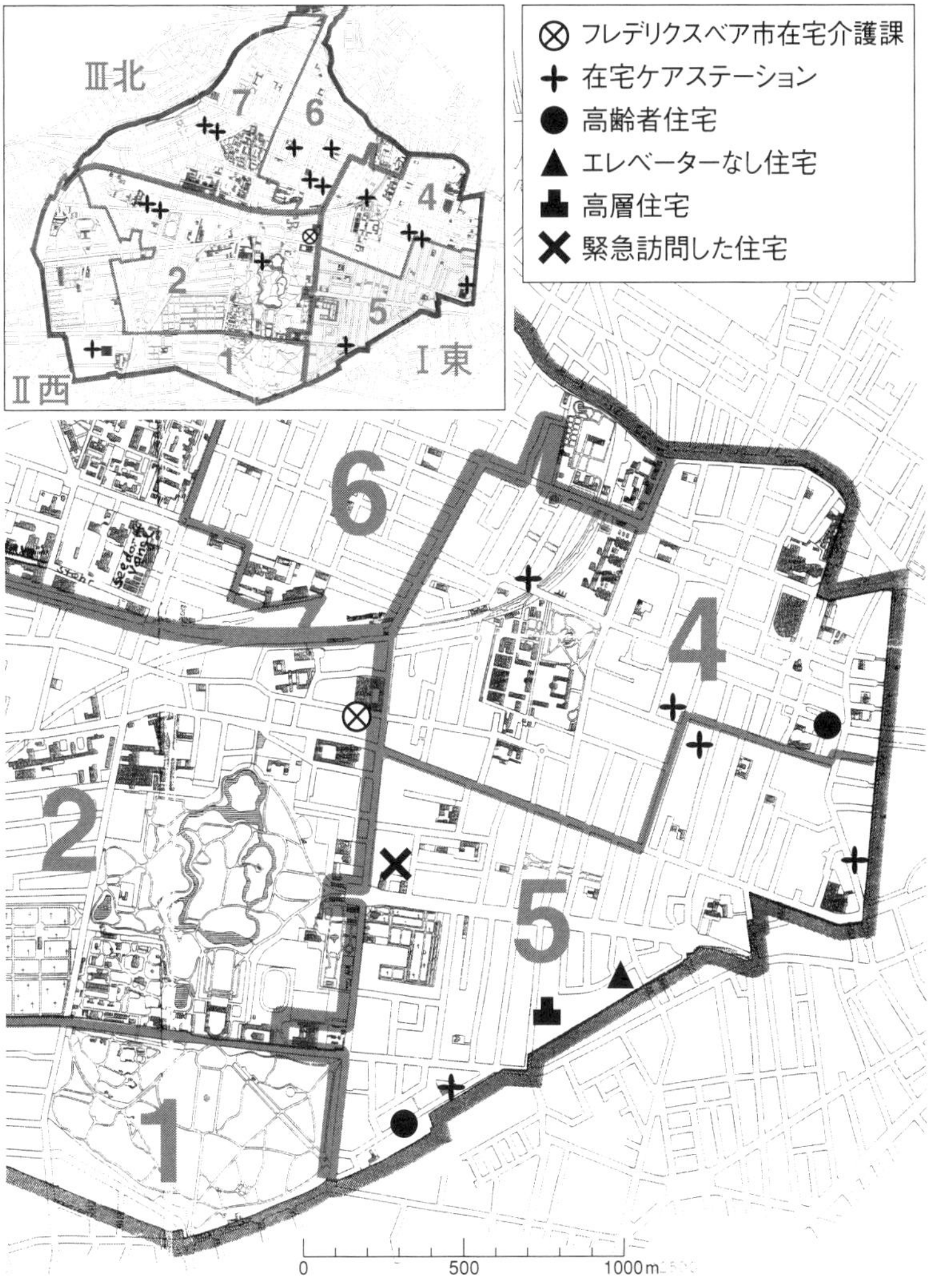

❸ 17:05 女性（七〇歳代）高齢者住宅、要介護1

先ほど「スヌーデ」という名前のペットを連れて散歩していた飼い主宅を訪問。奥さんにインシュリン注射をして終了。帰ろうとすると、ご主人がスヌーデを連れて帰ってきた。夫婦そろって、まだまだ元気そうである。滞在時間約五分。

同じ住宅の別棟へと歩いて移動する。外に出たときにシッタは立ったままでタバコを吸った。デンマークは喫煙者に比較的やさしい国であるが、福祉専門職の喫煙率は一般に比べて高いように思う。ストレスが多いのだろうか。

「これを休憩と言うの」と、笑った。ゆっくりする暇もなく次の棟へと向かう。

「次は若い障害者で、筋萎縮性側索硬化症[12]をわずらっているの」と言う。シッタは、彼女のことを二年以上も世話している。同じ住宅内を移動して次の利用者宅へ。

❹ 17:15 女性（四〇歳代）高齢者住宅、要介護5

訪問したときに彼女は電動車椅子に座ってテレビを観ていたが、床置き式マイクのような特殊アラームが頬のすぐ横に延びていた。頬で突くだけで、アラーム拠点につながるのである。コミュニケーションは十分にとれるが、筋力はかなり低下しているようであった。シッタはまずストローでジュースをあげ、台所で薬をすり鉢様のもので砕いて用意をした。彼女はテレビを観ているので背中向きではあるが、対面式キッチンなので様子を見ながら仕事ができる。次に、胃ろうから経管栄養補給をし、ヨーグルトに先ほど砕いた薬をまぜて食べさせてあげた。

この利用者の所には九時、一三時、一七時、二二時と、一日に四回訪問する。ヘルパーは胃ろうによる経管栄養を扱えないので、毎回シッタのようなＳＳＡが来ている。連絡帳への記載。夜間なので、ボールペンの色を緑にして書く[13]。

寝室には車椅子からベッド、トイレへの移乗のときに使う床置き式リフトが置かれていた。し

---

(12)　英語名（Amyotrophic Lateral Sclerosis）の頭文字をとって「ＡＬＳ」と呼ばれる。運動神経が障害されて筋肉が萎縮していく進行性の神経難病である。日本では国により難病認定されており、病気が進むにしたがって手や足をはじめ体の自由がきかなくなり、話すことも食べることも、呼吸することさえも困難になってくるが、感覚、自律神経と頭脳はほとんど障害されることがない。進行には個人差があるが発病して三〜五年で寝たきりになり、呼吸不全に至る場合には人工呼吸器を装着しなければ生き抜くことができなくなる。（http://www.jade.dti.ne.jp/~jalsa/より）

(13)　高齢者は「コミュニケーションブック」（連絡帳、samarbejdsbog）を持っていて自宅に置いている。医療的な診断、飲んでいる薬、受けているサービス内容（家事支援や身体介護、看護）を書くページがあり、在宅ケアスタッフが訪問した際にそのつど書いていくページがある。文字の色が日中は「青」、夜間は「緑」、深夜は「赤」と決められているために一目瞭然で、差し替えたり増加できるようにファイル方式となっている。全スタッフや家族が見ることができ、情報を共有できるようになっている。

かし、場所をとるので最近天井走行リフトに変えたとのこと。フレデリクスベアコムーネでは、リフトを使う場合のトイレ介助はペア介助が義務づけられているので、このあと二人のヘルパーがやって来てトイレ介助をする。フレデリクスベアコムーネでは、SSAはトイレ介助はしないのである。シッタと彼女との会話は旧知の友達のような感じで、淡々と仕事をしている様子であった。これだけの仕事をしても二二分間である。

外に出たときにシッタは再びタバコを吸い、別棟へと向かう。

❺  17:45　男性（七〇歳代）高齢者住宅　青棟、要介護2

このおじいさん宅では、目薬の点眼をして、むくみ防止ソックスを脱がす。目薬の様子を見るのに二～三分待たなければならない。その間に、「めがねを買い替えないといけない」というような話がはじまる。彼は話好きなので、ついつい長居してしまうのだそうである。それでも六分の滞在。ここを出て車に乗り、最初に訪問した高齢者住宅に戻る。

❻  18:10　女性（七〇歳代）高齢者住宅、要介護2

この高齢者住宅では、ぜんそくの女性に簡単な吸入を行う。彼女はやや忘れっぽくなっており、ヘルパーが朝（食事）に、夕方（薬）にはSSAがやって来てと、一日二回のサービスを受けている。次は、高層住宅に住む利用者宅へ移動だ。

❼ 18:15　男性（六〇歳代）高層集合住宅、要介護1

Jさんは一二階建て高層住宅の中間階に住んでおり、日没時であることも手伝って住まいからの眺望はすばらしいものであった。一〇階を超えるような高層建築はデンマークでは珍しい。一九六〇年代後半の経済成長期の産物である。生涯学習クラスで日本語を学んだという彼は刀や浮世絵を集めており、陽気で元気なおじさんだった。ここでは二〇分を過ごしたが、シッタはとてもゆっくりとしていた。投薬と社会的孤立を防ぐための会話というのが目的であった。

18:45　市内のステーションでの休憩 （二〇四ページの上から三番目の写真を参照）

夜間巡回の前半が終了し、中休みの時間である。このときにチームメンバーが集まって食事をとる。場所は最初にスタートした在宅介護課ではなく、市内の別の場所にあるステーション（**図4－3**の左上地図の✚マーク。5グループ内にある下の✚）であった。二つのグループが集まって、総勢約一〇人である。夕食は持参したものを食べるのだが、サンドイッチあり、ジャガイモとソースの弁当あり、電子レンジで温める即席パスタありと多彩である。キッチンがついているので、冷蔵庫に自分の食材を蓄えてそれでサンドイッチをつくる人もいる。コーヒー、紅茶は自由に飲める。

ここで食事しながら情報交換もするのだが、チームを集めて状況報告をさせるようなことはしない。デンマークはフラットな社会構造をもつ国だというが、リーダーは毅然として統率するという風ではなく、スタッフの一人としてともに行動している。

「こうやって一緒に食事をして、話すことがいいのよ。在宅ケアの仕事は一人で働くから孤独なの。チームワークが大切だから、こうして一緒に食事をしながらいろいろと話すのよ」と、シッタが言った。

食事が終わると、それぞれに食器を洗って現場へと戻る。夜の八時、約一時間の休憩であった。このあと、ヘルパーの仕事はオムツ交換や着替えなど、就寝のための手伝いが中心となる。男性ヘルパーは、夜でも自転車で巡回する。「気をつけて」と、シッタが声をかける。

❽ 20:05 女性（七〇歳代）一般集合住宅、要介護3

一般集合住宅の四階に住む女性を訪ねる。エレベータのない建物を四階まで上がるのはかなりな重労働で、息が切れる。踊り場に、住人用の小休憩のためであろうか小さな椅子が置いてあった。住人の女性は暗いなかでテレビを観ていたが、シッタが来ると待ちかねたように話しはじめた。話の相手（コミュニケーション）をしながら、薬を区分け箱に入れて一回分を飲ませてあげた。彼女は階段の上り下りが困難なのにこの住宅に住み続けることを望んでいるのだそうだ。ここで、アラーム拠点にいるハネ・リサから緊急連絡が入る。

「電話とアラームが混線して緊急警報ができないという人がいる。行ってほしい」とのことであった。この男性は玄関まで歩いて出てこれないので、鍵を開けて入らなければならない。予備の鍵は保管庫にある。ハネの所に戻って、まず保管庫の鍵を受け取らなければならない。

ハネ・リサから保管庫の鍵を受け取る（20：16）。そして、保管庫へ老人宅の鍵を取りに行く（20：24）。老人宅を目指すが、シッタの担当地区でないので場所がわからない。約一五分間探してやっと見つかる。

❾  20:40　**緊急時対応　男性（八〇歳代）一般住宅、要介護4**

男性の家の鍵を開けて入る。大きな音でラジオを聴いているので、訪問看護師が来たことすらわからないようである。居場所を探して様子を尋ねる。アラームと電話の混線は何とか修理できたようである。ヘルパーは自転車で移動しているが、ＳＳＡであるシッタは車に乗っているので駆けつけやすく、こうした担当地区外の利用者宅へ緊急で飛んでいくという仕事を頼まれることが多い。

❿  20:55　**男性（九〇歳代）一般集合住宅、要介護5**

ご主人を奥さんが介護していた。ともに九〇歳代の高齢である。ご主人は、ベッドにいる時間が長くなっている。シッタは、全体の様子を診て傷の手当てをした。次に行くのは、最初に訪問した高齢者住宅である。

⑪  21:07 **女性（八〇歳代）高齢者住宅〔二回目〕**

大きな目のおばあさんは、前と同じように椅子に座って待っていた。目薬を注《さ》し、薬を飲ませてあげる。彼女はチョコレートを棚から取り出して、シッタと私にくれた。このあとヘルパーがやって来て、着替えを手伝って就寝となる。

⑫  21:15 **女性（七〇歳代）高齢者住宅、要介護2**

赤いネグリジェを着て、すでに寝仕度に入っていた。目薬の点眼。このあと、再び赤棟と青棟がある高齢者住宅へと移動して四軒を巡回する。

⑬  21:25 **若い男性　高齢者住宅**

若くてシャイな男性のケアであるため、同席は遠慮するように言われた。車のなかで待つ。シッタは男性ヘルパーと合流して、ペア介助でストーマの処置を行う。

⑭  21:50 **女性（七〇歳代）高齢者住宅、要介護1**

目薬の点眼とコミュニケーション。先ほど話した、八年間夫を介護した女性であり、シッタとは家族のような間柄である。歌を歌ってくれた。

⑮ 22:10 男性（七〇歳代）高齢者住宅、要介護3

建築家であったという彼は、青いパジャマを着て車椅子に座っていた。目薬の点眼も自分で入れようと努力し、薬もシッタに見てもらいながら自分で飲んだ。

⑯ 22:20 女性（四〇歳代）高齢者住宅〔二回目〕

硬化症の女性の一日で最後の食事である。暗いなか、彼女は一人で待っていた。薬を砕いて栄養剤とともに経管で補給し、最後にジュースを飲ませてあげた。台所で手際よく容器を洗う。連絡帳に記入して終了である。

最後に、緊急連絡で訪問した男性の家の鍵を元の場所に返しに行った。車を戻し、在宅介護課に帰って深夜の看護師に引き継ぎをしたのが二三時である。

「お疲れさまでした。ありがとうございました」と、私はシッタに礼を言って次のように言葉を続けた。

「ずいぶんと忙しい仕事だけれど、あなたを見ていると高齢者の方と『ともに生きている』って感じがします」

するとシッタは、「そうね、以前は心がけてテキパキしようとしたけれども、今では自然にやれるようになったわ。今日よりもっと時間のない日もあるし、静かな夜もある。だから、時間のあるときに努めて話をするようにしているのよ。話すことでその人をより深く理解できるようになる。たとえば、訪問したときに機嫌が悪かったり、落ち込んでいる場面に出くわすことがあるでしょ。そのときには、彼らがどうしてそうなるのか、理由を見つけないと本当の気持ちは理解できないのよ。そういう場合、会話を通じて知ったこれまでの人生のことや家族の話がとても役に立つの。病院には交わりがないけれど、在宅には人間の触れ合いがあるわ。だから、私はこの仕事に満足しているの」と、答えてくれた。

さて、シッタの仕事（夜間巡回）をまとめてみよう。彼女は、緊急時対応を含めて一六人を訪問してケアした。まさに分刻みの仕事であった。このシッタの忙しい働きぶり、つまり一晩に二〇人近くもケアするという内容はフレデリクスベアコムーネにかぎったことではない。その忙しさは多くのコムーネで見られ、次に紹介するネストベコムーネのように、夜間は訪問看護師がオムツ交換、トイレ介助をしているというケースもあるのである。

在宅介護課に帰る。夜間巡回の間に、ハネ・リセの所には何件の緊急連絡があったのであろうか？　聞くと、三二件あったそうで、平均的な夜であったとのことだった。しかしながら、ほとんどが押しミスであり、二件のみについて緊急サービス提供がなされた。一件はベッドから落ちて起き上がれなかった人である。こうしたケースは消防署に連絡をとる。夜間巡回のスタッフでは力不足で、高齢者を起き上がらせることができないからだ。また、もう一件は、心臓疾患のある男性で様態が悪くなって現場では対応できず、病院へと運ばれた。

このあとの深夜巡回（夜一一時から翌朝七時まで）では四人のスタッフが四台の車でコムーネ全域を回るのだが、定期巡回が必要な高齢者は三六人であり、一人の担当は九人前後である。このなかには二人介助（トイレ介助）が必要な利用者が四人いるので、時間を決めて二人がペアとなって訪問する。

いずれにせよ、人口約九万人のコムーネで四四〇〇人の在宅ケア利用者に対して、深夜巡回の対象は利用者のわずか〇・八パーセントである。かなり絞りこんでいる。深夜の仕事は夜間以上に孤独で責任も重い。幸いなことに、デンマークは首都圏においてさえも治安がいいので、女性一人でも街中を移動できるのである。彼女らは約五時間働いたあと、朝四時に在宅課に集合してチーズやチョコを食べながら休憩をとる。そして、朝七時には日中巡回のスタッフがやって来て交代となる。仕事のシフトは、夜間勤務のスタッフも深夜勤務のスタッフもその時間帯専属であり、五日のうち三日働いて二日休み、次の五日は二日働いて三日休みということを繰り返している。五日働いて五日休み、というサイクルにしている人もいる。

ここでデンマークにおける在宅ケアの新しい動きについて、改めて三つのことを確認したい。

一つは、日中は家事援助を中心に「広く薄く」サービスを届け、夜間からは身体介護が必要な人だけに集中的に「狭く厚く」専門的ケアを分刻みで届けていて非常に合理化しているという点である。この点日本では、サービス提供が公共、民間、NPOなど多様な事業者からなされており、それは利用者の選択を基本に自由競走に任されている（福祉多元主義）。よって、高齢者住宅（狭義）に住むお隣同士が違う業者からサービス提供を受けているケースはよくある話であり、サービス提供は三〇分、一時間単位で組み立てられている。デンマークのような、分刻みのサービス形態はあり得ないのである。

二つ目は、効率化、合理化、集中化された仕事のなかでも現場のスタッフたちは、気持ちが通じ合ったなじみの関係で利用者に向き合い、また自分の人生価値と働くということを同一線上で考えて仕事をしているという点である。この二つを結ぶものは、高齢者の立場で感じたり考えたりしながら、自立を支援していこうという利用者本位の価値観だろう。そして、自分自身を大切にしようという気持ちも強い。そういう意味で、ここでも人中心主義が生きているのだ。そして、これに加えてうまくいく理由は組織がボトムアップ型で、満足感をもって仕事が続けられるように常に話し合い、不満や問題はダイレクトに出して全員で知恵を出しながら改善していくという態度が身についているからだろう。だからこそ、合理化、効率化という問題を、行政の押し付けとしてではなく、自らの専門職をこの環境のなかでどう発展させていくのかという自分の問題としてとらえるのである。

日本では、職場の方針が自分の仕事や人生の価値観と合わなければ一生懸命な人ほどバーンアウトしてしまうし、[14] その前後に職場を離れる人が多い。どんどん改革が進められるデンマークの福祉現場では、改革を自分の問題としてとらえて挑戦していくその国民性がプラスに働いているように思う。

最後に強調したいのは、在宅でも施設と変わりないケアを届けている高齢者住宅は、非常に効率よく頼もしい存在だということである。シッタが訪問した利用者のうち単独で住んでいるのは三人だけ（❼、❽、❿、緊急訪問除く）で、あとは高齢者住宅に住んでいた。二人、三人、四人と一つの建物内を巡回してケアにあたることは移動時間が少ないので効率がよく、そのためにスタッフが無駄骨を折る必要がなく、コミュニケーションという重要な部分に時間をより多くとれるのである。もちろん、住んでいる高齢者にとって安心であることはいうまでもない。

（3）夜間巡回・深夜巡回の実際——統合ケアを導入しているネストベコムーネ

統合ケアを導入しているコムーネの様子はどうだろうか？　「統合ケア」とは、地域のなかを

（14）　燃え尽き症候群ともいわれる。職場で意欲的に働いてきた人が急速に働く意欲を失い、燃え尽きたように働けなくなる状態をいう。医療、保健、福祉、教育などヒューマンサービスの領域で問題にされることが多い。援助対象者の感情を重視するがあまりの気づかれ、仕事の境界の不明確さによる迷いなど、多くの要因があるとされている（『社会福祉実践基本用語辞典』日本社会福祉実践理論学会編、川島書店、二〇〇四年）。

施設と在宅の区別なく巡回訪問してケアにあたるものである（一八九ページの註(9)を参照）。ネストベコムーネの夜間巡回と深夜巡回を紹介しよう。

ネストベコムーネは、コペンハーゲンから電車で約一時間の所にある地方都市である。人口は四万七〇〇〇人、高齢者は七三〇〇人（高齢化率一四・七パーセント）で、在宅ケア利用者は約二〇〇〇人である。**図4－5**にあるように、市街地は南北四キロメートル、東西二キロメートルほどの広さであるが、その周りに広大な田園地帯が広がっている。訪問看護師は、市街地から一〇キロメートル以上も離れた高齢者宅を訪問することとなる。市内を四つの福祉地区に分けており、それぞれの地区には**表4－11**のような福祉資源がある。西地区に「マースクゴー（Marskgården）」という施設があるが、とくに夜間以降はここが市内全域の統括拠点となっている。

住まい、在宅サービスともに充実しており、四一〇戸のプライエボーリ（五・五パーセント）、七八七戸の高齢者住宅・障害者住宅（一〇・五パーセント）など十二分に整備されており市内全域に配置されている（**図4－5**を参照）。とくに、深夜巡回の利用者についてはフレデリクスベアコムーネに比べて格段に多く、地方都市のサービスの充実ぶりが如実に現れている。

ネストベコムーネの例では、統合ケアの様子や施設付きのスタッフの様子、そして時に彼らが合流して休憩する様子を見ていただきたい。夜間巡回（訪問看護師イングリッド）に続いて深夜巡回（訪問看護師ビアテ）の様子も紹介するが、ビアテは市内全域を一人で巡回する訪問看護師であり、その動きは極度に集約されている。さらに、ネストベコムーネは地方都市であるため、

表4－11　ネストベ市の福祉資源（福祉地区別）

（単位：人）

	西地区	北地区	東地区	南地区
高齢者人口	7500			
拠点施設（プライエボーリ戸数）	**マースクゴー（80）**	**ニューホルステッド（50）**	**モンケボー**	**ビアケビアウ（52）**
その他施設（戸数）	カレベック（11）プレステヘウン（10）	ハールフスホルム（56）	リレモンケボー（52）ホーセン（41）ヘルゲスバイ（24）	
高齢者住宅障害者住宅他	170	250	138	229
在宅ケア日中利用者	322	468	322	527
在宅ケア夜間利用者	130	468	322	188
在宅ケア深夜利用者	92	127	116	113

（ネストベコムーネ資料より筆者作成）

訪問看護師が車で移動するのは広い田園地帯であり、一〇キロメートル以上も離れた村落にある訪問先は藁葺き屋根の農家であったりする。拙い説明ではあるが、想像力を掻き立てて読んでいただけると幸いである。

イングリッドは、企業から一週間派遣されている訪問看護師であった。上品で背の高い優しいイメージの女性である。彼女は派遣スタッフであるが、コムーネのスタッフとして定期的に組み入れられており、利用者の人々とはすでに顔見知りの関係が形成されている。ちなみに、ユニフォームであるが、看護師は白、SSAはデニム、S

図４－４　ネストベコムーネにおける在宅ケアのスタッフ体制

＊本書で紹介している部分　□プライエボーリ
＜＞:利用者数

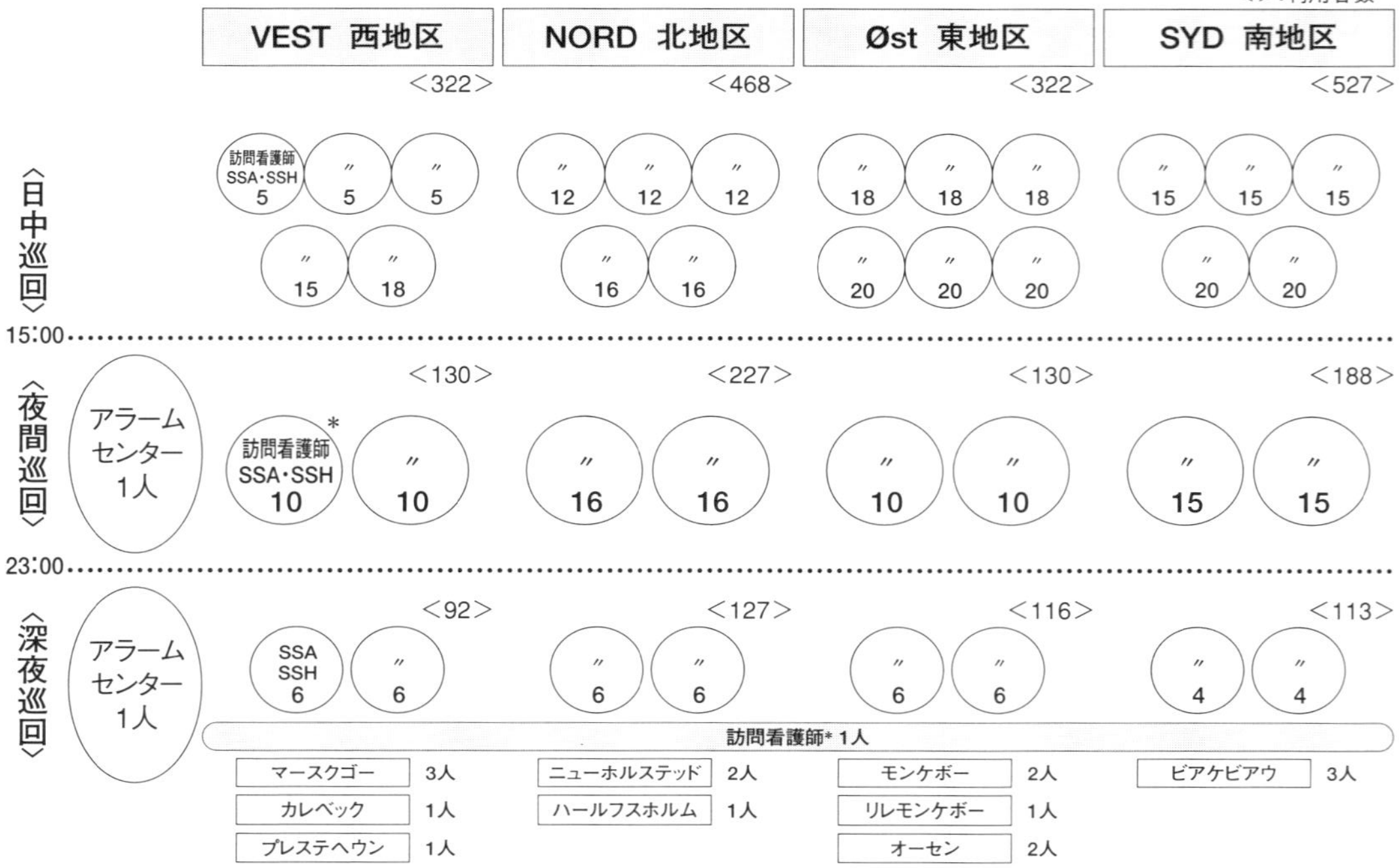

SHはストライプ、看護ヘルパーはギンガム（細かいチェック模様）とそれぞれ異なり、イングリッドは派遣会社のユニフォームを着けていた。

イングリッドは、地図の西地区を巡回している。その移動距離は東西南北一五キロメートルにわたっており、フレデリクスベアコムーネと比べるとかなり広い。畑ばかりが続く夜の田舎道を一人で運転するのは、孤独というより恐怖に近いものがある。

仕事は午後三時半にはじまり、イングリッドはミーティングの前に郊外の一軒家に出かけた。外はまだ明るく、田舎道のドライブは快適であった。平坦に広がる風景の向こうには風車が見えたりする。

最初の訪問先では、人里離れた一軒家に七〇歳半ばのおばあさんが住んでいた。SSHの若いクリスティーナがすでに訪問して、食事の世話をしていた。一人で食べられないので、様子を見ながらスプーンで食事を口に運んであげる。そのあと、二人でトイレ介助をするのだが、立位が保てる（一人で立っていられる）のでリフトは不要だ。しかし、歩行が困難なので、二人で介助してポータブルトイレに誘導する。彼女は、七時半（トイレ介助）、九時（着替え）、一二時（ランチ、昼寝）、一四時（昼寝から起床）、一六時（食事トイレ）、一九時（着替え、就寝）というように一日六回の訪問を受けている。

一軒家の前でイングリット（右）とクリスティーナ（左）

表4－12　ネストベコムーネでの夜間巡回と深夜巡回

夜間巡回（15：00—23：00）での訪問看護師の訪問経路

15：30	ミーティング		
15：45	①女（70代）	独居	トイレ介助（二人）＜1日6回＞
16：35	②女（50代）	独居	薬がないという訴え
17：10	ミーティング		
18：10	③女（50代）	独居	薬を届ける
18：20	④男（50代）	独居	胃ろう栄養、飲み物、服薬＜硬化症＞
18：45	⑤男（60代）	独居	カテーテル交換
19：40	⑥女（70代）	独居	トイレ介助
19：50	⑦女（80代）	独居	トイレ介助
20：00	カレベックで休憩、食事、ミーティング		
21：00	⑧女（70代）	家族	目ぐすり＜アコーデオン演奏＞
21：15	⑨女（80代）	独居	服薬
21：25	⑩女（70代）	夫婦	くつ下脱衣、着替え、就寝介助
21：40	⑪女（70代）	夫婦	トイレ介助、着替え、就寝介助
22：10	⑫女（40代）	夫婦	血糖値測定、インシュリン注射（1回目）
22：20	⑬女（60代）	独居	血糖値測定、インシュリン注射
23：30	⑭男（若）	独居	オムツ交換

ジャスミンバイの家

忘れっぽいおばあちゃん

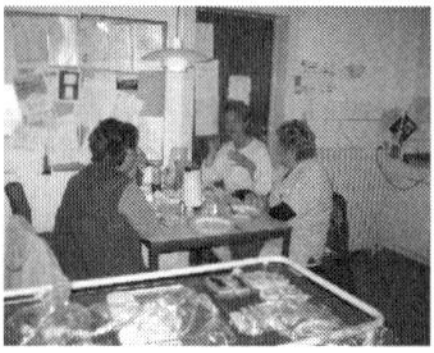

カレベックで休憩

深夜巡回（23：00—翌7：00）での訪問看護師の訪問経路

23：30	ミーティング		（その後、マースクゴーの中で巡回）
3：15	女（40代）	夫婦	血糖値計測、インシュリン注射（2回目）
4：15			（オーセンの中で巡回）
5：00			（ニューホルステッドの中で巡回）
		休憩	
5：10			緊急訪問の要請
5：35	女（若）	緊急＊	オムツ交換
5：45			（リル・モンケボーの中で巡回）
6：15	女（70代）	独居	血糖値計測、インシュリン注射
6：25	男（若）	臨時＊	手術後の観察
6：40	女（40代）		血糖値計測、インシュリン注射（3回目）
7：00	男（不明）	独居	カテーテル交換〈硬化症〉

訪問看護師の仕事

＊「臨時 midlertidig hjælp」は普段は在宅ケアを利用していないが、手術後などに限ってその処置をしてもらうのに臨時的にサービスを受けていることをさす。
＊「緊急 akut hjælp」は、その日の巡回経路にははいっていないが、継続的なケア varig hjælp を利用している人がアラーム通報などで緊急に訪問を必要とする場合をさす。

図4－5　ネストベコムーネ全図と市街地

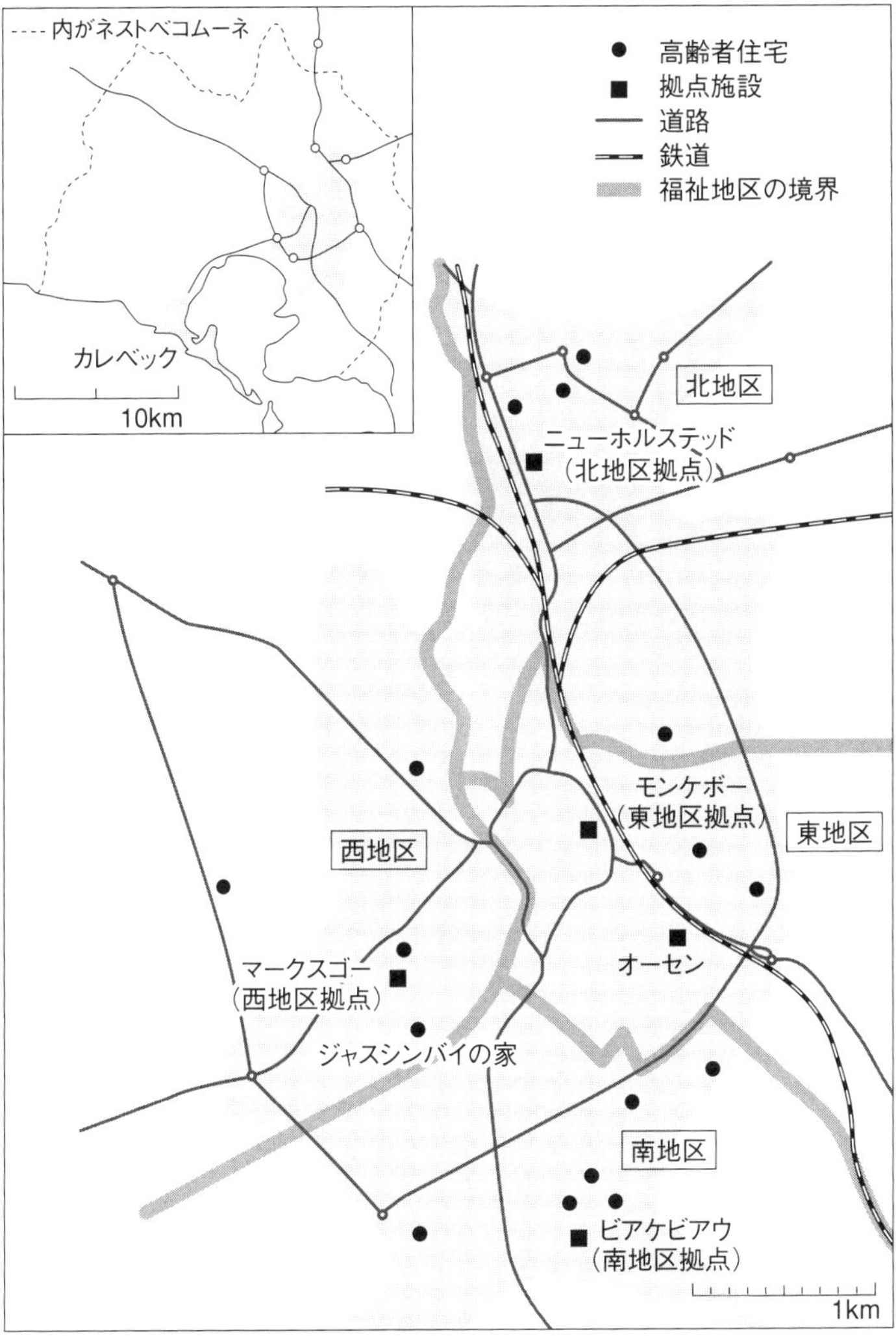

そのあと、マースクゴーの隣の障害者住宅に住む女性を訪問する。薬が届かないといって機嫌を損ねているようであった。

この女性への訪問を終えると、全員が揃うミーティングが五時すぎからマースクゴーで開かれた。九人のSSA、SSHが集まっていたが、西地区の夜間巡回のメンバーである。ほかの三地区についても、同様のミーティングが各拠点施設で開かれていることになる。

ネストベコムーネのスタッフは五〇歳以上のベテラン女性が中心で、その様子は男性や若者がいるフレデリクスベアコムーネとは異なっていた。この年代の女性はすでに子どもが独立していて、夜間の仕事がしやすいのである。テーブルの上にはスタッフ用の連絡帳が置かれており、日中巡回スタッフからの申し送りが書かれている。「〇〇さんは体調が良くなく眠っているので、次回の訪問のときには少し様子を見るように」というような内容である。

ミーティングを終えたイングリッドは、マースクゴーにある薬保管庫に先ほどの障害者住宅に住む女性の薬が届いていないかを確かめた。西地区で在宅ケアを受ける利用者の薬は、アポテック（調剤薬局）からマースクゴーにまとめて届けられる。これを訪問看護師が各家に届けて、仕分け箱に入れるわけである。

探していた薬が保管庫にあったので、それを届ける。障害者住宅内を移動し、男性（筋萎縮性側索硬化症）の栄養補給（胃ろう）に行った。

次は、西地区に新しくできた「ジャスミンバイの家」に向かう。車は赤いフォードの小型車で、マースクゴーの前の駐車場に置いてある。陽が落ちて急速に暗くなる田舎道を走る。

夜、六時二〇分に「ジャスミンバイの家」に着く。あたりはもう暗い。ネストベコムーネでは判定住宅[15]というカテゴリーをつくっているが、住宅の看板は「Omsorg bolig JASMINVEJ（ケア住宅　ジャスミンバイ）」となっていた。[16]広さが六〇平方メートルの、完全に独立した住宅が四八戸集まっている高齢者住宅の一種である。住宅の造りは内廊下タイプであったが、施設臭はまったくなかった。一階にあるコモンダイニング（共用食堂）が吹き抜けとなっていて、各戸との連続性を保ちながらも開放性があったからだろうか。

ここには、ケアスタッフは常駐していない。訪問したときには、看護師を目指す研修中の若い女性が一人いて、三人でシフトを組んで生活援助をしているとのことであった。日本のLSA《エルエスエー》に

---

(15)（Visitation bolig）はコムーネの判定委員会の判定が必要な公営住宅という意味である。この用語はネストベコムーネで初めて聞いた（二〇〇四年一〇月）ものである。ほかのコムーネでの使用例は確認しておらず、地方自治のなせる結果だと推測される。

(16) 現在デンマークでは「pleje」という言葉に代わって「omsorg」という言葉がよく使われている。Pleje が「care, nursing（看護）」であるのに対して、omsorg は「care, solicitude（心配、気遣い、憂慮）」となっていることより、omsorg はより広い概念をもつ言葉であることが理解できる。Pleje には「介護」、omsorg には「ケア」という訳語を意識的にあてている（一六〇ページを参照）。

あたるようなものだろう[17]。ＳＳＨもＳＳＡも看護師も、その教育課程においては現場実習が重視される。たとえば、ＳＳＨの教育課程四七週のうち三分の二は実習にあてられるので、現場では研修生が未来の専門職を目指して働く姿をよく見かける。

「私は看護師の研修生なので、まだ投薬管理はできないの。ここに来て一ヵ月になるのだけれど、何かあるとすぐにマースクゴーに連絡をとるように言われているわ。コミュニケーションをとることが仕事ね」と、若いティーナが快活に教えてくれた。

イングリッドがここに住む男性のカテーテル交換を行ったあとに地域巡回に出るのでティーナがなかを案内してくれた。私がデンマークの高齢者福祉を研究していると自己紹介すると、すぐにその意図を理解し、彼女のほうから積極的に案内を申し出てくれたのである。イングリッドとは、少しの間お別れである。

ここに住む七八歳の男性は、二週間前に奥さんを亡くしたばかりであった。ティーナは彼の様子をとても気遣い、タイミングを見計らっては話かけるようにしている。日中ホームヘルパーが、朝、昼、夕と三回訪問している。一日の食事代は四〇クローナであり、赤印がついたパックは温める料理、青印のパックは冷たいままで食べるサラダやデザートとなっている。食事を温めて用意するのはヘルパーの仕事である。かわいい小型犬がいて、住戸内を走り回っていた。

ここに住む別の女性（八〇歳）は忘れっぽくなっていて薬を飲み忘れる。投薬のために一日二回訪問看護師に来てもらっている。また、近くに住む三人の息子が小まめに来てくれるので、そのときには一緒に買い物に行って料理をつくるという。「ここに住むのはとても安心だし、家がきれいで気持ちがいいわ」と、とても満足気であった。

イングリッドが帰ってきたので、ティーナに別れを告げて再び巡回に出る。次は、同じく西地区にある古いプライエムを目指す。外はとっぷりと暮れていたが、対向車もなく走りなれた道であるのか、イングリッドはすごいスピードで走る。メーターを覗くと時速七〇キロであった。一二キロメートルほど走って目的地に着く。

「カレベック・プライエム（karebæk plejehjem）」は一部屋が一五平方メートル前後の典型的な旧型プライエムで、間もなく閉鎖される予定であった。古い大きなお屋敷をそのまま施設にしたような建物で、一一人が住んでいる。一階に共用の居間、食堂、台所、トイレがあり、二階が居室となっていた。一人のお年寄りは夜遅くまで居間でテレビを観ており、家庭的な温かい感じがした。その隣の小さな食堂では、明日の朝食のためだろうかテーブルセッティングがなされていた。

（17）life support adviser（生活援助員）の略称。一九八七年、旧厚生省と旧建設省が、高齢者住宅とケアサービスの提供を共同で行うシルバーハウジングの建築がはじまった。シルバーハウジングで日常生活支援サービス（生活相談、安否確認、緊急時対応）を提供するのがＬＳＡ（生活援助員）である。イギリスの保護住宅のワーデン（warden）をお手本にしたものである。関東では、「ワーデン」と呼ばれていた。

「どうしてプライエムを閉鎖するのか？」という意見は一般的にあるし、「昔のプライエムが懐かしい」という声なら現場のスタッフからよく聞く。都会のプライエムは大規模であり、その環境が集団処遇の温床になっていることが無理なく理解できるので、私自身施設が閉鎖されることに何ら疑問を感じなくなっている。しかし、こうした小じんまりとしたプライエムを見ると、反射的に「このまま存続すればいいのに……」と一瞬思ってしまう。

しかし、二階に上がって部屋のなかを見せてもらってその狭さを確認し、さらに廊下の狭さを知り、室内が狭くてリフトが取り回せないために廊下に二台の床置き式のリフトが置かれているのを見たとき、やはりこの環境は過去のものであり、住む人にとっても働く人にとっても幸せをもたらすものではないと感じた。

また、一階にあった共同トイレは施設の典型的な象徴である。家事参加や趣味活動を自然に促す「生活居住環境モデル（二九八ページ）」には、絶対的な広さが必要なのである。これは、体験してみれば一番よくわかるだろう。一五平方メートルくらいの広さのホテルに一週間ほど投宿された方はないだろうか。ホテルならトイレ＆バスがついているからまだいいが、トイレもバスもない狭い部屋に一週間暮らすだけで、多くの生活意欲が削がれてしまうものである。そうした意味で、この古いプライエムはまがいもなく「施設」なのである。これでは、生活の再構築を目指して良いケアをしようとしても環境が味方についてくれないだろう。

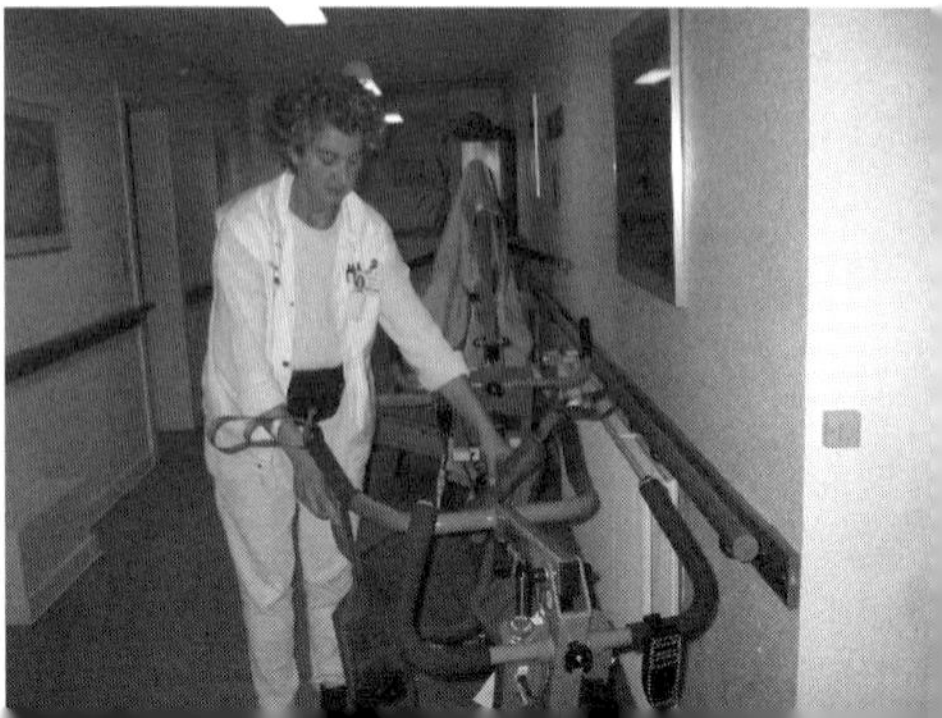

プライムセンターの狭い廊下

カレベック・プライエムのスタッフ体制は住人一一人に対して昼間は三人が、夜間と深夜は一人の職員が常駐しているのみである。夜間以降は、ペア介助が必要なケアや医療的ケアのために訪問看護師やSSAが外からやって来る。

夜八時三〇分、地域を巡回している二人の看護ヘルパーとSSAもカレベックにやって来た。お茶を入れて、軽食をとりながらしばしの休憩である。

八時五〇分、カレベック・プライエムを出る。このあと、畑に点在する一軒家や住宅地の一戸建てを巡回していくのだが、五キロメートル、一〇キロメートルと走るため、一回の移動に一〇分近くかかる所もあった。

九時には、戸建て住宅に住む女性の家に着く。彼女は子ども世代との同居が少ないデンマークにおいて珍しくも、子どもの家の横に建て増しをした小さな家に住んでいた。白内障の手術を受けたため、術後に行う月三回の定期訪問の一環であった。赤いセーターのおばあちゃんは、大きな体にこれまた大きくて重いアコーデオンを抱えて演奏してくれた。一緒に歌を口ずさむ。

夜の田舎道を走って次に行ったのは一軒家に住む女性の家で、ケアの内容は薬を飲ませることであった。さらに、次の利用者宅へと急ぐ。あたりは真っ暗な夜の道である。畑のなかにぽつねんと立っている小さな藁葺き屋根の一軒家に勝手口から入った。居間のソファで、小さなおばあさんが寝ていた。やや忘れっぽくなっているため、薬を飲ませてあげた。

「遅かったねえ」、「ちょっと時間がかかったのよ」と、話をしている。ソファに埋もれるように寝ているおばあさんがとても小さく見える。出るときも勝手口からで、電気もないため私はイングリッドにぐっと近づいて出口を求めた。

「この藁葺き屋根の小さな家、素敵でしょ」と、イングリッドが言った。

人里離れた小さな藁葺き屋根の家に一人で住むおばあさん。童話の一コマを見るようであった。

九時二五分、田舎道をさらに走って畑のなかの一軒家に着く。この家のご夫婦は、居間のなかの離れた位置に置かれたソファですでに横になっていた。

「また、新しいやつか」と言い、ご主人は機嫌が悪そうである。これは忘れっぽくなっているために出た言葉である。

「そんなに言わないで！」と奥さんが大声で返し、やや険悪な雰囲気であった。イングリッドはというと落ち着いている。そして、奥さんの横に跪いて「今日はどうだった？」とやさしく話しかけながらむくみ防止の特殊ソックスを脱がせ、寝巻きへの着替えを手伝った。ふとんをかけてから、この家を去る。

次の訪問は、住宅地のなかにある戸建て住宅。九時四〇分に到着。ヒザの手術を受けた女性がご主人と一緒に住んでいた。年齢は、七〇歳になったばかりくらいである。これまでの一軒家は天井が低い田舎家で、利用者が眠っていたこともあって全般に暗かったが、この家に来て、明るい世界に返ってきた感じがした。

さて、病院で手術を受けた場合、ヒザの手術なら数日で退院する。術後は、自宅でまず六週間の訪問看護を受け、さらに必要なら五週間まで延長することができる。イングリッドは手術後の様子を尋ね、異常がないことを確認した。この女性は立位が保てるので、リフトの必要はない。立位保持補助器具にヒザを固定して負荷がかからないように注意しながら、ポータブルトイレへと移動する。仲のよさそうな夫婦で、ご主人は心配そうに見守りながら補助器具の移動などを積極的に手伝った。イングリッドは、寝巻きへの着替えとベッドへの移乗を手伝う。そして、ベッドサイドに水と電話を置き、「よく休んでね」と声がけをした。流れるような動作であった。

最後に、再び「ジャスミンバイの家」に行く。ここには若い障害者の女性も住んでおり、一週間前に結婚をしたばかりであった。始終ニコニコとうれしそうにしていて、結婚式の写真を見せてくれた。糖尿病であるため血糖値を測定し、その結果によってはインシュリンの量をコントロールする注射療法が必要となる。このために、深夜巡回も含めて一日三回の訪問を受けている。

イングリッドは最後にジャスミンバイの家で、この女性とそのほかに一人の高齢者にインシュリン注射をしてその日の仕事を終えた。一一時半であった。マースクゴーに帰り、深夜スタッフへの引き継ぎを行う。

深夜巡回（一一時〜翌朝七時）では、四つの福祉地区のそれぞれで六人前後（ＳＳＡ・ＳＳＨ）のチームが二チームずつ巡回し、全市で八チーム約四〇人が巡回していることとなる。これに加えて、一人の訪問看護師（ビアテ）が市内全域を巡回する。さらに、シャルロットという看護師がマースクゴーにいて、アラーム通報を受けながら全体を統括している。

先ほどのフレデリクスベアコムーネ（人口九万人）では深夜のスタッフは四人であったが、ネストベコムーネの人口はその半分なのに深夜のスタッフ数はかなり多い。これは、ネストベコムーネでは施設住人のケアも同時に担当しているから、こうした厚い人員配置となるのである。深夜巡回で市内全域を担当している訪問看護師のビアテに同行して、その様子を伝えよう。ビアテは小柄で機敏で、深夜の激務にびくともしない快活そうな女性であった。

午後一一時、ビアテの仕事は西地区の拠点施設であるマースクゴーに最初の数時間とどまることからはじまる。施設の深夜の様子はどのようなものであろうか。深夜巡回の最初はビアテとともにマースクゴーにいたので、まずその様子を伝えたい。

ここには八〇戸のプライエムがあり、ユニット形式（一三人×六グループ）の建築設計になっている。室内も広くトイレもついているのは、一九八八年に改築されたからである。深夜は、住人八〇人に対してわずか三人のスタッフ（二人の看護ヘルパー、一人のSSH）が常駐してケアにあたっている。このほかに、アラーム通報を受けるためにアラーム拠点にいる看護師のシャルロッテが緊急時は補助に入ることができるし、訪問看護師のビアテをはじめ西地区を巡回している一二人のSSA・SSHが駆けつけることもできるのである。

夜の施設でのケアは、体位交換やオムツ交換など二人ペアでの介護が多いために非常に忙しい。

ビアテ（中央）

車椅子生活の高齢者には、とくに夜間の就寝後の体位交換を心がけているようだ。こうしたケアは看護ヘルパーのビアテとカリーンが担当するのだが、彼女らはまさに介護の達人であり、手際よく進める様子はまさに職人技であった。横臥位《おうがい》（横向き）で寝ている大きなおじいさんも、この二人にかかればあっというまに左右反対の横臥位となる。足や腰にたくさんのクッションをあてがって褥瘡《じょくそう》ができないように体位を固定するのである。

マースクゴーには若い障害者のフロアもあり、このユニットの住戸ではみな音楽をかけていた。生活スタイルが違うので、若者は一つのユニットに集まっているらしい。夜も遅いので、昼間は車椅子に座っている人もすでにベッドについていた。ペア介助で回っているとコールが鳴った。認知症のおばあちゃんが部屋から出てきて、トイレを探しているようである。コールは、ベッド下に置かれたセンサーマットと連動している。センサーマットについては、一九九七年ごろはケアを機械化するものであるとの理由から導入が検討されていたが、今ではよく使われている。点滅しているランプでどのユニットかわかるので、カリーンがすぐに飛んでいく。

「インガ！　インガ！（仮称）そっちじゃなくて、こっちよ」と、聞こえるように大きな声でゆっくりとやさしく声をかけた。そして、トイレへと誘導していく。始終、お年寄りを大切にして愛情あふれる態度であった。トイレが終わればオムツをして、ベッドへと誘導する。通常、夜間のオムツは大型のブルーを使用するが、用を足したので黄色の小タイプへと変えられた。

訪問看護師のビアテは、施設内ではこうしたSSHや看護ヘルパーの間を縫うようにして褥《じょく》瘡《そう》の手当てなどをしていた。三時には車で外に出ていって、ジャスミンバイの家の新婚さんの所へインシュリンの注射のために行く。夜中の三時一五分、寝ているところをそっと起こして血液検査をし、注射をする。

四時一五分、東地区の古いプライエムオーセン（Åsen）に行く。四一人の居住者に対して、施設付きスタッフが二人いた。この施設も、取り壊される運命にあるとのこと。ここで、ビアテは居住者のケアにあたった。

五時、北区の拠点施設であるニューホルステッド（Nyholsted）に着く。居住者は五〇人。施設付きスタッフは二人である。地域を巡回しているSSAが四人、この施設に合流して小休憩をとっていた。

五時一〇分、アラームセンターのシャルロッテから連絡が入った。四三歳で脳腫瘍を病む女性から緊急連絡があったので、オムツを替えに至急行ってほしいとの連絡である。この女性は子どもがまだ小さいので、在宅で普通の暮らしを続けることを望んだのだという。定期巡回の一人であるので、鍵はマスター鍵で開けることができる。ネストベコムーネでは、マスター鍵で各住戸の鍵箱を開け、そのなかに入っている鍵で玄関扉を開けるシステムになっている。この方法だと、ビアテは一本のマスター鍵を持っているだけですべての利用者宅を訪問できるのである。便利である分、非常に責任の重い仕事である。この仕事を終えたとき、朝の五時三五分であった。

次は、東地区の拠点施設である「リル・モンケボー（Lille Mumkebo）」を目指して、五時四五分に到着。ここは、小学校を改築して造った古い施設（一六人）に一二人のユニットを三つ新しく増築していた。合計五二人の住まいである。古い施設を改築した棟には、緊急対応のショートステイ八室が含まれている。ここでは、とくに緊急で入っている利用者のケアにあたった。

リル・モンケボーには二人の施設付きのスタッフがいて、しばし歓談をした。ここではデイホームも提供しているので、食堂には明日の昼食のためのテーブルセッティングがなされていた。

六時一五分、まだ外は暗い。車を走らせて、市内の集合住宅に住む女性宅へ向かう。インシュリンの注射である。彼女はもう起きていて、窓から手を振って迎えてくれた。

六時二五分、手術を終えて家に帰ったばかりの若い男性の所へ手術後の様子をうかがいに行く。

六時四五分、ジャスミンバイの家へ三度目のインシュリン注射に向かう。朝早いので、二人はまだ寝ている。ビアテは寝室に入り、採血して血糖値を測って注射をした。

七時、最後の利用者である硬化症（二〇三ページの註(12)を参照）の人のカテーテル交換を終わらせて、マースクゴーに帰る。マースクゴーには朝のスタッフが来ており、ここで交代となる。

ビアテは何と、マースクゴーから出発して（三地区の）四施設を回り、そこに住む人のケアをし、在宅に関しては六人（うち緊急一人）の様子を見た。深夜の看護は、かなり集約されたものであった。しかし、市街地を中心に回っていたので夜間巡回のイングリッドほど遠距離を走っていない。

さて、統合ケアを導入している地方都市ネストベコムーネから得られる知見は何だろうか。まず、深夜のケアともなると、スタッフは利用者が眠っている寝室に入ってケアをすることとなる。このことは、スタッフへの信頼はもちろんのこと、在宅生活継続に対する本人の強烈な意志、そして権利主体としての意識がなければ成り立たない。さらに、スタッフ側にも在宅生活の継続を支えようという気持ちとプロフェッショナルとしての責任感があることを痛感した。また、土地が広くて移動に時間がかかり、都市部より効率が悪いことを予想していたのだが、障害者住宅やジャスミンバイの家もあって、最初から最後まで何キロも離れた一軒家を転々としていくというわけではないので、それほどの効率の悪さはなかったということである。これは、夜道に慣れたイングリッドの運転があまりにも手際よかったことが影響しているかもしれない。そしてまた、畑のなかにポツポツと離れた一軒家には、それぞれに都会以上に個性ゆたかな暮らしがあった。

「私、この小さな家に住んでいるおばあちゃんが大好きなのよ。それに、この家も」と、イングリッドがやさしい微笑みを浮かべながら言った。勝手口から入っていった茅葺の家の様子と、暗闇のなかで待っていた小さなおばあちゃんの様子、それからアコーディオンを弾いてくれた赤いセーターのおばあちゃん。黒漆の夜をドライブして行く先には一人ひとりのかけがえのない暮らしがあって、そうしたすべての人の生活を支えているのだという充実感が現場スタッフにはあるのだ。イングリッドはフレデリクスベアコムーネのシッタほど雄弁には語りはしなかったが、その態度で十分に感じ取ることができた。

同時に、ジャスミンバイの家のような住宅を造って効率を求めながらゆたかな居住環境をつくり出していく、自立支援の思想と効率追求のしたたかな融合がそこにはあるのだなと、ビアテと別れたあと、一人で電車を待つプラットフォームに立って考えた。

3　在宅ターミナルの実際

(1) デンマーク人はどこで死ぬか

ここに興味深いデータがある。「デンマーク人はどこで死ぬか」というものである（表4－13参照）。一九九五年からの大まかな傾向として、半数が病院で亡くなり、四分の一がプライエム、残りの二割が自宅でということができる。この数字は、最近の五年においては大きな変化はない。また、このデータは年齢を問わず全デンマーク人を対象としたものであるため、高齢者のみを対象とした場合は多少数字が変化する。高齢者のみに絞り込めば、病院での高齢者の死亡率が下がってプライエムや自宅での割合が上がることは容易に想像できる。日本の場合と比較したらどうだろうか。

日本では、一九四五（昭和二〇）年のころには九〇パーセントが在宅で亡くなった。しかし、一九七五（昭和五〇）年ごろに病院死と在宅死がほぼ同数となり、現在では約八〇パーセントが

表4－13　デンマーク人の死に場所

（単位：人）

	1995年	1997年	1998年	1999年（内、がん死亡者）	
病院	31,517（50.2％）	29,754（49.9％）	29,728（51.2％）	29,310（49.9％）	8,710（56.4％）
プライエム・保護住宅	15,305（24.4％）	14,525（24.4％）	13,655（23.5％）	14,494（24.7％）	2,254（14.6％）
自宅	13,777（21.9％）	12,912（21.7％）	12,633（21.8％）	12,643（21.5％）	3,926（25.4％）
その他	2,216（3.5％）	2,415（4.1％）	2,063（3.6％）	2,204（3.8％）	538（3.5％）
不明	0（0.00％）	0（0.00％）	0（0.00％）	71（0.1％）	18（0.1％）
合計	62,815（100.0％）	59,606（100.0％）	58,079（100.0％）	58,722（100.0％）	15,446（100.0％）

（「死亡報告書　1999」［デンマーク統計局］より著者作成）

病院死である。さらにガン患者の場合、日本では家庭でなくなる人は五パーセントにしかすぎず、デンマークの二五パーセントと比べると五倍の開きがある。日本では、どこで死ぬかということについても医療依存が非常に高いのである。

それに比べてデンマークでは、プライエムと自宅で最期を迎える率が高く、両者を合わせると半数近くが病院以外の場で亡くなっているということになる。実際に、プライエムでは毎年三分の一の入居者が亡くなっているし、二年もすればほとんどの人が入れ替わってしまう。

ゲントフテコムーネにあるプライエム「ホルムゴーパルケン（Holmegårdsparken）」の年間退所者（死亡者）数をご覧いただきたい（**表4－14**を参照）。一四五人の居住者のうち、年間で平均四五人が亡くなっている（三年の平均値）。

こうした数値を踏まえたうえで、施設におけるターミナルケアのあり方について見てみよう。プライエボーリには医者はいない。そこに引っ越しても、長年その人を診察してきたホーム

表4－14　プライエム　ホルムゴーパルケン(145人居住)における入居後の居住月数別死亡数

（単位：人）

	0－3カ月	3－12カ月	12－24カ月	合計
2001年	12	22	11	45
2000年	23	15	15	53
1999年	9	21	8	38

（ホムルゴーパルケンの資料より筆者作成）

ドクターが診療を続ける。インフルエンザがはやる時期には、四～五人のホームドクターが廊下を走り回っていることもあるそうだ。ホームドクターを中心に、施設内では看護師を中心にチームが組まれ、家族との連絡を密にしながらターミナル期を過ごして最期のときを迎える。家族との連絡にあたるのはコンタクトパーソンである。これは、施設で働くケアワーカーが特定の高齢者の金銭管理を手伝ったり、家族との連絡にあたるというものである。コンタクトパーソン一人で、平均三人の高齢者を担当している（一九九八年時点）。

プライエムやプライエボーリでの死は老衰による自然なものなので、ターミナル期には痛みも少なく、ペインコントロール(19)など特別な処置をすることも少ない。「ただ見守るだけであり、命の灯《ひ》が消えていくその時間をともに過ごすよう」というような表現を、ある施設長がしていた。

では、高齢者住宅ではどのようになっているのだろうか。まず、ど

(19)　この言葉は、主に末期癌患者に対して行われる疼痛《とうつう》の緩和ケアをさして使われる。

表4－15　ソフィルンにおける年間新規入居者数

（単位：人）

	高齢者住宅への新しい入居者	グループホームへの新しい入居者
1998年	13	8
1999年	20	7
2000年	16	8
2001年	18	5
4年間の平均	16.75	7

（2003年8月の所長へのインタビューにより筆者作成）

れくらいの人が亡くなるかをソフィルンの例で見てみよう（**表4－15**を参照）。

ソフィルン（ホースホルムコムーネ）には一二七戸の高齢者住宅があってそこに一五四人が暮らしているが、平均的に年間一七人が亡くなっている。このデータは、ソフィルンが建設された一九九一年からアクティビティ・ハウスの責任者をしているダン・ポールセン所長が調べてくれたものである。表のタイトルは「新しい入居者」となっているが、亡くなった人がいるから新規入居者があるわけだから、新規入居者＝死亡数と考えていいだろう[20]。

「そうねえ、年間五人くらいじゃないかしら」。このように教えてくれたのは、デンマーク流小規模多機能として紹介したヴィダゴー（六五ページ）のハネ・ベテルセン所長である。ここには四五戸の高齢者住宅があり、五三人が住んでいる（二〇〇三年一一月現在）。

サンプルは十分ではないが、少なくとも二つの例より高齢者住宅では一年間に約一割強の人が亡くなっていることがわかる。

実際に、その終末期の様子がどのようなものなのかを見ていこう。

(2) 医療体制とターミナル期の連携

高齢者住宅でのターミナルケアはまさに在宅ターミナルであり、ホームドクターを中心に地域の訪問看護師と連携をとって支えていくことになる。その在宅ターミナルについて考える前に、医療についての概況を知っておいてほしい。

まず、デンマークは福祉の厚さに比べて医療については非常に薄い国である。医療サービスの質が低いという意味ではなく、ホメオスタシス(自然治癒力、恒常性)を引き出すことに努めて医療行為を最小限にとどめるような医療をしている。ホームドクター制があり、市民は医師を選んで登録し、地域のなかでかかりつけの医者をもつ。このホームドクターは、基本的に死ぬまで世話をしてくれる。プライエボーリなどに引っ越したとしても、継続して診てくれることはお話した通りである。全国に約三五〇〇人おり、一人のホームドクターが約一五〇〇人の患者を受け持っている。登録者数によって基本的な収入(患者一人につき年間三〇〇クローナ)が保証され

(20) 厳密には、死亡した人の数は入居者よりも多いことになる。なぜなら、ご夫婦で住んでいる場合、一方が亡くなっても配偶者はその住宅に住み続けることができる。この場合は、ある人の死亡が新規入居につながらないからである。厳密な数値については把握していないとの理由で入手できなかった。

ており、その約二倍の検査・診療収入がある。年間売り上げは、約一三五万クローナといったところである。さらに、処方箋は書くが、患者はそれを持って調剤薬局（Apotek）で薬を購入するため、過剰な薬剤処方でもって経営を安定させることもできない。よって、患者本位の医療に徹することができるのである。

急性期医療を担当する専門病院へのフリーアクセスはできず、ホームドクターの紹介状を持って初めて専門病院に行くことになる。この専門病院は、サービス提供という面からは非常に問題が多い。たとえば、二〇〇一年、移植のために提供臓器がヘリコプターで届けられたが、肝心の看護師がおらずに手術ができないという事態が発生した。デンマークらしいとぼけた話であるが、人命を扱う医療分野のことであるので笑ってはいられない。また、夏の休暇時期ともなると職員不足となるため、リハビリを受けられないで廊下に置かれたベッドの上で待たされたという話も聞いたことがある。実際にヘルニアの手術を受けるための平均待機日数は一一三日（二〇〇一年）で一〇年前から改善されておらず、子宮摘出手術の場合は八三日で、一〇年前から二〇日も長くなっている有り様なのである（Statistisk Årbog, 2004）。医療の質的改革は、現在のデンマークの大きな課題となっている。

逆に、平均入院日数は五・三日と短く（表4－16を参照）、非常に合理化されている。先に話した致命的な問題は、医療合理化がもたらしたマイナスの結果だといえるだろうが、八五歳以上の場合は一七日と平均よりは長いが、それでも日本と比べればかなり短い。専門病院は急性期医療に特化して、治療が終わればすぐに退院させるということが高齢者にも例外なく徹底されているのである。これは、医療合理化の大きな成果であり、地域での受け入れ態勢が整っているから可能なのである。そしてここに、デンマーク人の医療に対する日本人とは異なる倫理観が大きく作用しているように思われる。

この専門病院は二〇〇一年の時点で全国に六九病院あり（うち九病院が精神科）、一九九〇年には一〇六病院あったものが六五パーセントまで減少している。また、人口一〇〇〇人当たりの病院のベッド数で比較すると、デンマークでは三・九ベッド、日本では一四・六ベッドとかなりの格差がある。この数値からも、デンマークの医療がいかに集約化・合理化されているかが理解できるだろう。

私は医療の専門家ではないのでよくわからない部分がある。また、ターミナルケアについてデンマークの状況を語るにはあまりにも力不足で、表面的な記述に終わってしまうかもしれない。そのことをお断りしたうえであ

表4－16　デンマークと日本における平均入院日数

（単位：日）

年齢	デンマーク	日　本
1－4歳	4.2	9.8
5－14歳	3.6	
15－24歳	4.4	14.2
25－34歳	4.8	
35－44歳	5.6	37.1
45－54歳	8.1	
55－64歳	10.7	
65－74歳	13.9	53.0
75－84歳	16.5	
85歳以上	17.4	

出典：Statistisk Danmark, [2004]／平成15年版社会保障統計年報より筆者作成。

えて触れたいと思うのは、住宅に暮らして最期まで生き切ることを可能にするためには、「最期をどうするか」という問題を抜きにしては考えられないからである。

そこで、デンマーク人が在宅で自然な形で最期を迎えることができるのは、在宅ケア体制や社会的支援の充実に加えて、先程も述べたように、医療の倫理観が「過度な医療を施さない」というところに全国民を挙げて収斂されているからではないだろうかと考えるのである。日本では、『「医療とは病気を治療すること』との理解が、過剰な医療の温床になっている」（米沢、二〇〇〇）といわれるように医療への依存度が高く、医師だけではなく市民もまた過剰な医療に安心感を求める傾向が強い。よって、その最期の様子もとても不自然で、管を巻きつけたようなスパゲティ症候群がいまだに見られるのである。これに対してデンマークでは、過度な医療に「ノー！」をつきつける傾向が、その高い医療費を削減したいという政治経済的な理由以上に国民の個人的願いとしてあるように思う。

こうした死生観に支えられて、デンマークでの在宅ターミナルは「自然な死」を支援しようとする。そして、そのケアは本書のテーマである高齢者のみを対象としたものではなく、年齢に関係なく、障害者も、難病の人も、末期がんの患者にも、コムーネの在宅ケアの枠組みによって最期のステージのケアとして在宅へと届けられる。

そうしたなかの一人である、六九歳の男性の様子を見てみよう（二〇〇四年一〇月）。彼は末期がんで、回復の見込みがないと診断されて自宅に帰ってきた。奥さんとの二人暮らしである。

このような在宅ターミナルケアの場合、痛みのコントロールなどの医療的ケアについてはホームドクターの指示を得ることになる。しかし、医師は昼間の仕事が中心なので、指示はしても実際に支えていくのは訪問看護師を中心とした現場のスタッフである。私は、レーネという訪問看護師についてこのお宅に伺った。玄関前にはホームヘルパーが待っていて、私を含めて三人で訪問することとなった。もう起き上がる力もないのでトイレの処理を二人で介助するというのが理由であったが、家族に対しては「私たちが一生懸命お世話しますから、大変でしょうが頑張ってください」という力強いメッセージになっているに違いない。そのことは、レーネのキビキビとした態度と、それに共鳴するように穏やかな緊張感を漂わせていた奥さんの様子からうかがうことができた。ターミナル期においては、「家族とともに支える」という発想がとても大事にされているのである。

「この家は、この窓からの眺めがすばらしいのよ」

大変なときに見ず知らずの私が訪問したにもかかわらず、奥さんはこのように私に話しかけてくれた。不安な様子や疲れた様子はあまり見えず、現在の状況を受け止めて冷静に振る舞っている様子であった。そして、帰り際、「いつ呼んでくださっても結構ですから、何かあればすぐに声をかけてください」と、レーネがしっかりと言った。

看護師は、これまでの自分の経験や患者のバイタイルサイン(21)、食事の様子などで、これからどういう経過をたどるのかは大方の予測がつくらしい。木曜日の段階で、この週末が峠だろうとの判断をしていた。これからはドクターとさらに密な連絡をとり、一日八回以上の訪問を中心に、日中、夜間、深夜のスタッフの申し送りもきめ細かくしてチーム全体で支えていくこととなる。

ターミナル期にある人のケアは緊急度が高いのでもちろん優先されるが、訪問看護師やＳＳＡの主な仕事は投薬やインシュリン注射など時間が大事な要素を占める定期巡回である。前節で紹介したような忙しさのなかでやり繰りをするためには、携帯電話（無線）で呼び出してすぐに代わりに行ってもらうというチームワークが必要となる。家族の精神的な不安や悲しみを理解することと同じくらいに、地域に張り巡らされ、チームで支える在宅ケア網が重要となる。

別のコムーネでは、脳腫瘍をわずらう八〇歳の男性が、奥さんと（七五歳）とともに比較的大きな一戸建てに住んでいた。すでにベッドに寝たままであり、オムツをして褥瘡《じょくそう》（床ずれ）もできていた。オムツ交換のために二人で訪問し、すべりクロス[22]を使いながら「イン・ト・トレ（１・２・３）」と声をかけて横臥位《おうがい》（横向け）でオムツ交換をした。便をぬぐい、タオルで拭いて薬をぬる。奥さんは見守るだけである。先ほどの男性のようにあと二日三日ということではないが、ターミナル期にある人であった。

奥さんの妹が気遣って泊まり込んでいるようで、彼女は編み物をしていた。奥さんは、スタッフが来るまでは本を読んでいたようである。そこには平静なる時間が流れているようには見えても、やはり一番つらいのは家族のはずである。ここでも、二人のスタッフが働く姿を見て、信頼しきっている様子がうかがえた。

日本においては、在宅医療やターミナルケアにおいてもっとも難しいとされているのが医療・保健・福祉の連携である。しかし、デンマークの例を見るかぎりにおいては、こうした連携が非常にうまくとれていることを読者の方は気づかれたに違いない。では、このように医療・保健・福祉の連携がうまく行われているのはどうしてだろうか？　それはまず、前節で見ていただいた訪問看護師とＳＳＡ、ＳＳＨからなる在宅ケアのチームそのものがすでに医療系スタッフと福祉系スタッフの混成チームであり、チーム内で連携がとれているということができる。また、ホームドクターも顔見知りの関係で近くにいる。さらに、ＳＳＡ、ＳＳＨという専門職はその名が示す通り「社会福祉・保健アシスタント、社会福祉・保健ヘルパー」であり、ＳＳＡは追加教育によって看護師、ＯＴ、ＰＴになれる教育制度となっている。それぞれの専門職が福祉と保健が融合した装置を内包しているため職域のナワバリ意識がなく、高齢者の自立支援に向けて価値観の共有がよくできているのである。

---

(21)　人間が生きていることを示す重要なしるしであり、生命の状態を総合的に判断する基準となる脈拍、呼吸、体温の三種類の生理機能を指す。血圧、意識・精神状態、皮膚の温度と発汗状態、排尿・排便状態を加えることもある。

(22)　ベッド上での体位交換時などによく使われ、ベッド面との摩擦を少なくしてすべりをよくするクロス。補助器具の一つであり、厚さ、幅、すべり具合など、補助器具センターにはさまざまなタイプのものが巻尺の形で置かれており、必要な長さを依頼することができる。

目の前にいる「この人」とどういう関係を結ぶのか、「この人」は何を望んでいるのか、「この人」のために私は何ができるのかを考えるとき、自分は道具の一つ（部分）であることを知り、部分ではどうにもできないから全体性を構築するために連携する必要があることを一人ひとりが身をもって理解しているようなのである。そして、システムもそのようにできている。

日本ではもっとも難しいといわれる医療・保健・福祉の連携は、デンマークにおいては現場で働くスタッフたちの高齢者を第一に考えて自立を支援していこうという思いとともに、卓越したシステム設計によってうまく稼動しているのである。

(3) リヴィングウィル[23]と社会的支援

最期に近づいて一番難しいのは、食べられなくなったときなどにどうするかという判断である。先ほどの「自然な死」とも関連して重要な課題である。

「延命？　日本人は『イエス！』と言うでしょうが、デンマーク人は『ノー！』と言います。もう最期だとわかっている場合、栄養の点滴は本人や家族が希望すればしますが、そんな人間的でないことは一般的ではありませんね」

このように話すのは、二〇〇三年一一月に訪れたゲントフテ病院（**Amtssygehuset i Gentofte**）の医師である。

「日本では点滴をよくしますね。最期の場面になって、寿命がないとわかっていてもまず点滴ありきの風潮がありますが、これは改善することができないのでしょうか」というような質問を日本の医師に投げかけてみると、「え？　点滴をしない？　わかりますよ、言ってることは。でも、日本では家族が許しませんよ」というのがたいていの医師の反応である。一分一秒でも長く生きていてほしいというのは家族の自然な心情であるし、また「もう点滴はやめようよ」と提案した娘や息子は、兄弟姉妹、親戚一同から「人非人《にんぴにん》！」扱いをされるというのが現状である。

こんななかで、日本でも施設ケア・在宅ケアの両面において、最期の終わり方の「事前指定（Advanced Directive）」についての研究が市民の立場や専門家の立場から進められている。そして、具体的には次のような状況下での指定（決断）を求めている。

●食べられなくなったときどうするか（できるだけ口から、点滴、中心静脈栄養、経鼻胃チューブ、胃ろうチューブ）

●痛みがある場合どうするか（痛みを止めるかどうか、セデーション[24]）

(23)　回復の見込みがない病気になった際に、延命措置や生命維持装置をどのようにするかを指定し、自然な死を迎えることについての旨を表明する遺言のこと。生前遺言状、事前指定書などと呼ばれている。

(24)　(sedation）あらゆる緩和ケア（苦痛を緩和する医療）の方法を用いても苦痛が緩和されない場合、眠たくなるような薬剤を用いて意識レベルを落とすことによって苦痛を感じなくさせる治療のこと。確実に苦痛を感じなくすることはできるが、意識レベルを落とすことによって人格的活動から遠ざけることになるという問題があり、倫理的な側面から議論されている。

●呼吸が苦しくなったときどうするか（酸素吸入、人口呼吸器装着）
●心臓・肺の機能が止まったときどうするか（心肺蘇生術）

（リビングウィル検討委員会）

これは、在宅医療について研究する「リビングウィル検討委員会」の大橋奈美さん、西川勝さん、田中洋三さん、大頭信義さん、中岡成文さん、稲葉一人さん、藤川晃成さん、渡邉美千代さん、梁勝則さんがつくられたものである。許可を得、ご厚意に甘えて掲載させていただいた。

この点について、デンマークでは「命の遺言書（Livstestamente）」というシステムがある。義務化はされていないが、希望者はこれに記入してコペンハーゲンにあるリス・ホスピタル[25]に管理しておくことができる。そのリス・ホスピタルにエヴァ・ムラーさんを訪ねた。訪ねた先というのは「命の遺言書登録（Livstestamenteregistret）」という組織で、リス・ホスピタルの広大な敷地内に居を構えていた。

現在、デンマークでは七万五〇〇〇人もの人がこの「命の遺言書」に登録している。内容は、**表4-17**の通りである。このカードは「命の遺言書」を紹介するパンフレットに付いており、切り取って記入をして送れば登録される仕組みとなっている。年齢を問わずすべての国民が対象であるが、実際には登録者の七二パーセントが高齢者（六五歳以上）であり、これは高齢者人口の約七パーセントに当たっている。日本では「尊厳死協会」への加盟者がようやく一〇万人を超え

表４−17　「命の遺言書」の記載内容

命の遺言書

CPRナンバー □□□□□□□□□□□

名前 ____________________

住所 ____________________

郵便番号 ____________________

日付 ____________________

一つ、または二つにチェックを入れてください。

□ **1.** 私は、疑いなく回復の見込みのない状態になったときに、延命をしてほしく**ない**。

□ **2.** 私は、病気や高齢による衰弱、事故、心臓停止、そのほか似た状態や重度の障害に落ちたとき、心身ともに自分自身で決定できないときに、延命してほしく**ない**。

____
サイン

書き込んで、命の遺言書登録に送ってください。

たと報告されているが（二〇〇二年）、その多くが高齢者であるという点では似通っているとはいうものの、高齢者人口に占める割合で見ると二〇倍の開きがある。

登録の推進のためには、ホームドクターのクリニックや専門病院、薬局、そしてデイセンターにパンフレットを置いたりして年間約一七〇〇人が新しく登録をしている。多い月で二〇〇人、少ない月でも八〇人という入会者数となっている。しかし、一方で亡くなる人もいるので会員増加は急速に進んでいない。とくに、寒い季節には、一日二〇人近くが亡くなって退会していく。

協会では、登録者に対しては入院時に必ずカードを提示するように教え、逆に医師には、患者に対して「命の遺言書」への登録の有無を尋ねるようにPRしている。でなければ、家族が知らないこともあり、せっかくのリビングウィルが医師に伝わらないためである。

医師のほうでもこの組織を知っていて、最期をどのようにしてほしいかということについてはまず本人の意志を第一に尊重し、本人に意識がないときには家族に相談して「命の遺言書」へ登録しているかどうかを確認する。しかしこれは、すべての医師に徹底しているわけではないため、協会が常にPR活動をして普及に努めていくことが課題となっている。

最後に、ターミナル期に向けての社会的支援について触れておきたい。高齢者に関する在宅ターミナルの公的支援（フォーマルケア）は、ホームドクターや訪問看護師からのものだけではない。ご紹介した二つの事例ではともに奥さんがおられたので、彼女らが世話をしていた（インフォーマル・ケア）。子どもがいれば仕事を休んで付き添うことができる。そして、仕事を休む本人には給料が保証されているのである。公務員であれば給料の一〇〇パーセントが支給され、民間会社に勤めている場合は、会社が属する組合によって異なる率のものを受け取ることができる。ターミナルケアについては、医療との連携や在宅ケアの話題が中心となる。しかし、思い出をいっぱいともにした家族に見守られながら、これまで通りの生活のなかで逝くには、家族への給料保証なども含めた社会的支援が重要である。

しかし、われわれ日本人にとっては、その前に医療に関する意識改革や制度改革の必要があるのではないだろうか。というよりも、「どのように死ぬか」を「どのように生きるか」と同じように考えていく必要がある。病院で管を巻かれた親を、誰が介護したいと思うのだろうか。医療改革も進んでいるが、市民の側からの意識改革、内なる改革が必要である。でなければ、自宅や高齢者住宅などの在宅では医療が十分に受けられないから、あるいは安心できないからという理由で安易に施設や病院に頼ってしまうということになりかねないからである。住宅に暮らすということは、過剰な医療には「ノー！」を突きつけて、生と同じように死について考えながら「自然な死」を受け入れることを覚悟することである。同時に、これを可能としてくれる地域の赤ひげ先生と訪問看護師、在宅ケアスタッフの連携とその制度化が必要なのである。

---

(25)（Rigs Hospital）コペンハーゲンにある国立病院。一七五七年「王立フレデリクス病院」として設立されたもっとも古いデンマーク最大の総合病院である。

4 地域リハビリの考え方

（1）生活を支えるリハビリテーションとは？（ICF理論）

在宅での生活を継続するためには、病院を退院してもリハビリテーション（以下、リハビリ）をしてくれるような受け皿が地域になければならない。最近では、日本でも「脳卒中モデル」だけでなく「廃用症候群モデル」[26]、「認知症高齢者モデル」などの三つのモデルを取り入れてリハビリに力を入れている。そして、介護基準モデルで紹介したICF理論（一七〇ページ）を取り入れて、以下の点を目指した質の確保と基盤整備が計画されている。

- 生活を支えるリハビリテーション
- 住み慣れた地域で提供できるリハビリテーション
- 予防を重視したリハビリテーション

この基盤整備の目標はすばらしいものであるが、実際にどのように着手すればいいのか。その具体像がつかめないというのが、これらを実践する人々の思いではないだろうか。住宅を基盤とした地域生活を支えるために、生活モデルに沿って在宅復帰を目指すリハビリテーションを地域で展開してきたのはまさにデンマークである。こうした意味で、デンマークは地域リハビリについて多くのことを教えてくれる。

では、生活を支えるリハビリとはいったいどんなものなのかを見ていこう。これについては前著『老人ホームを超えて』でも書いた（一〇九ページ）ので参考にしてほしい。

それは、単なる機能回復を目指すのではなく、その機能を使って具体的な目標を達成して自力で生活できるように訓練していくものである。「右がマヒしているから訓練で動くようにしよう」というだけではなく、「右がダメなら左を使ってやりたいことをできるようにしよう」というものであり、人間を全人的にとらえることからスタートしている。そして、補助器具を上手に使って今ある能力を徹底して活用しながら「何がしたいか」に目を向けることからはじまるのである。日本においてもＩＣＦ（国際生活機能分類）理論の導入に伴って、障害や社会的不利に目を向けるのではなく、「利用者の『意欲』を引き出したうえで、自分で家事をもう一度行って家庭内での役割を果たすという目標を立て、それに向かって利用者本人と家族も専門スタッフも一緒に努力しましょう」（香取、二〇〇四）というような発想を厚生労働省が主導しており、これはデンマークが構築してきた広い意味でのケアの理念ときれいに重なる。

デンマークでは、洗顔、衣服の着脱からはじまって、食事から外出まで「自分のことが自分で

(26)　長期にわたって、心身を使用しなかった場合に起こる機能低下のこと。筋力低下、骨萎縮、関節の拘縮などのほか、心肺機能、知的活動の低下も伴うようになるとされている。

できる」ということに至上の価値を置いている。誰かが決めたということではなく、一人ひとりがこのように考えているのである。しかし、日本人のなかには「自立」という言葉に「高齢になってからも頑張らないといけないのか」というような負担感を感じたり、日本人の心情にはそぐわない厳しさを感じる人もいるかもしれない。

しかし、寝たきりの人がさまざまな支援を受けて座位が保てるようになり、やがては車椅子で移動できるようになり、食べられなかった人が自分の歯で噛んで食べるおいしさを味わい、自分の手で口に運ぶという勝手気ままな喜びを取り戻すことができれば誰にとっても望ましいことではないだろうか。そして、町の環境が整っていれば、たとえ歩行が困難になっても好きなときに好きな場所に出かけられるのである。こうした喜びは、人間共通の感情であるはずだ。

補助器具はこうした「したい！　行きたい！　出会いたい！」という気持ちを支援し、具体的に可能にするためのものである。単に「腕を動かす」、「移動する」という身体機能の問題だけではなく、「食べる」、「外出する」、「友人に会う」などという生活機能を目標としているのである。そしてこのことは、一人ひとりの気持ちを輝かせて人生にとってかけがえのない価値をもたらすはずである。

デンマークでは、脳卒中で倒れたときとか、病院での治療を受けたあとや回復期のリハビリを受けるときには、今ある機能をアセスメントするとともに目標の設定が重視されている。自分でサンドイッチがつくれて食事の準備ができるようになること、家の周りの散歩ができるようになること、トイレに行けるようになることなど、かなり具体的な内容について家族も交えた本人との話し合いで決められる。この目標は二～三日のうちに医師、ＯＴ、ＰＴによる会議でその達成の可能性が吟味され、その後にプランが立てられてリハビリが開始される。

「リハビリは、身体的リハビリだけでなく、精神的リハビリ、社会的リハビリを同時に考えていて、三つが一つになったような感じだね」と説明してくれたのは、たびたび登場してもらっているディアコネスティフテルセンのビヤーネ・クリスチャンセン所長である。そして、次のように話を続けた。

「機械を使ったトレーニングだけがリハビリじゃない。衣服の着替え、洗濯すること、ショッピング、散歩……こうした生活行為がリハビリであって、ここでもそれらの生活行為を一緒にすることでリハビリするようにしているよ。庭の散歩もよくするよ。外に出て過ごすことは気持ちいいし、ワインを飲んで食事するのもいい。普通に暮らすこと、開放的にすることで、在宅での生活に近づいていくんだ。市の行事にもグループで参加するし、美術館めぐりをしたり、フレデリクスベア公園に散歩にも行くよ」

この身体的リハビリ、精神的リハビリ、社会的リハビリの考え方は、生活機能を、心身機能、活動、参加という三つの側面でとらえ、さらに環境因子や個人因子も加味しようとするＩＣＦの考え方にきっちりと当てはまっている（**図4－6**を参照）。

図４－６　ICFの生活機能モデル

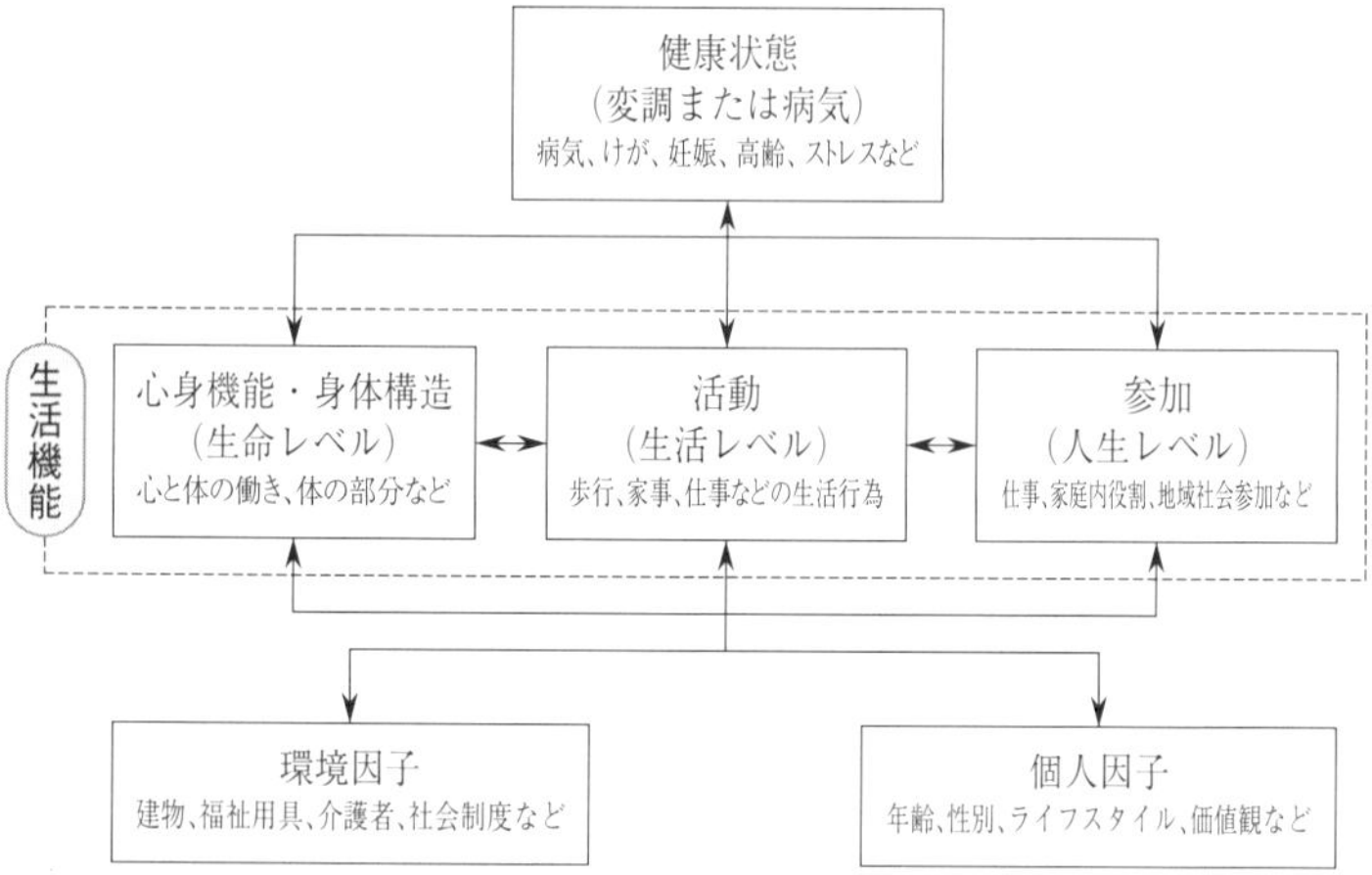

出典：世界保健機関編（2002）『国際生活機能分類』（中央法規出版）

ディアコネスティフテルセンでは、居室としては個室を設けずに二人部屋にしている。それ以外に大部屋もある。ご夫婦で入ることもあるし、トレーニングで友達ができることもある、とのことであった。中間施設は長くいても二ヵ月であり、「自宅に帰るためのリハビリをする所」と割り切っているのである。

プライエムのように自分の家具を持ち込むことはなく、暖かな居住間を見慣れている人間にとってはやや異和感があるが、病院然とした殺風景な様子は「すぐに在宅に戻る」という割り切りなのである。これはまた、ほかの中間施設[27]でも同じようなものであり、プライエムやプラ

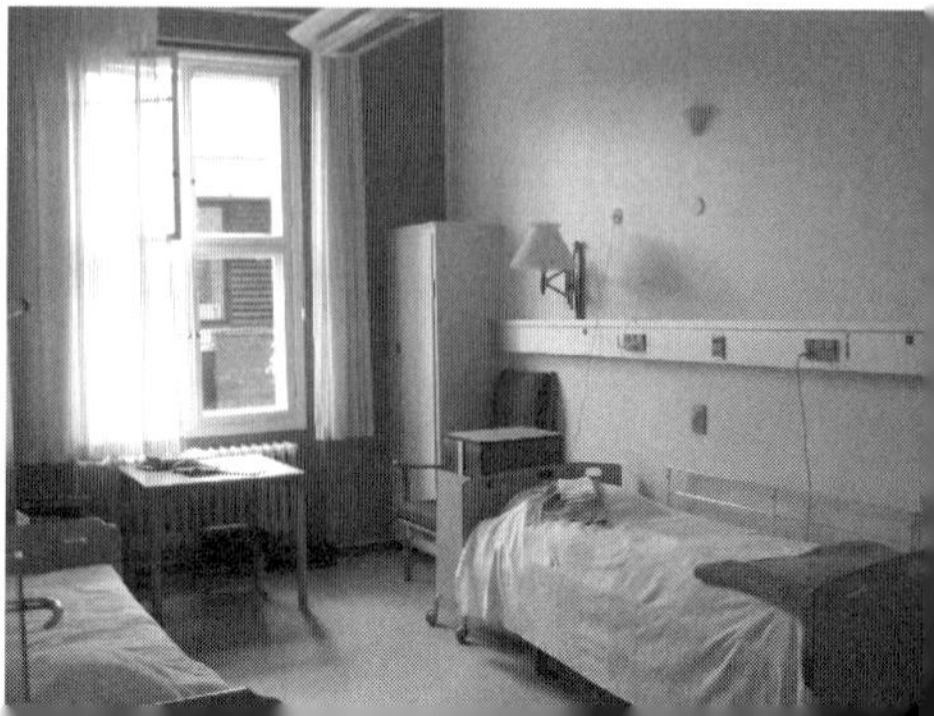
ディアコネスの部屋

図4－7　リハビリと各施設の機能（デンマーク）

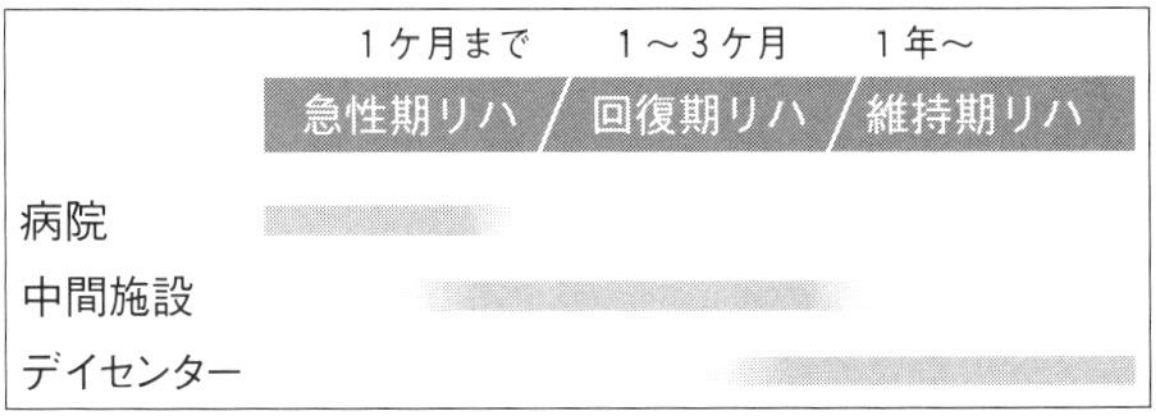

イエボーリとの落差は明確である。しかし、壁にはペールピンクやペールグリーンのやさしい色づけや模様づけがなされている。また、廊下の壁面には飾りつけがなされて小ぶりのテーブルと椅子が置かれており、生活環境としての工夫が十分になされている。

（2）中間施設での回復期リハビリテーション

日本では、これからリハビリに力を入れていこうとしている。リハビリは生活の身近で、とくに維持期リハビリは、できれば車椅子に乗って自分で行けるくらいの近さにあることが必須ではないだろうか。それぞれのリハビリが、デンマークではどこで行われているかを表したのが**図4－7**である。

ゲントフテコムーネにある「トラネヘウン（Tranehavn）」を例にとって、回復期リハビリを行う中間施設をより具体的に見てみよう。

ここは、一九七〇年に設立された高齢者専用の中間施設である。先ほ

（27）病院から退院したあと急性期のリハビリや回復期のリハビリをによって、在宅復帰を支援する施設。病院と在宅の中間にあるのでこのように称される。

表4－18　トラネヘウン(中間施設)のスタッフ

医師　　5名
看護師　20名
PT・OT・ST　30名（＋10名：ここを拠点に他の施設を巡回する）
社会福祉・保健ヘルパー、社会福祉・保健アシスタント、臨床心理士など

どのディアコネスティフテルセンと同様、病院からの退院患者を受けて在宅復帰のためにリハビリを行う。ベッド数は七九床（個室三四室、二人部屋一七部屋）、サービス内容、スタッフ数は**表4－18**の通りである。

ミケル・クリステンセン（Michel Kristensen）医師（五人いる医師の一人）によれば、ここにやって来る原因は、脳卒中、骨折という何らかの身体的障害の人が多く、認知症を原因とする人は全体の三分の一で、現在は顕著に増加しているとのことである。そして、その三分の二が病院からで、残りの三分の一が在宅からやって来る。また、ここでリハビリを受けた人のうち七五パーセントが在宅復帰するが、一〇パーセントはプライエムやプライエボーリなどの施設に移り、そのほかは亡くなったり別の病院へ再入院するとのことであった。二〇パーセントが九〇歳を超えており、昨年は一〇一歳と一〇四歳のお年寄りがここでリハビリを受けたのちに自宅に復帰したそうである。

ここでは「なるべく早く自宅に戻す」というのが最大の目標である。年間のべ九〇〇人が利用し、平均滞在日数は二九〜三三日で、病院の医師の許可があれば延長することもできる。

「実際には、一日の訓練時間は約三〇分です。集中してするのでそれほど長くはできません。それよりも、食事するのもリハビリ、靴下を履くのもリハビリと考えて、自分でできるように援助していきます」と、クリステンセン医師は言っている。考え方は、ディアコネスティフテルセンと同じである。

予算縮小の折から病院は早期退院を無理やりすすめることもあり、治療が完全に終了していない段階でやって来て、そのためにリハビリを開始することができずに困るという問題が全国で起きていたり、地方においては人材不足という大きな問題を抱えてもいる。

「いろいろと問題はあるが、自宅の生活から離れれば離れるほど機能は低下していくので、こうした施設の役割はもっと重要になっていくでしょう」と、クリステンセン医師は言う。

二〇〇七年からはじまる「新しいデンマーク構想」による保健改革では予防とリハビリがテーマとなっており、リハビリ先進国デンマークで今後さらに力が入れられる領域である（三〇二ページを参照）。

（3）地域のなかにある維持期リハビリテーション

回復期リハビリを終えて自宅に戻るのは七五パーセントであるが、退院の前には自宅改造の打ち合わせや在宅ケアスタッフへの引き継ぎが行われる。退院する高齢者の受け入れ側であるコムーネでは、次ページのコラムに見られるようにコーディネーション・ナースが活躍したり、一般的には各地区の看護師リーダーが中心的役割を果たす。

医療と福祉のカベがない！コーディネーション・ナース

急性期リハに取り組むグローストルップ（Glostrup）病院老年科（コペンハーゲン県）では、「自己決定の尊重」、「生きがいの高揚」とともに「在宅復帰に向けてコムーネとの横の連携」を大理念の一つに掲げている。また、老年科チーム（医師・看護師・PT・医療秘書）が特に心がけているのは、患者の人的ネットワークや家族、住宅などの社会的背景をとらえて「統合的な患者像」をつくることだと言う。

もちろん、ここでも早期退院を原則としているので、退院時にはコーディネーション・ナース（追加教育を受けたコムーネ所属の訪問看護師）がこうした老年科チームと連携する。

コ・ナースは毎日病院にやって来て2～4時間とどまり、新しい入院患者の確認、入院中の患者の経過をチェックする。退院後、コムーネ側で受け入れができない場合は罰金を課せられるために常に情報を把握しておくというのが理由の一つであるが、病院職員のミーティングにも参加して、退院が近いとなれば、在宅ケアの地区リーダーやOTに連絡をとり、自宅で本人を交えて改造を検討し、プライエボーリなどへの引っ越しについても相談に乗る。

医療（県）と福祉（コムーネ）の連携を現場で支えるユニークな存在であるが、コ・ナースにしろ老年科チームのスタッフにしろ専門職のカベがない。患者を主役に、一人の人間として総合的にとらえようという人間観でつながっているからだろうが、こうした連携のあり方は至る所で見られる。やっぱりスゴイ！

グローストルップ病院

退院後は、デイセンターに週二〜三回やって来て、約三ヵ月の間ＯＴやＰＴから維持期のリハビリを受ける。デイセンターには訓練用キッチンがあり、家事などの生活行為を通してリハビリがなされていく。維持期リハビリの場は、生活の近場になくてはならない。

これに加えて、維持期リハビリで重要なのは、利用者が利用申請を出すのを待つというよりもこちらから働きかけていく「リーチアウト（出前）発想」である。在宅で知らず知らずのうちに虚弱化してしまうことを予防するには、リーチアウト発想で働きかけていかなければならない。このためにデンマークでは、七五歳以上の高齢者に「予防訪問」[28]を行っている。一九九六年より八〇歳以上の全高齢者を対象に各コムーネに義務づけられたものであり、一九九八年にその対象が七五歳へと引き下げられた。

予防訪問で必要が認められた高齢者は、デイセンターにやって来てアクティビティに参加したり簡単な体操をする。もちろん、本人の自己決定が基本ではある。何よりも大切なのは、人と会って話をしてお茶を飲みながら時間を一緒に過ごすことだろう。彼らの表情を見ていると、「ともにいる（samvær）」ことをどれだけ楽しんでいるかがよくわかる。

---

(28)　デンマークでは、七五歳以上の高齢者には全員に予防訪問を行うことがコムーネに義務づけられている。これは、一九九六年七月に八〇歳以上の高齢者を対象にしてはじまったものであるが、一九九八年七月には対象が七五歳に引き下げられ、現在は年に二回の訪問が義務づけられている。介護予防の視点から、問題を早期発見して、早期対処を目指すものである。

一〇人くらいが椅子に座って車座になり、作業療法士の「一、二、三」の声と音楽に乗せて体操をする。音楽は癒し系のもので、作業療法士はこの辺で自分のセンスの良さや個性を発揮する。中国旅行に行ってきた人などは、「中国に行ってきたわよ」と説明しながら、土産の音楽を流す。それが体操に合わなかったりすると、みんなで笑い転げたりしていた。これら身体を動かす体操だけではなく、マシンでトレーニングする人もいる。ある人は作業療法士の指導を受けながら機《はた》織《おり》や皿・クロスの絵付け、絨毯《じゅうたん》刺繍《ししゅう》などをしている。

デイセンターにやって来て行うリハビリテーションだけでなく、自宅に来てくれる訪問リハもある。「来てもらう（訪問リハビリ）」のか「行く（通所リハビリ）」のかという議論は、よくなされているようである。生活モデルの視点からは、ＯＴ・ＰＴが自宅に出かけて自宅の台所で炊事を指導し、必要な補助器具を選定して使い方をトレーニングする訪問リハビリのほうが良いように思われる。

「私は、あれかこれかではなくどちらも必要だと思います。生活環境は一人ひとり違いますから、自宅まで出掛けていくと、その微妙な違いにぴったりなトレーニングができます。それに、その人の話をじっくり聞けるのもいいですね。でも、通所でやって来て同じ悩みをもつ人と出会うことも大切です。あの人がこんなに頑張っているのだから私も頑張らなくちゃ、というような気持ちになることが多いみたいです。仲間に会うことで励まされるみたいね。今日は、二人の介助者がついて、リハビリをしている三人の高齢者と一緒にコペンハーゲンまで電車で行ってきたの」

あるデイセンターで指導にあたっている作業療法士はこのように言った。家のなかだけを対象領域にしたのが訪問リハビリではないのと同様に、施設内に閉じこもってトレーニングすることだけが通所リハビリではないのだ。リハビリの場もまた、施設から自宅へ、そして地域へと拡がっているのである。

（4）言語聴覚士も暮らしの身近に

暮らしの近くにあってほしい訓練として、言語聴覚士（ＳＴ）(29)によるリハビリテーションがある。ファクセコムーネのエイブルヘウン（Æblehavn）で行われていた失語症クラブは小じんまりとしていて、手づくり感覚で楽しいものであった。

エイブルヘウンでは、アクティビティ指導のスザンナが五人の高齢者と一緒にスピーチセラピーを行っていた。彼女は、アムト所属のＳＴの専門的な指導を受けている。彼女のゆっくりとした雰囲気とやさしい態度、かわいらしい笑顔、これが高齢者の心を和ませるのだろう。今思い出しても、心がポ

(29)（Speach-language-hearing Therapist）脳卒中や脳外傷による失語症、吃音、言語発達遅滞、口蓋裂言語障害、聴覚障害、咽喉摘出後の言語障害のある人に対して、コミュニケーション機能の向上をめざした専門的サービスを提供して自立と社会参加を支援するセラピストである。

スピーチセラピー

カポカ温かくなるような独特の雰囲気をもった人だった。二人の研修生が同席して様子を見ていたが、目には見えない文化はこんな場で研修生に伝わっていくわけである。
「彼らは、考えることと話すことを組み合わせてできなくなっているの。彼らの気持ちをよく理解して、決して急がせないこと。ゆっくり、ゆっくり進めて、できると一緒に喜ぶ、この気持ちが大事だと思うわ」と、スザンナは言う。
「先週、何をしましたか？」というボードを最初に掲げて、順に話をしていく。
「草が伸びてきたので庭掃除をしたけど、疲れたよ」と、クリスチャン（男性）が答える。
「じゃあ、アスファルトにして緑に塗ってもいいかもね」
冗談好きなデンマーク人の普通の会話である。言葉を失っているので会話が弾むということはなく、静かなうちに進められる。次は、デンマーク人に親しまれている慣用句の穴埋め問題をボードに張って、順に当てていくというゲームをしていた。
「○○にはとげがある」（答え・バラ）
「心にゆとりがあれば、○○にもゆとりがある」（答え・家）
「手のなかにいる一匹の○は、屋根の上の一〇匹より大切」（答え・鳥）
なかなか答えられずに、順に回していくことになる。はにかんだように笑って答えられないことを表現する人、首をかしげて考え込む人とそれぞれであるが、できない場合は適当なところで「ほらバラよ」と答えを見せる。当たった場合は「やったわね！」という感じで、しっかりとしたアイコンタクトをとっていく。スピーチセラピーをしているというより、好きな飲み物を飲みながらの楽しいゲームの時間が過ぎていっている。

エイブルヘウンには、アムト（県）に所属する四人のＳＴのうちの一人が派遣されてやって来る。ちなみに、ファクセコムーネはストアストロームスアムト（県・二四コムーネ）に所属し、アムトの全人口は二六万人である。スザンナはエイブルヘウンのアクティビティ指導者であって、アムトに所属するＳＴではない。回数を多くして継続することが大事なので、ＳＴの専門的な指導を受けつつアクティビティの一環として行っているわけである。脳卒中のあとなどには失語症を患う人が多い。日本でも、これから多くのＳＴが育って、暮らしの身近なところで支えてほしいものである。

(5) 認知症高齢者のケアも在宅生活継続が基本

最後に、デンマークでも緊急にして重大な問題となっている認知症高齢者のケアについて触れておきたい。

現在デンマークには、重度、中度、軽度を含めて一〇万人の認知症高齢者がいて、毎年二万人ずつ増えているとされている。三分の二がアルツハイマー性認知症で、四分の一が脳血管性認知症、そのほか約一〇パーセントがアルコール依存症との合併症やピック病などの重度の認知症である（アルツハイマー協会、二〇〇四年）。そして、七五パーセントが在宅で、二パーセントがグループホームなどの施設に暮らしているとされている。

ケアの方針は、日本と同じようにグループホームなどの家庭に近い環境のなかでよき理解者に支えられて、認知症であってもこれまで通りの生活を継続できるように少人数で暮らすことがよいとされている。実際に、居住環境もケアもともにすばらしいグループホームは多くのコムーネで見られる。しかし、今もっとも重要であり、解決が求められている問題は、在宅で暮らす多くの認知症のお年寄りをどのようにして支えていくかということである。配偶者がいる場合はまだよいが、その配偶者の身体的疲労、精神的疲労が高まっているのも事実である。

認知症コーディネータと呼ばれる特別な教育を受けた専門職がいて、グループホームやプライエボーリを拠点に、地域に向けて、本人はもとより家族支援も含めた活動を展開している例が多い。また、予防訪問による早期発見で的確に診断して、早めに適切なケアが受けられるように力が注がれている（『デンマークのユーザー・デモクラシー』（新評論、二〇〇五年）第2章に詳しい）。

認知症の高齢者についても、できるだけ在宅で暮らせるように支援することがこの国の目標となっている。そのためには、病院、中間施設、デイセンター、グループホームなどにおいてどのような取り組みがなされているのだろうか。

●病院における認知症のお年寄りのケア——まず、病院については、老年科と精神科による連携医療がなされる。認知症の高齢者は、認知症だけではなく、衰弱、身体的な機能の低下に加えて社会的な問題も抱えている。これらを包括的に診るために、老年科医を中心として精神科医との連携のもとに治療にあたっている。薬は、初期・中期症状にはアリセプト(30)を、重度な認知症にはデンマークで開発されたミマンチーネ(31)（Mimantine：Lundbæk社）を処方することが多いとのことであった。治療費、入院費は無料であるが、重度の認知症、アルコール依存症には補助金が出ないために自己負担が生じる。平均して月に一〇〇〇クローナの負担があるが、ゲントフテコムーネは金銭面で裕福な高齢者が多いために自己負担できる人が多いらしい。この病院では、自宅に戻る人は少ないとのことであった。多くの人が、認知症の受け入れができるプライエボーリやグループホームに住み替えて、普通の生活を再構築していく。

●中間施設における認知症のお年寄りのケア――認知症のお年寄りは、普通の生活環境のなかでよい理解者に寄り添って助けられながら暮らすのがよいとされている。だから、中間施設では的確な診断をすることと同時に生活のなかでケアしていくということに力を注いでいる。たとえば、

---

(30)「アリセプト」は一九九六年に日本のエーザイ製薬によって、軽度・中等度のアルツハイマー型痴呆治療薬として開発された。アメリカで一九九七年に発売が開始され、イギリス、ドイツ、フランスと続き、現在世界四一ヵ国で販売されている。デンマークには、ファイザーを通して輸入されているようであった。

(31)デンマークの製薬会社ルンドベク社が開発した重度の痴呆治療薬。

ディアコネスティフテルセンでは一患者につき一日一五〇〇クローナの費用がかかり、利用者負担は一〇〇クローナとなっている。一ヵ月滞在すると三〇〇〇クローナ（約六万円）となり、高齢者にとってはかなり痛い支出となる。できるだけ早く自宅に戻ることを目指して、新聞を読んだり、本を読んだり、自宅での生活のリズムをつくるようにケアがなされている。

最近の傾向として面白いのは、こうした中間施設でも「思い出の部屋」とか「思い出の箱」というものを設けて、認知症のお年寄りが育ってきた環境を再現する特別な環境をつくっていることである。ディアコネスティフテルセンでは、二つの「思い出の部屋」をつくっており、一つは「居間」をテーマにしたもので、あと一つは「台所」の様子を再現したものである。日本でも「回想法」が注目されて、こうしたレトロな空間をつくっているところを見かけるようになった。

ちなみに、ここでは、作業療法士がかなり凝ったコレクションをしてすばらしいものができ上がっていた。「台所」には洗濯用具も置かれており、デンマークの古い洗濯用具がブルーに塗られていたことを私はここで初めて知った。天井に張られた干し紐には、昔のレース付きのおしゃれなコットンの下着が掛けられていた。おばちゃんたちはこれを見て、小さいころや若かりしころのことを思い出すのかもしれない。デンマークでは生活用品を扱うアンティークの店が多いので、たぶんそうした店で集めたのだろう。もちろん、認知症のお年寄りに好評であることは言う

台所をテーマにした「思い出の部屋」

までもない。

●デイホームにおける認知症のケア——在宅で暮らす認知症の高齢者のために、最近はデイホームが増えている。プライエボーリでも専用のデイホームをつくって、在宅で暮らす高齢者を援助している。それらは、完璧なまでに自宅の居間の環境が再現されていて、あるものは古い建物をそのまま利用している。そして、古い家具を使ってお年寄りたちが落ち着ける環境づくりを工夫している。ちなみに、これらは古いプライエムに住んでいた人とその家族からのプレゼントであり、とてもいいものが揃っている。また、数人で同時に使えるキッチンをつけて、一緒に料理ができるようにしているデイホームが多い。

イービア・プライエム（Ejbjer Plejehjem）のデイホームを覗いてみよう。ここでは、古い居間のしつらえの空間にプラスしてオープンキッチンをつくって、台所仕事をともにすることを楽しみの一つにしている。お昼を一緒につくったり、おやつを焼いたりという行為を通じて、普通の生活を再構築していくのである。また、ガーデニングをしたり、新聞を読んで今日の出来事について話したり、本の朗読や歌を歌うことも高齢者が好きなプログラムである。一緒に、近くの公園にピクニックに出掛けたり、博物館に行くという遠足も人気のあるメニューとなっている。

イービア・プライエムの
認知症専用デイホーム

第5章

新しいデンマークと地域居住

フレデリクスベアショッピングセンター

「貧乏人の少ない国をつくろう。いや、それ以上に金持ちの少ない国を」

19世紀初頭に生きたデンマーク人にとっての心の父とも言えるグルントヴィの言葉である。

いま、デンマークでは金持ちであることはとても魅力的なことであり、富を蓄えた層が厚くなりつつある。

高齢者は老後の蓄えをはじめ、若者の意識も変わりはじめた。

デンマークに、新しい風が吹いている。

1 新しいデンマーク

(1) 二〇〇一年秋、新政権誕生

二〇〇一年一一月、ポール・ニューロップ・ラスムセン(Poul Nyrop Rasmsen)率いる社会民主党(Social democratas)が敗れた。九年間続いた社会民主党を僅差で破ったのは、自由党(Venstre)[1]と保守党(Konservativ)による中道右派連合政権である。自由党党首のアナス・フォー・ラスムセン(Anders Fogh Rasmsen、四八歳)は同年一一月二七日に内閣を編成し、国民に約束した移民規制と税率凍結という目標を達成するためにさまざまな行政改革に精力的に取り組んでいる。

この選挙はとんでもない激戦となり、九月一一日の世界同時多発テロの影響を大きく受けることとなった。というのも、デンマークは一九六〇年代の経済成長時代から、労働不足を補うために移民、難民を大らかに受け入れてきた。現在、デンマークの八百屋はほとんどといっていいほどトルコ系民族が経営をしているし、それはピザ屋にも多い。私たちが住んでいたコペンハーゲンのアパートの横にあるピザ屋は、クルド人の経営であった。

これまでのデンマーク社会民主党政府は彼らに教育を無料で授け、デンマーク語教育も無料で行い、言葉が話せないために仕事に就けない間は生活支援金を支払っていた。中近東、東欧からするとデンマークはまさに「おいしい国」であって、どんどんと移民の数が膨らんでいった。移民に対する支援金の増大は政治問題化していたのである。さらに、デンマークで生まれた移民二世も育っているが、モスリムの学校に通わせてデンマーク語を学習しようとせず、デンマーク社会に溶け込む努力もせずに事件を起こすことが多くなっていた。

「私たちの税金は一体何に使われているのか？」と、国民は考えはじめたのである。こうした国民感情を背景に、アナス・フォー・ラスムセン率いる自由党は「移民規制」と「税率ストップ」を公約に掲げて登場したのである。

そして、二〇〇一年九月一一日、世界同時多発テロが勃発した。選挙日は一一月二〇日。移民の中核をなすイスラム勢力に対する嫌悪感がアナスに有利に働いたことは言うまでもない。戦後、北欧の社会保障を「平等主義」、「普遍主義」という価値観の下《もと》に構築してきたのは、主として都市労働者を基盤に成長してきた社会民主党である。デンマークにおいて社会民主党が敗北するということは、歴史的な政治の激変として世界中に報じられた。ポール・ニューロップ・ラスムセンのうなだれた表情、若きアナスの意気揚々たる表情は、日本の日本経済新聞にも報じられた。

（1）二〇〇五年一月現在、デンマークの内閣を構成しているのは自由党（Venster）、保守党（Konservativ）からなる中道右派政権であり、二〇〇五年二月の総選挙でも勝利を収めた。自由党はその起源を農民に遡り、二〇世紀初頭に政権の座に就いている。デンマークでは、社会民主党が左派、自由党は右派である。

移民は「困窮した人々」である。高い税金を払って、「困窮した人々」への補助によって所得の再分配を行う。「富める者は多くを供し、多くを受ける」のではなく、「富める者は多くを供し、平等に受ける」ことによって平等な社会をつくるというのが、社会民主主義の平等の概念である。二〇〇一年一一月の総選挙で社会民主党が敗れたことは、僅差であることや世界同時多発テロという特殊要因が働いたことを差し引いて考えなければならないが、こうした社会民主主義的価値観が通用しない世代が育ちつつあることを証明してみせた出来事ではなかっただろうか。

(2) お金持ちと新世代人

コペンハーゲンの市庁舎前から王様広場（kongens nytov）まで続く約一キロの歩行者天国「ストロイエ（strøget）」、ここにも新しい波が押し寄せている。デンマーク人が経営する小じんまりとした専門店が影を潜め、高級ブランド店や世界チェーンをもつ大型ファッション店が軒を連ねるようになった。スウェーデンに本社をもつ「H&M」は、子ども服から若者のファッションまで、手ごろな価格の洋服を提供する北欧版GAPといったところだが、市内に大規模店を数店展開している。また、マクドナルドも一九九八年あたりから店が増えはじめた。ストロイエの中間あたりにある「ロイヤルコペンハーゲン」本店近くのマクドナルドは、その前にいかにもデンマークらしいオープンカフェがあるにもかかわらずいつもにぎわっている。そして、「セブン・イレブン」などのコンビニエンスストアは、比較的古くからあったように記憶している。

とくに、「ルイ・ヴィトン」などは季節の新モデルが入ると店内でお披露目をしているのだが、こうした店内パーティには小金を持っていそうな三〇代のカップルがこぞって足を運んでくる。店内でシャンパンを片手に語らっている様子は、「これがデンマークか？」と思わせるほどに瀟洒な感じがする。ルイ・ヴィトンなどは、その昔、観光客相手の免税販売が中心だったはずである。

「洋子、それはＩＴマンよ。最近多いわよ。すごい車に乗っているでしょう？　それもＩＴマンよ。フェラーリ、フェラーリ」と、法律家のヤーニ・ギューリングが目を輝かせて教えてくれた。ルイ・ヴィトンで買物したりしているのはデンマークのＩＴバブルの成金であるらしく、そういう人たちはフェラーリなどの超高級車を乗りこなして町中を走るのでそれとすぐわかる。これまで見かけなかった風景であるが、こういう人たちが増えた。そして、若者たちは、こうした成功者とその生活ぶりに非常に憧れているようである。

高齢者についてはどうであろうか。高齢者も金持ちになったようだ。高齢者住宅の家賃の支払いについては、「年金収入しかない人のためには、家賃補助がなされる」という説明がつきものであるが、現在のデンマークでは、日本の厚生年金ともいえる企業年金（ＡＭＰ：二階建ての二階部分）を十二分に受け取っている人が多い。その内容を見てみよう。

現在、デンマークの公的年金は三種類のもので構成されている。「国民年金（folkepension）」と「労働市場付加年金（ＡＴＰ：Arbejdsmarkedets Tillægspension）」、「特別年金（ＳＰ：Særlige

Pensionsopsparing)」である。

国民年金は、デンマークに四〇年以上住んでいれば六五歳になればもらえる年金で（一九三九年六月三〇日以前に生まれた人は六七歳から）、現在、約一〇〇万人の受給者がいる。受け取り額は、独り暮らしの場合、年額約一一万二〇〇〇クローナ（約二二〇万円、税込み）で、月額約一八万円、税金を払って残るのが約一一万円といったところである（Social Ydelser, 2004）。デンマークでは女性が働くことが前提であるため、年金は世帯単位ではなく個人単位で組み立てられている。そこで、高齢者夫婦の世帯には一人月額約一三万円（税込み）、二人で月額二六万円という受け取り額になる。これに加えて、年間九〇〇クローナ支払ってきたATPが年間二万二〇〇〇クローナ（約四四万円、月額約三万七〇〇〇円）、さらにSPが給料の一パーセント分支給される。

次に、二階部分にあたる「企業年金（AMP：Arbejdesmarkedets Pension)」は会社（雇用者）が三分の二を、組合（被雇用者）が三分の一を積み立てていくものである。現在、約二〇〇万人がこの企業年金をかけており（うち八五パーセントがサラリーマン、一五パーセントが商店主、医者、弁護士、税理士などの自営業者）、労働市場人口の約七〇パーセントにあたる。現在、順風満帆で成長している Codan や Danica などの保険会社は、こうした企業年金を企業向けに販売しているのである。二〇〇四年における掛け金は給料の一〇・八パーセント（労使合わせて）であり、受取額は掛け金に応じて異なる。そして、デンマークの中堅サラリーマンは、引退後のより豊かな生活を支えるのに、その収入の三分の一をこのＡＭＰで賄おうとしているようである。

　これらのほかに、まったく個人の裁量でかける個人年金（Privat Pension）もある。この年金にも約一〇〇万人が加入しており、労働市場人口の三分の一に当たり、その躍進具合は推して知るべしである。その掛け金は千差万別であるが、平均的には年間一万七〇〇〇クローナ（約三四万円）となっている。

　以上の年金の話は、より現実的な情報を得ようとCodanの年金部長フランク・ピーターセン（Frank Petersen）から聞いたものである。彼は、「引退後の年金計画をきちんと立てなければならない」と強調する。彼の場合、引退後は現在の収入の七五パーセントを得たいと考えている。現在の公的年金では一二パーセントしか賄えない。よって、三五パーセントをＡＭＰで賄って四七パーセントとなるが、このためには働ける間に給料の一五パーセントを三五年間積み立てなければならないそうだ。さらに、二八パーセント足りないので、これを個人年金で賄う。

　彼は、デンマークでもトップクラスの高額サラリーマンであろう。彼ほどではなくても、中堅あるいはそれ以上のサラリーマンは実際に増えている。彼らはゆたかな老後のためには国民年金だけではとて

Codan 年金部長
フランク・ペーターセン

も間に合わないことを知っているので、高い税金にプラスしてゆたかな高齢期のためにさらに備えをしているのである。こうなると、新政権が打ち出している税率凍結宣言がいかに重要な課題であり、その政権がゆたかになったデンマーク人によって支えられていることを理解していただけると思う。

フランクの説明に待つまでもなく、近年、年金会社は、退職後の人生に向けて貯蓄をすべきであるとPRしている（〈Denmark Radio〉二〇〇四年七月二四日）。こうした会社の計算によると、もし六二歳で退職したければ給料の三三パーセントを貯蓄に回さなければならない。これは三五歳で貯蓄をはじめて、引退後に現給料の六〇パーセントの収入を得ようとする場合の話である。過剰に貯蓄を奨励する年金会社に対してエルドラセイエンなどは警告を発しているが、年金会社は「よりゆたかな老後のためというより、公的年金の破綻」を予測して将来設計の必要をすすめているのだとしている。実際には、受け取った個人年金を使わず、二人に一人が退職後も貯蓄を継続しているのである。

いずれにせよ、デンマークの高齢者はゆたかになり、個人年金はいまやデンマークでは老後対策の一つととらえられ、確実に浸透しているのである。では、若者はどうであろうか。

「僕は、ボーナスをたくさんほしいですね。そして、もらった分は自分で使いたい。一生懸命働いて多く税金取られるの、僕はもう嫌ですね。生活の基盤を税金の安い日本やアメリカにおいて、いいときだけデンマークに帰ってくる。そんな暮らしがしたいです。ナレッジ・アウトフロー

（頭脳流出）はもうはじまっていますよ」

二〇歳代の若者はこのように、現在の心境を話してくれた。彼は、コペンハーゲン商科大学（København Handelshøjskolen）のヤポック(2)に在籍している若者である。大学などの高等教育を受ける層は、デンマークでは二〇パーセントにも満たない。彼は、この国のバックボーンとなっている価値観に対して後ろめたさを感じることもなくその思いを語ってくれた。これからのデンマークは、これまでとは異なるものであることを強く強く感じた。

（3）小さな政府と持続可能性——Ny Danmark 構想

現在、デンマーク政府が目指すのは「小さな政府」であり、税率の凍結が大前提としてある。そして、その先には福祉には力を入れるが、その内容は「持続可能な福祉、持続可能な社会」というものである。

二〇〇四年四月二九日、「Ny Danmark（新しいデンマーク）」という行政改革案（アムト廃

（2）（Japok）コペンハーゲン商科大学にある、日本の経済やビジネスを学ぶ学科。毎年人気が高く、本部は、本書でも在宅ケア夜間巡回などで取り上げているフレデリクスベアコムーネのダルガスヘーウ（Dalgashav）に置かれている。ちなみに、この校舎の設計はデンマーク建築家へニン・ラーセンである。私はこの校舎で約八ヵ月学んだが、白を基調にしたシンプルでモダーンな建物にブルーで統一された家具が使われており、ゆたかな居住環境は人の心をゆたかにするものであることを身をもって体験した。

止・コムーネ合併案）が政府から発表された。政府案の骨子は、現在一三のアムト（Amt、県）を廃止して五つのレギオナ（Regioner、広域保健圏域）に再編し、二七一あるコムーネ[3]は少なくとも人口三万を基準に統合しようというものである。社会省の行政官から二〇〇三年一一月に直接聞いたときは人口五万人を目安に統廃合を計画しているとのことであったから、下方修正されたようである。となると、コムーネ数は一〇〇から一五〇を目途にしているということとなり、アムトがなくなってレギオナという新しい分割が登場することになる。

四月二九日、アナス・フォー・ラスムセンは、主要閣僚である経済産業大臣ベント・ベンセン（Bendt Bendtsen）、財務大臣トア・ペーダーセン（Thor Pedersen）を従えて、頭上にしつらえた巨大スクリーンで「Ny Danmark」の概要をプレゼンテーションした。その様子には物々しささえ感じられ、政府の気迫が感じられた。最近は便利になったもので、こうしたニュースはインターネット（http://www.dr.dk/）を通して動画でほぼリアルタイムで見られる。私は、遠く日本からこの新しいデンマークの地殻変動を眺めていた。

この行政改革の目的は、「税率を上げることなく、学校や道路、病院などの社会インフラを基盤整備する」というものである。現在、最小のコムーネは人口わずか約二二〇〇人であり、五〇〇〇人前後のコムーネは五〇あり、一万人までのコムーネは全体の四分の三を占めている。小さなコムーネに至るまで地方自治が確立しているデンマークで二一世紀の大合併[4]が行われるとすれば、それは三〇年ぶりの大規模行政改革となる。しかし、与党である自由党内にも反対があり、それぞれのコムーネの思惑もあって歩調が揃わないようである。とはいえ、二〇〇七年に向けて政治日程は着々と進められている。

税率凍結を与件としてさまざまな課題の解決が迫られ、しかも高齢者はどんどん増えて年金負担も相当なものになる。一九八三年には出生数が戦後最低を記録し、一九八五年には人口減少という悲惨な状態に陥ったが、一九九五年には戦後初のベビーブームを記録している。市内を歩いても乳母車を押す女性の姿をよく見かけるようになった。しかしながら、現在デンマークでは若者が労働市場に参入するのが遅くなっているので、この新しいベビーブーマーが年金を供給してくれるようになる（労働市場に参加する）のは早くても二〇二〇年となる（二五歳で就職として）。それまでは負担層が減少して、受給層が増加するという最悪の時代となる。

こうしたなかで政府は、「高齢者はこれまでデンマークの繁栄を支えてきた尊敬すべき存在である」ことを認めたうえで、財政面では負担の多い世代であるという事実を直視して、新しい施策を講じざるを得ないのである（**図5－1**を参照）。

福祉サービスなどについては、これまでサービス提供は公共からだけであったものを「自由選

（3）二〇〇二年、シェラン島の東方はるか六〇キロ沖に浮かぶボーンホルム島（人口約四万四〇〇〇人）が五市から一市に統合された。これによって、コムーネの数が二七五から二七一となった。

（4）一九七〇年の社会福祉行政法によってそれまで一〇〇〇以上あった教会区（sogn）が二七五のコムーネに統合され、コムーネが福祉と初等教育を、アムトが医療と高等学校教育を担当することとなった。

図5－1　国民が受ける公的援助の年齢別比較

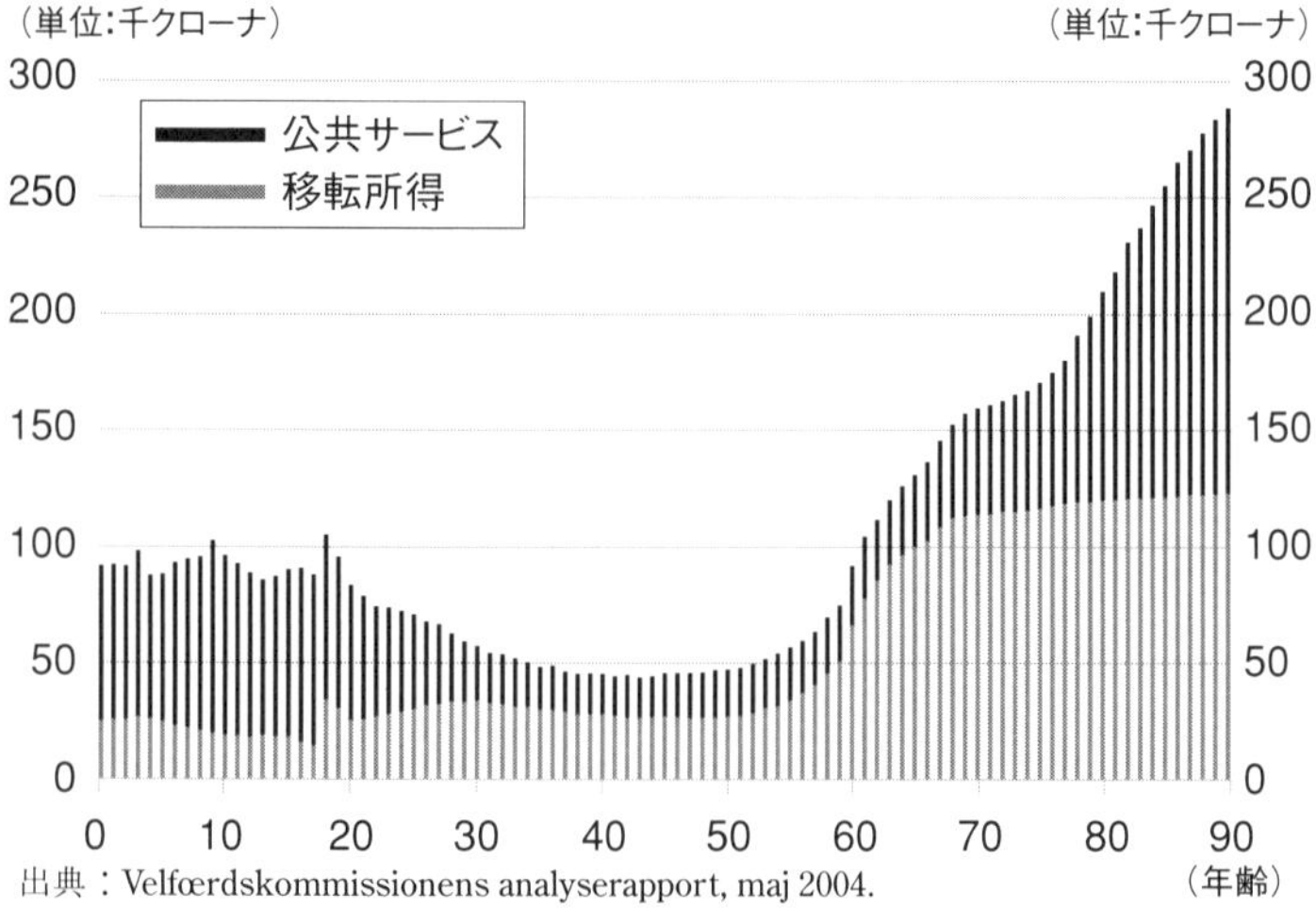

出典：Velfœrdskommissionens analyserapport, maj 2004.

択」の導入で民間参入の道をつけ、これに加えてボランティアにも参加してもらって、税率凍結の下《もと》でのサービス面での質の維持を図ろうとしている。そこには、当然、無駄を除くというサービス量の抑制があり、標準化や透明性の確保を目指す背景には、公的セクターだけでなく多様な供給主体を持ち込もうという福祉多元主義があるのである。

　エルドラセイエンは、「高齢者は助け合う（Ældre hæjlp Ældre）」というパンフレットをつくってさらなるボランティア活動の促進をはじめているし、政府は政府で、ボランティアに専門教育を施す計画を立てて、これまでのようにサービスの受け手としてだけでなく、専門知識を身につけたサービスの担い手として育成していくことをもくろみ、国民の積極的な参加を呼びかけているのである。

2 民間導入の高齢者居住と施設の質的変容

公的セクターから民間へとサービス提供の主体が移行しているのは、ケア部門にかぎったことではない。住宅供給の部門においても、この傾向が顕著になっていることはこれまでに話してきた通りである。

(1) ヘニンセンさんの引っ越し

二〇〇三年五月ロスキレコムーネに新しいシニア共生型住宅ができたと聞き、仲間集めからこのプロジェクトをはじめたというヘニンセン夫妻をその自宅に訪ねた。

ヘニンセンさんはいかにも管理職然とした紳士で、奥さんも上品である。これまで会ってきたデンマーク人とは、どこか違う何かを感じた。新しいデンマークの到来を感じさせる、裕福な高齢者の一人に見えた。風呂場の洗面所に大理石を使うなど、これまで見てきた高齢者住宅（公営住宅）とは違って造りが豪華であった。また、玄関入ってすぐ右が洗濯室であり、そのままトイレ・風呂、さらに寝室へと続いている。高齢期の暮らしを考えたすばらしい設計にも感心した。

この住宅は協同組合住宅（一五二ページ）の制度にのって、シニア共生型住宅（**Senior bofælleskab,senior co-housing**）を造っている例である。補助は一切受けず、コムーネにローンの保証だけをしてもらっている。戸数が二二戸（平屋）というこのプロジェクトは、平均的なシニア共生型住宅である。ヘニンセンさんが中心となってこのプロジェクトをすすめたのだが、人を集めて計画を練るのに三年、そして建築に一年、つまり合計四年かかってようやくできた。土地はコムーネから安く購入したもので、コムーネの要請もあって一六戸が決定したところで建築をはじめた。

二二戸に四〇人が住み、年齢は四五歳～八五歳までで一二人が現役で働いている。ここに住むためにコムーネの判定を受ける必要はない。しかし、コムーネが土地を売って提供しローン保証をしているためにある程度の発言権をもっている。コアメンバーの一六戸が決まったところで建築をはじめるようにすすめたのもコムーネである。しかしながら、もっとも強い決定権をもつのは住人（組合協会）の理事会であり、「子どもと一緒に住まない」という条件は、理事会で決めて参加条件として付け加えた。建築が終わって入居するときには一七戸が揃い、一年で全住戸が埋まった。

ヘニンセンさんの住宅は一〇〇平方メートルで、このなかでは広いほうである。以前住んでいた住宅は二〇〇平方メートルあり、子どもが独立したあとは、広すぎて掃除や庭の管理に困るようになった。そこで、いろいろな高齢者住宅を見に行くうち（一〇軒以上は見学したらしい）、「同じ年代の人と住むなら、気のあった人と住むのがいい」と思うようになり、住む人が主体的にプロジェクトを進めていく共生型住宅に挑戦することにした。

「最初、声をかけて集まってきたメンバーはみんないなくなって、一〇〇パーセント入れ替わったよ。企画中に抜けていって、また新しい人が入ってくるわけだ。集めたい人数の二倍から三倍の人を集めないといけないね。でも、今ここに住んでいる人はここが最高だと思っている」と言うヘニンセンさんの表情は生き生きとしている。

経済面を紹介しよう。協同組合住宅では、住宅を建てたい仲間が集まって組合協会をつくり、総工費の二〇パーセントをデポジットとして出し合ったのち、あとの八〇パーセントについてはローンを組むのが通常である。ヘニンセンさんたちの場合、建築費総額は約四〇〇〇万クローナ（約八億円）であったので、その三〇パーセント（一億四〇〇〇万円）を二二戸で分担した。各戸の大きさが違うため、最初の支払いの基本金額として一平方メートル当たりの単価を五〇〇〇クローナ（約一〇万円）と設定した。一〇〇平方メートルの家を購入したヘニンセンさんの最初の支払いは五〇万クローナ（約一〇〇〇万円）であった。あとの五億六〇〇〇万円は家賃として各戸が支払い、組合協会がローン返済をする形となる。最初に支払った三〇パーセント分は売買することができ、新しく買った人が家賃支払いの義務を引き継ぐことになる。

「この間、隣の人が骨折して外出できなくなったの。代わりに買い物をしてあげたわ。買い物リストをもらって、私の買い物のついでに買ってきてあげただけのこと。ここに住んで、気楽に助け合っていくのはとても安心ね」と、奥さんが話してくれた。

「暮らしぶりが似通っている人を集めることが重要だと思う。ある程度金銭的にも余裕があり、価値観も似通った人間が集まって住むのが共生型住宅の住み方のコツ」と、ご主人はかみ締める

図５－２　ヘニンセンさんが住む共生型住宅の敷地レイアウト

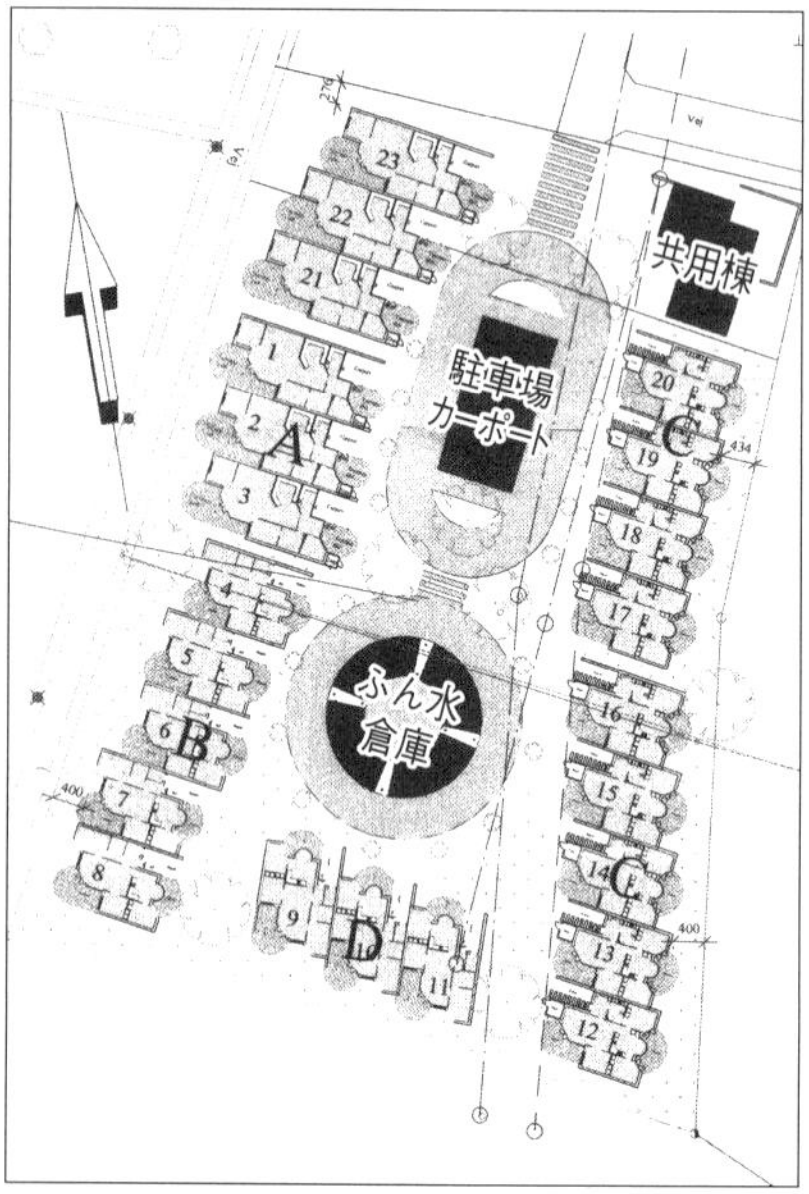

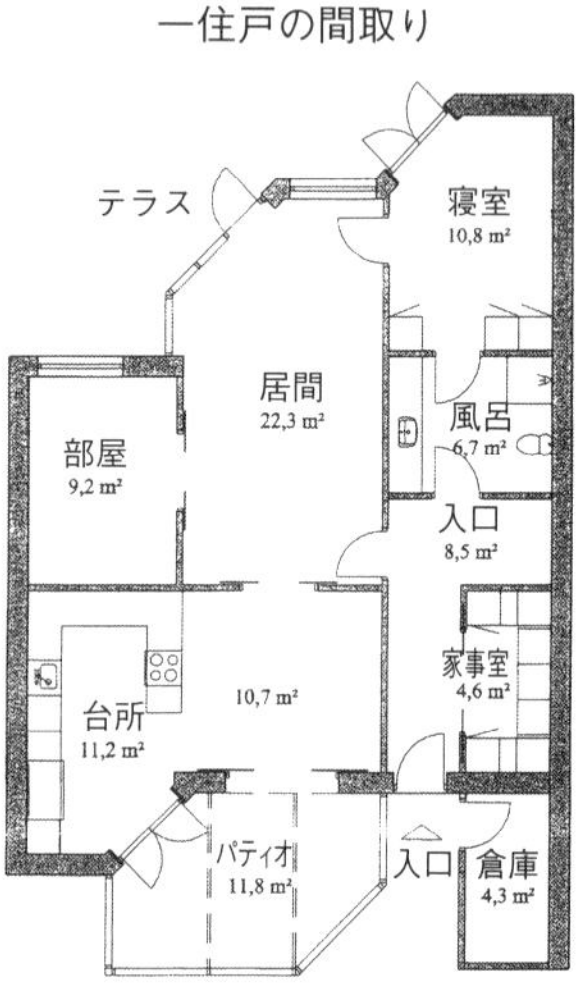

図面提供：ホースト・ヘニンセン
(Horst Henningsen)

ヘニンセンさんご夫妻

ヘニンセンさんご夫妻の居間

ように言った。

そういえば、六年前の一九九八年、私はフュン島で初めてできたオレコレの一つをオーデンセに訪ねた。そこに住むインガ＆マックス夫妻が、「共生」や連帯感について熱く語ってくれたことを記憶している。インガ＆マックス夫妻は今はもう八〇歳、そしてヘニンセンさんは六八歳である。一〇年ひと昔というが、彼はことさら「共生」を強調せず、「暮らし向きの似通った仲間とともに住む心地よさ」というようなイメージでこの住宅を説明してくれたように思う。

豪華な大理石の輝き、品格があり都会的でスマートなヘニンセン夫妻の笑みは、たしかに新しいデンマークを感じさせるものであった。高齢者住宅に、自ら決断して夫婦そろって引っ越したヘニンセン夫妻。お子さんは、ホノルルとベルリンにいるということらしい。休みには、お孫さんも来るという。

（2）民間企業ベースで進められるプロジェクト

ヘニンセンさんの住宅に見られるように、今、デンマークは、公営住宅（高齢者住宅）の枠組みを飛び越えて新しいものが次々に生まれている。もう読者の方はお気づきのことと思うが、冒頭でご紹介したバルドが住むソフィルンは公営の高齢者住宅であり、コムーネの判定が必要な住宅であった。しかし、ヘニンセンさんの協同組合住宅はコムーネの判定を受ける必要がない。公営住宅ではなく、協同組合方式で建てた個人所有住宅だからである。新しく出現している住宅を

表5－1　デンマークにおける高齢者の住いの分類

		所有形態別		
		公営住宅（Almene bolig）	協同組合住宅（Andelsbolig）	個人所有住宅（privat bolig）
形態別	戸建て住宅 テラスハウス 集合住宅	① 高齢者住宅（狭義） ＊ソフィルン（309ページ）	② ＊ソルベアシニア（290ページ）	③ 持ち家 個人住宅の賃貸
	共生型住宅（Bfaelleskab）	④ ＊インガ＆マックスの住宅（304ページ）	⑤ ＊ヘニンセンさんの住宅（281ページ）	⑥ ＊トロロッドの住宅（288ページ）
	より安心の住い（施設系）	⑦ プライエボーリ グループホーム	－	－

公営住宅と区別するために「シニア住宅（Seniorbolig）」と呼ぶことにしよう。国立建築研究所のゲオ・ゴッショルクが使っていた言葉である。「公的援助なしで、民間ベースで提供される高齢者のための共生型住宅」と定義できるだろう。

わかりやすくするために、高齢期の住まいの選択肢については第3章でまとめたものを、所有形態とレイアウト形態によってもう一度整理してみよう。その結果は**表5－1**のようになるが、シニア住宅はアミの部分に該当する。

シニア住宅で典型的なものは、ヘニンセンさんの例に見られるように協同組合方式で建てられる共生型住宅であり、それは金銭的にゆとりのある高齢者によって支えられている。彼は最初に一〇〇〇万円をデポジットとして支払っていたが、これは一般の公営住宅のデポジットの約三〇倍に当たる（**表5－1**では⑤の部分）。そして、**表5－1**のなかで共生型住宅をプライベートで建てるという⑥の部分に相当するものも現れているという。

高齢者住宅の供給を主要業務とする「デンマーク住宅協会（Danmark Boligselskab）」という組織を訪ねてみよう。DABより規模は小さいが、第3章で紹介した非営利住宅協会の一つである（一一九ページ）。ここで、公営住宅プロジェクトの企画・設計・建築・運営を総合的にプロデュースしているハンス・ニッセン（Hans Nissen）に会った。

ハンスは最近人気が高まっている「シニア共生型住宅（Senior Boffealeskab）」について、次のようなことを教えてくれた。共生型住宅をつくる方法には、①公営住宅、②協同組合住宅、③個人所有住宅という三つがある。①は公営賃貸住宅で国・コムーネからの補助があり、おまけに賃貸住宅だから毎月の支払い額が比較的少ない。しかし、すぐに入居できるとはかぎらない。インガ&マックス夫妻の住宅（三〇四ページ～三〇九ページ）がこれに当たる。その点、③はまったくの個人住宅だから自由に建てられる。ヘニンセンさんの住宅は②に当たり、両者の中間に位置する。共生型住宅を造るにも、個人の経済状況や好み、ニーズに合わせて手法を選択することができるのである。

このように興味あるバリエーションを教えてくれるハンスなのだが、彼が所属するデンマーク住宅協会は非常に面白い組織体を成している。「デンマーク住宅協会」という非営利住宅協会であると同時に、「シニア・ボ（Sinior Bo）」（Bo は住宅という意味）という民間営利企業でもあるのだ。つまり、二枚の看板を掲げているということである。そして、①④⑦のような公営住宅（非営利住宅）に関する仕事は非営利住宅協会の「デンマーク住宅協会」で受け、③⑥のような公的援助を受けない民間住宅については民間企業の「シニア・ボ」で受けているのである。もちろん、公営住宅にはプライエボーリや認知症高齢者のグループホームも含まれるので、「デンマーク住宅協会」ではこうした「より安心の住まい」もコムーネとの連携の下で造って、家賃徴収やメンテナンスなどの管理運営にもあたっている。

最近は金銭的にゆたかな高齢者も多くなり、共生型住宅を建てるのにも公的支援には頼らず協同組合住宅方式（市の保証なしタイプ⑤）やまったくのプライベートな持ち家（⑥）として建てるケースが増えており、「シニア・ボ」の部門も忙しいとのことである。社会民主主義から抜け出しつつあるデンマークの、新しい側面をうまく事業として展開している好例といえるだろう。

第3章（一二七ページ）で紹介した、「デンマーク民主主義の牙城」ともいえるBLのヘルグ・ムラーが公営住宅の売却に反対するために闘っている姿を覚えておられるだろうか？　まさに別世界の出来事のようであり、「福祉の基盤たる住宅」の提供が公的セクターから民間セクターに移行されようとしているそのダイナミズムを丸事ビジネスとして取り込んでいるのである。

そこで私は、⑥に当たるまったくの持ち家として建てたシニア共生型住宅をコペンハーゲンコムーネ北部のヴェドヴェック（Vedbæk）に訪ねてみることにした。トロロッド（Trørød）の共生型住宅はまったくプライベートで建てられているので、一平方メートルのユニットプライスも三万五〇〇〇クローナ（約七〇万円）と公営住宅の倍近い高さである。デンマークによく見られるレンガ製の建物ではなく、木造であって家屋の外壁は黒っぽい羽目板でできている。広さは、八七平方メートル、九七平方メートル、一三〇平方メートルと三種類あり、一番広いものの価格は四五五万クローナ（約九〇〇〇万円）である。「エッ！」と、わが耳を疑ってしまうような値段であるが、こうした住宅に住む高齢者が出現しているのである。

訪れたとき、その住宅は一一月の霧のなかに黒っぽい巨体を浮かばせていた。できたばかりなので引っ越しをすませている人は少なく、霧が深い日であったことも手伝って静かなたたずまいだった。「どんな人が住んでいるのだろう?」と思って訪ねたが、それは普通のデンマーク人で、ヘニンセンさんのような管理者タイプでもなかった。しかし、住宅内部はロフトがあって居間も非常に広く、奥さんが焼き物をするための工房が玄関横にしつらえてあった。この住宅は、その敷地を出た所にバス停があり、裏手にはスーパーマーケットがあって静かな環境でありながらも非常に便利なロケイションとなっていた。

ハンスの会社では土地が安いユトランド半島にも住宅建設を企画しているが、売れ行きは順調

（5）協同組合住宅建設への直接補助についてはこれまで建築費の一〇パーセントがなされていたが、二〇〇四年をもって終了した。しかし、ローンに対するコムーネからの担保保証はまだ続いている。しかし、担保保証を受けると建築条件などについての規制が発生する。居住環境についての住み手のニーズは質的に高まっており、これに応えるためには保証なしで進めるほうが得策であると考えられている。

のようである。デンマークの高齢者の居住環境は、公的支援を待つまでもなく民間レベルで新しい発展を遂げているのである。

裕福な高齢者の出現を髣髴させる別のプロジェクトを見てみよう。民間企業がコムーネの要請を受けてはじめた「協同組合住宅協会ソルベア・シニア（Solbjerg Senior）」という集合住宅プロジェクト（②）である。このプロジェクトは、コムーネからの補助も担保保証も受けていない。都心地域でもっとも広く美しい公園として知られているフレデリクスベア公園のすぐ横で、かつ幹線道路に面しているので、騒音の問題を除いてはロケイションは最高である。

「最近の高齢者は、都心の小こじんまりとした住宅に早く移りたいという人が増えている。ここはコペンハーゲンの都心までバス一本で出られるので、映画に行くにも、劇やバレエを観に行くのにもすごく便利で、ミドルクラスからハイクラスの高齢者によい住まいではないかと思っている」と、このプロジェクトを進めた建築家であるヨニー・ソーレンセン（一三六ページ）が説明してくれた。

住宅の大きさは、一〇〇平方メートル前後のものが中心である。デポジット五〇万クローナ（一〇〇〇万円）、月額家賃は住宅の向きや階によって異なるが、五〇〇〇クローナ（一〇万円）～七八〇〇クローナ（一五万円）である。フレデリクスベアコムーネの高齢者住宅のデポジット

トロロッドの共生型住宅

が一万五〇〇〇クローナ（三〇万円）であるのと比較すると三〇倍となる。当初は、コムーネとの取り決めで入居条件を六〇歳以上としたが、これではプロジェクトがうまく進まないだろうとヨニーが判断し、コムーネと協議して入居条件を五〇歳以上としたらしい。協会の名前を「五〇プラス協同組合住宅協会（+50 Andelsholigforening）」と名づけて五〇歳代からの引っ越しを呼びかけ、一般の不動産業者を通じて売りに出している。

これらは、ＡＢＦ（協同組合住宅連盟）のティーナが言う「リスキーなローンをかかえた高価な協同組合住宅」（一五〇ページ）であるかもしれない。しかし、売れ行きは好調で、二〇〇五年一月現在において四八戸中四一戸が完売している。デンマーク民主主義の申し子ともいえる協同組合住宅が、一般流通市場で好調に動きはじめているということである。

(3) 施設は本当になくなったのか？

高齢者の住まいがコムーネの手を離れて非営利住宅協会へと移されてきた歴史を探り、さらに個人や民間の手になるシニア住宅も現れて高齢期の暮らしを構造的にも社会的にも配慮した住宅が増えていることを見てきた。また、二四時間にわたって提供される在宅ケアの充実ぶりも紹介した。そこでは、「広薄《こうはく》狭厚《きょうこう》」ともいえる戦略に則ってかぎられた資源が効率よくシェアされ、多くの人にケアが行きわたり、同時に本当に必要な人には重点的にケアが届

ソルベア・シニアのパンフレットから

けられていた。

行政の目標としては「経済あっての福祉」というテーマが新しく登場しているので、公平に平等にサービスを届けることを目指してサービス内容を標準化するための自由選択やBUMモデルなどの新しい取り組みもはじまっていた。サービスの標準化には批判があるとはいえ、こうした改革にも、現場スタッフは柔軟性をもって自分の人生価値と重ね合わせながら取り組んでいた。

一方、在宅での暮らしに目を転じれば、筋萎縮性側策硬化症（ALS、二〇三ページの註(12)を参照）などの難病の人もアラームを押せないほどに病気が進行していたが、自らの意志によって自宅（高齢者住宅）に暮らしていた。コムーネは、いくら「経済あっての福祉」を標榜しようともこれを支える義務があるのである。また、エレベーターのない住居に住む高齢者は、「どうして住み替えないの？」と思うほどに不便そうな暮らしをしていたが、それも自己決定なのだからと現場のスタッフはその人を支えていた。

そして、活発に繰り広げられるアクティビティ・ハウスでの活動は何よりのリハビリになるし、もし脳卒中で倒れても病院から早く退院して地域リハが在宅復帰を助けてくれる。これは、バルドのエッセイにこと細かく書かれている通りである。若いペンショニスト（年金生活者）はもちろん、バルドのような八〇歳を過ぎた人もボランティアに励んでいた。

住宅もケアもここまで整備されていて、実際に地域での活発な高齢者の様子を見ると「本当に施設なしでやっていけるのだ！」と言い切ることに問題はないであろう。しかし、旧型プライエムは姿を消しながらも、その一方で急速な高齢化のなかで「より安心な住まい」であるプライエボーリが建築されていることも事実である（**表5－2**を参照）。

本書のまとめをするにあたり、このことを踏まえたうえで最後の難問である「住宅で最期まで住めるようになって、施設は本当になくなったのか？」という問いへの答えを出さなければならない。愚問であるかもしれないという可能性を十分に知りつつ、である。

これまでの話のなかで、居住という面からもケアという面からも住宅と施設に境界がなくなっていることは理解していただけたと思う。プライエボーリは公営賃貸住宅の一形態である。各戸に郵便受けやインターホンもついていて、スタッフといえどもノックをして入らなければならない。また、ケアについては、アセスメントを経て各人のニーズに合わせて在宅ケアの一環として届けられている。さらにそこでは、一〇戸前後で一つの生活単位を構成し、共用の居間で家庭のようにくつろぎながら、また共用食堂では食事づくりにも参加しながら、これまで通りの暮らしと変わらない普通の生活を送っている。これまで通りの人的ネットワークの継続も重要な課題であるが、これについては実証的確認ができていない。しかし、プライエボーリ（介護型住宅）では自分の生活を自分で組み立てていくためにスタッフが近くにいてくれるので、それは数ある高齢者住宅（広義）のなかでも「より安心の住まい」であるということだ。「施設的なるもの」と言っていいかもしれない。また、この施設にいるスタッフは、食事の世話や身の周りの世話などを中心とするスタッフであることもすでに紹介した通りである（五八ページを参照）。

施設は本当になくなったのか？　という質問には「イエス、なくなった」と答えてよいと考える。地域居住を支える住まいを大胆に一元化したことは明らかであるし、夜間巡回の途中で立ち寄ったカレベック・プライエムのような旧型プライエムは明らかに取り壊されるのである。しかし、次のような反論には、丁寧にかつ発展的に答えていかなければならないだろう。

「『デンマークではもう施設は存在しない』というのは一つのレトリックだ。実際により安心な住まいであるプライエボーリは増えているじゃないか」という反論である。旧型プライエムが姿を消す速度には追いつかないにしても、プライエボーリが増えていることは事実であり、施設が質的に変容して現れているとも言えるので、このような質問には逆に次のような問いを発して発展的に考えていきたい。

❶より安心の住まいは、どれほどの割合で必要とされているのか？
❷より安心の住まいは、どのようなものなのか（施設の質的変容とは）？
❸より安心の住まいは、地域のなかでどのような役割を果たすのか？

（4）「より安心の住まい」はどれほど必要か？

では、❶について具体的な統計を見てみよう。

結論から言えば、「より安心の住い」、「施設的なるもの」は現在五・三パーセントレベルで整えられ、一九八七年の七パーセントからかなり低下しているということである。詳しく見ていこう。

施設が住宅と変わらない居住環境となり、ケアが無条件ではなく、ニーズに合わせて提供されるようになれば、施設が「住宅のような自立型の住まい」となっていく。また、二四時間在宅ケアがあれば在宅でも施設と変わらないケアが受けられるようになって、住宅が「施設のような安心の住まい」になっていく。「デンマークには施設はない＝デンマークでは住宅と施設の境界はない」と言われるように、両者は確実に、そして実質的に近づいている。しかし、「高齢者住宅（広義）」というカテゴリーのなかでのバリエーションとしての区別はなされているのである。

高齢者住宅（広義）のバリエーションを踏まえた統計調査はないものかと、私は長らく探していた。というのも、プライエムが減っているのは事実である。そして、高齢者住宅（広義）が増えているのも事実である。しかし、「より安心の住まい」と定義したプライエボーリは統計のなかでは高齢者住宅（広義）に含まれていてその割合が不明だったのである。

やっと入手できたデータが**表５－２**である。一九九九年にデンマーク統計局は、高齢者の住まいの形態について「カテゴリーＡ・Ｂ・Ｃ」という新しい分類の仕方を導入していた。住まいの形態ではなく、受けられるケアの内容に応じての分類である。

カテゴリーＡは二四時間ケアが受けられ、スタッフ常駐で食事も提供されるもの。カテゴリーＢは一般住宅に近いもので、介護スタッフは常駐せず在宅ケアを利用して暮らすもの。つまり、本書で「高齢者住宅（狭義）」、「素ッピン住宅」と呼んでいるものである。カテゴリーＡを「介

表5－2　デンマークにおける高齢者の住まいの新・3カテゴリー

単位：戸

分類		カテゴリーA 介護型：より安心の住まい(＊1) 24時間介護が受けられる住宅	カテゴリーB 住宅型：素ッピン住宅(＊1) 在宅ケアを受けて暮らす住宅	カテゴリーC 旧住宅型：旧素ッピン住宅(＊1) 在宅ケアを受けて暮らす住宅
		旧プライエム 一部保護住宅(＊2) プライエボーリ	高齢者住宅（狭義） 保護住宅	高齢者向け集合住宅 高齢者向け住宅 その他の制度によって作られた住宅
2001年		48,000	21,900	19,600
2002年		47,620	22,052	19,741
2003年		42,387	24,185	18,338
2004年		42,681	24,661	19,064
2004年の内容(＊5)	プライエム	19,639(25,737)	31(65)	0 (0)
	保護住宅	1,946(2,750)	1,328(1,337)	16(18)
	高齢者住宅	20,346(17,665)(＊3)	20,371(17,436)(＊4)	5,525(4530)
	その他	681(1,468)	2,931(3,214)	13,523(15,193)
	合計	42,681(47,620)	24,661(22,052)	19,064(19,741)

（デンマーク統計局資料より筆者作成）

（＊1）　このネーミングは筆者案である。日本の有料老人ホームの分類（介護型、健康型、住宅型）に拠っている。

（＊2）　原資料にはこの記載はなかったが、実際の数値には保護住宅がカテゴリーAとしてカウントされていたため、筆者が加えた。

（＊3）　実質的にプライエボーリを指す。

（＊4）　実質的に高齢者住宅（狭義）を指す。

（＊5）　（　）内数値は2002年のもの。

護型」、カテゴリーBを「住宅型」と名づけるとわかりやすいだろう。カテゴリーCは一九八七年の高齢者住宅法施行以前につくられた高齢者向けの住宅であり、具体的には、年金受給者向け高齢者住宅や高齢者向け集合住宅などがある。「旧住宅型」と名付けるとわかりやすいだろう。

この分類は、エルドラセイエンが発行する〈En Bolighåndbog for *Ældre Hjerte Rum*（高齢者のための住宅ハンドブック　心の部屋）〉（Margarethe Kähler, 2000）でも紹介されていることに気づき、市民権を得ているものであることを知った。二〇〇四年を例にとって詳細に見ていくと、旧型プライエムは一万九六〇〇戸まで減少している。そして、カテゴリーAに属する高齢者住宅（プライエボーリ）は二万戸、旧保護住宅なども含めて、介護型（カテゴリーA）は四万二六〇〇戸であり高齢者人口に対する割合は五・三パーセントとなる。この数値は、一九八七年当時のプライエムの室数（四万九〇〇〇室）から一割以上減少している。そして、同期間に八〇歳以上の高齢者は三万五〇〇〇人も増えているので、「介護型」の実質的な割合は七パーセントから五・三パーセントへと大きく低下しているのである。

ちなみに、住宅型（カテゴリーB）については二万四六〇〇戸である。これにカテゴリーCの一万九〇〇〇戸を加えると、住宅型は合計四万三七〇〇戸となって高齢者人口に対する割合は五・五パーセントとなる。介護型（A）と住宅型（B・C）がほぼ同数であり、トータルで高齢者人口の一〇・八パーセントレベルで整備されていることとなる（日本との比較は三三六ページ）。

（5）施設の質的変容　～生活居住環境 LEVE-og BO Miljø～

次に、❷の「より安心の住まいは、どのようなものなのか？」について、デンマークの最新のチャレンジを見てみよう。それは「介護を受ける場」から「生活の場」への質的変容であり、彼らはそれを「生活して住む環境（LEVE-og BO Miljø）」と呼んでいる。

現在デンマークで新しく建設されているプライエボーリは、すべてグループホーム形式のLEVE-og BO Miljø レイアウトである。コモンスペースがかなり広くとられ、個々の住戸がその周りに配置されて一つのユニットが形成されているというものである。日本のユニットケアと同様の傾向を見ることができる。世界同時性というのか、この四～五年で急速に進んだ日本における高齢者施設の居住環境の発展に驚くものである。しかし、大事なのはケアだ。彼らはこれを「生活居住環境モデル」と呼んで、その説明を求めた際にケアの内容として答えてくれた。

二〇〇三年一一月建設された「クリスチャンヘーウ」は、一〇人で構成されるグループが六ユニットと六人のグループが三ユニット、ショートが四人分、合計八二人が住むプライエボーリである。一階にはカフェテリアがあり、在宅の高齢者のためのデイセンターになっている。住人はもとより、リハビリにやって来た人や家族も利用する。駅からは歩いていける距離で、その道すがらにはゆったりとした低層集合住宅が立ち並んでいる。

「『生活して住む環境』というのは、朝起きる、居間に出てくる、活動に参加する、遠出をする、スーパーに買物に行くというような普通の生活行為を大事にする環境です。家族がいつでも訪ねてくる、ということも大事ですね。ジャガイモを一緒にむいたり、料理をしたり、調理のおいしい香りが漂うのも、普通の生活の風景です。職員が一緒に生活するということも大事です」

このように、所長のキエステン・ストラチャー（Kirsten Struchert）と副施設長のエレン・ペーダーセン（Ellen Pedersen）が説明をしてくれた。彼女らは明らかにケアについて語っているのであって、「居住環境がケアを支援してくれる」といったニュアンスであった。つまり、「環境を味方につけるケア」である。

住人の部屋は共用キッチンと食堂を囲むような形でレイアウトされており、部屋から出てきやすく、一人ひとりが家事参加しやすいレイアウトになっている。台所にはパンを焼く香りやジャガイモを茹でる湯気がたち込め、ここに住んでいる女性は、テーブルにランチョンマットを並べて食事の準備をしていた。また、別のコーナーでは絵を描く人もいた。それはまさに家族とともに暮らす家庭の雰囲気で、グループホームで見られるようなゆったりとした時間が流れていた。

余談ではあるが、実はこのプライエボーリは別の意味でも信じられない挑戦をしている。一〇人が住む六ユニットのうち三つ、六人のユニットのうち二つは民間営利企業に運営を任せている。コムーネはサービスの質を競争させ、年に一回は利用者、家族、職員を対象にアンケート調査を実施して、その結果を公表していくらしい。高齢者のことを一番に考えて、気持ちに寄り添いながら生活を支えるケアのなかで、頭の片隅では競争のことも考えなければならないことについて「やりにくくはないか」と尋ねてみた。

クリスチャンヘーウ

食事の用意をする女性

広々とした居間・食堂・台所

「実は、二〇〇三年に自由選択がはじまって、このコムーネでもホームヘルパーが自由に選べるようになりました。民間事業所を選んだのはわずか七パーセントです。私は、サービスの内容や質では公共のほうがいいと確信しています。そして、そのように仕事をしています」と、ペーダーセンさんは微笑んだ。その様子は、「私たちは行政の役人を見ているのではなく、高齢者を見て仕事をしています」と言っているようであった。新しい時代の到来に、戸惑う暇もなく次の波が襲ってくる。しかし、キエステンたちは泰然として、高齢者に焦点をあててマイペースで「生活して住む」ケアを発展させていこうとしていた。

(6) 施設の変容――地域のコモンへ

次に、最後の発展的疑問である「より安心の住まいは、地域のなかでどのような役割を果たすのか？」について考えつつ、未来のビジョンを探ってみよう。

一九八〇年代に「総合施設」の地域への開放が進められ、これによって自宅に暮らす高齢者が施設へ遊びに来たり（イン機能）、逆に施設から地域にサービスを届けたり（アウト機能）といった双方向の関係が生まれたことは第1章でお話した通りである。それによって総合施設は、「地域福祉の核」、「在宅ケアの核」として施設凍結後もその存在意義を維持してきたことにも触れた（四九ページ）。これら二つの「核」とは「地域のコモン」である。

現在では、デイセンターやアクティビティ・ハウスが高齢者住宅とともに造られて、「地域におけるコモン」として同様の機能を果たしている。その様子は、ヴィダゴーのアクティビティ・ハウス（六八ページ）やバルドが通っていたソフィルンのアクティビティ・ハウス（七八ページ）に見られる通りである。それらは、「交流や役割づくり」に重要な役目を果たしている。さらに、トレーニング室があったし、ヴィダゴーにはショートステイも用意されていた。デンマークにおいて、こうした地域のコモンはどのように発展していくのだろうか？

そのキーワードは、「社会的交流と役割」という一九八〇年代初頭のテーマに加えて、「予防、ケア、リハビリ、トレーニング」というものがクローズアップされてくるだろう。具体的には、それらをテーマとした「保健センター」なるものが増えてくるということである。このことは、二〇〇三年秋の「新しいデンマーク構想」に関連して報告された保健・内務省の構想からヒントを得ることができる（Agreement on a Structural Reform, 2004）。現在、オーフス大学で教鞭をとり、世界保健機関（ＷＨＯ）のデンマーク支部にオフィスをもつリス・ワグナー（四〇ページのコラムを参照）も同様のビジョンを描いていた。それは、どのようなものだろうか？

まず、「新しいデンマーク構想」によって保健・福祉分野が受ける影響について、必要な部分のみに触れてみよう。この構想では、現在一三あるアムトが廃止されて国は五つのレギオナ（地域）に再編される。医療はレギオナが担当するが、本書でも触れた回復期のリハビリを担当する中間施設は引き続きコムーネの担当となる。現在のところ、この施設は不足している（とくにユトランド半島など）。病院がレギオナ管轄となって大規模化することから医療はさらに専門化・

集約化されて生活から遠いものとなり、病院から在宅に返すための「回復期リハ」や、在宅での生活を支える「維持期リハ」を担当する地域リハビリの需要が高まるというわけである。

ホースホルムコムーネのソフィルンでリハビリセンターの建設が二〇〇七年に予定されていることからも明らかなように、コムーネは今後高齢者住宅やプライエボーリと併設で、あるいはアクティビティ・ハウスと抱き合わせの形でリハビリテーションや予防をテーマとした「保健センター」を造っていくものと予測される。(6)

ここでは、生活に密着したリハビリやトレーニングがしてもらえて介護予防になるだけでなく、もし脳卒中で倒れた場合は、病院で治療を受けて帰ってきたあとの回復期リハビリテーションもしてもらえる。その場所がいつも通っていたアクティビティ・ハウスであれば、顔なじみが励ましてくれることも期待できる。そこには在宅で暮らす認知症の高齢者のクラブもあって、元気な高齢者が助けを必要とする高齢者とともに時間を過ごすという風景が繰り広げられる。つまり、「与える人」と「受ける人」という区別はなく、今日は「受ける人」でも明日は「与える人」になるかもしれないという世界が展開されていく。そして、近くに在宅ケアステーションがあって地域へとケアが届けられていく。「地域のコモン」はその機能を今以上に多様化し、そして専門化して安心と交流と予防の拠点として、その機能を発展させていくのである。

---

(6)　計画されていたリハビリセンターは実現せず、プライエボーリが建築された（9戸×4ユニット）。

3 一〇年後の高齢者住宅とデンマークからの学び

(1) シニア共生型住宅「クレアティブ・シニア・ボ (Creativ Senior Bo)」の一〇年

住宅に基盤を置いた地域福祉を考える際に是非確認しておきたいテーマの一つに、「一〇年経つと、高齢者住宅での暮らしはどうなるのだろうか?」という点がある。「高齢者住宅に住む住人が高齢化して、それに伴って介護度も高まり、高齢者住宅そのものが施設のように活力のないものになってしまうのではないか?」という懸念が、読者の方々にはあるのではないだろうか。私自身もこのテーマには強い興味を抱いているので、注意深く観察しているところである。デンマークは、高齢者住宅の実践においてはすでに一五年の蓄積があるわけだから、この点でも多くを教えてくれるに違いない。二つの事例を通して見てみよう。

一九九一年に建設された「クレアティブ・シニア・ボ」は、フュン島で最初にできた三つのシニア共生型住宅の一つである。高齢者住宅(公営住宅)の制度にのっとって共生型住宅を造ったものである。話し合いによって合意を得た仲間たちが、完全に独立した住宅に住みながら、ゆるやかなつながりのなかで生活をともにしている。

一九九一年、クレアティブ・シニア・ボが完成し、私はこのプロジェクトを市民の立場から引っ張っていったマックス&インガ・ヨアンセン夫妻に会いに行った。一九九八年五月のことであ

クレアティブ・シニア・ボ

マックス＆インガ（2003年5月）

る。そして、新聞広告を出して仲間を集めることからはじめ、メンバーが固まって計画が進み、建物が完成するまでに三年半かかったという苦労話とコムーネの援助についてもお聞きした。

その住宅のコモンハウス（共用棟）は、デンマークによくあるとんがったガラス天井で、夜が長い冬においていかに明かりを取り込むかということを重視した設計であった。高い天井から差し込む陽光と天井から吊るされたおしゃれなペンダントライト、そして白い窓枠。コモンハウスの庭に面した部分はすべてガラス張りで、明るさに満ちていた。

二〇〇三年の五月、再びマックス&インガを訪れた。その住宅が完成してから一二年目の初夏、初めて会ってからは五年の月日が経っていた。五年の歳月はマックスからやや活力を奪い、インガの髪を白く染めていた。しかし、やせっぽちのマックスとふくよかなインガの、じっとこちらの目を見てゆっくりと話す様子は人生の深みをさらに感じさせるものになっていたように思う。

一二年の間に、このシニア共生型住宅はどのように変化していったのだろうか。

「良かったことと、悪かったこと？　悪いところは見つけることができないわね」と、まずインガが話し出した。こういう風に言われると二の句がつげない。

「建築自体は、完璧で最高だと思っているわ。ここに移り住むことは生き方を決めることなの。だから、決断したことが良かったと思えるように工夫するようにしているの。この共用スペースは、みんなでパーティをしたりするけれど、ある世帯が家族を呼んでパーティをするときもあるの。そのときには、そっと庭から出て雰囲気を壊さないようにしたりするの。それに私たちだけの問題じゃなくて、子どもたちがとても安心してくれるようになったわね。自分たちの親が、いつも誰かがそばにいる生活をしているということは、高齢になればなるほど私たち以上に安心みたいよ」

そこで、私は次のように聞いた。

「一二年という年月のなかで、身体が弱くなったり、病気をしたりして、暮らしの足並みがそろわなくなったというようなことはありませんか？」

「私たちは仲良くするけれども、必要なときにはコムーネの公的なサービスを利用するということが基本なの。パンを買ってきてあげたり医者に連れていってあげたり、当然の近所付き合いはするわ。私たちは、大きな家族みたいなものよ」と、インガが答えてくれた。

一二軒の家に二〇人が暮らすこの共生型住宅では、この一二年間で何人が亡くなったのだろうか。やや立ち入った内容で申し訳ないと思いながら聞いた質問にも、きちんと答えてくれた。それによると、この一〇年間で三人が亡くなっていた。それぞれ、七一歳、七〇歳、六九歳のときである。七一歳で亡くなった人はここに引っ越しをしてきてすぐに亡くなられ、六九歳で亡くなった人はガンであった。「とても自然な死でした」とインガが言うように、点滴などを施して過剰な医療をすることなく、この住宅で命の火が消えていくように亡くなっていったようだ。家族が中心になって共用棟でお葬式を挙げてお別れを言う。インガは、ここに住む人を「大きな家族」と表現したが、その「大きな家族」のメンバーとのお別れであった。

また、ここの暮らしが合わずに引っ越した人もいる。完成してから一年半のうちに四人が転居したそうである。ここは公営賃貸住宅なのだから、引っ越しは比較的気軽にできる。

住んでいた人が亡くなった場合や、途中で引っ越しをした場合、次の入居者をどのようにして決めるのだろうか？　この住宅を管理するのは、オーデンセ非営利住宅協会である。協会に連絡して、待機リストのなかから決めていくことになるようだ。毎月、待機リストのメンバーから五人ずつ見学に来てもらい、部屋を案内する。住宅を見て住人の話を聞くと、五人のうち一人という確率で実際に住みたいと希望するそうだ。この一人は、実質的な待機リストに名前を載せて、この住宅に入居できる日を待つことになる。現在、この住宅にはそうした実質的待機者が四〇人ほどいるそうだ。

「新しく入ってくる人のなかには、積極的な人もいればそうでない人もいます。私たちには、みんなが溶け込んで気持ちよく生活できるように促していく責任があると思うの。そういう選択をしたわけだから、ね。それが、社会生活というものでしょう。でも、最近はそれがなかなかできない人もいるわね」と、インガはすこし不満な一面を覗かせた。そして、「それでもうまくいくように、ちょっと声をかけたりするというのがここに住むということではないかしら。日本人は我慢するらしいけれど、私たちは我慢せずに率直に話して解決していくの」とも付け加えた。

「ここに住むことは生き方の選択である」と言うインガは、さらに次のことを付け加えた。

「七〇歳、八〇歳で住み替えるのは遅すぎるわね。精神的にも身体的にもまだまだ余裕がある六〇歳のころがいいわ。夫婦二人だと出直せるのよ。周りに一緒に過ごした人がいるから、伴侶を失う悲しみにも耐えられる。子どもたちも安心してくれて、いいことばかりね」

「自分でできるうちに、公共が決める前に、自分で決められるうちに引っ越しはすべきだと思うよ」と、最後にマックスが締めくくってくれた。デンマークで在宅主義を推し進めたアナセンの主張そのものであるのに驚いた。

(2) 高齢者住宅コンプレックス「ソフィルン (Sophielund)」の一〇年

ソフィルンは、本書の冒頭でご紹介したバルドが住んでいた高齢者住宅（一二七戸）であり、ここはアクティビティ・ハウス、認知症（痴呆）高齢者のグループホームのコンプレックスとなっている。一九九一年に、アクティビティ・ハウスとテラスハウスが完成し（第一期工事）、第二期工事（一九九五年）では三階建ての低層集合住宅四棟とグループホーム（八人×三ユニット）が建設された。ここに、一五四人が住んでいる（八〇ページ）。高齢者の利用施設としてはアクティビティ・ハウスと在宅ケアステーションがあるが、商店や医院、郵便局、薬局は街中のものを利用している。ソフィルンの目の前にはバス停があり、低床タイプのバスなので車椅子に乗って出かけていくこともできる。

この住宅の特徴は、二ヘクタールの緑の芝生と上品なレンガ色の建物、そして各戸のドアやバルコニーのアクセントカラーとして使われているダークブルーとパープルのコントラストである。

そして、特筆すべきは、アクティビティ・ハウスでの盛んな高齢者の活動であろう。といっても、こうした盛んな活動はデンマークの至る所で見られる。

在宅ケアについては、ソフィルンをホースホルムコムーネ内の一つの福祉地区と見みなして、在宅ケアステーションをそのなかに置いている。以前は、アクティビティ・ハウスの一室を利用していたが、利用者が増えたために、補助器具展示室として使っていた小さな家をステーションとして使っている。ソフィルン内では、在宅ケアスタッフは歩いて移動をしている。

現在の在宅ケア利用者は住人一五四人に対して一一〇人であり、その割合は七三パーセントとデンマーク平均の二五パーセントの三倍にもなる。これが、住人が一斉に高齢になっていく町の特徴なのだろうか。ホースホルムコムーネからはソフィルンに対して週当たり三九五時間の在宅ケアが割り当てられており、これを一一〇人で分け合うこととなる。もちろん、不足すればエキストラの時間が割り当てられるが、三九五時間の内訳は、家事援助が一〇六時間、身体介護が二八九時間となっている。

これは、これまで見てきた「広く薄く、狭く厚く」という戦略とはかなり異なっている。これも、高齢者が集まった街の特徴であろう。しかしながら、街全体で活気が失われているというような印象はまったく受けず、むしろアクティビティ・ハウスに至っては、コンピュータクラブの活動が盛んになって新しく一部屋を造るなど、年を経るごとに活発になっていくようなのである。

見方を変えれば、このように在宅ケア利用者が多いということは、効率よくケアを提供することができるということでもある。それは、利用者数が増えているにもかかわらず、六年前のスタッフ体制（訪問看護師二人とヘルパー一六人）がほとんど変わらずにそのまま継続されていることからも判断できる。この背景には、次に登場するカリーンの言葉からも明らかなように、家事支援のうち掃除などの回数が週一回のサービス提供から二週に一回へと減らされているという事実も含まれている。またそのためには、次のようなコンセンサスがあったことも容易に察しがつく。つまり、コムーネからソフィルンに割り当てられるサービスは量が決まっていて、それを増えていく高齢者で分け合うにはそれぞれが「我慢できる部分は我慢するのは当然である」というコンセンサスである。いずれにせよ、こうした利用者の理解も手伝って効率的なサービス提供と利用が実践されているのである。

「昔はヘルパーさんの態度が良かったけれど、最近はただ仕事をするという感じね。それに、掃除の回数が週に一回から二週に一回に減ったわね」と、ソフィルン最高齢で一〇二歳になるカリーンさんが不満気に教えてくれた。

「そうね、私も掃除の回数が減ったわ。でも、ここでの暮らしには満足しているわ」と言うのは、車椅子で暮らしている活発な女性インガ・ベンツェンさんである。

インガの近くに住む親友でソフィルンの第一期入居者としてこの一〇年を見てきたアネタ・ウェバーさんは、その変遷を次のように語ってくれた。

「一〇年たって、みんな老いたなあという感じがするわね。だって、一〇年は長いですもの。この近所の一六人のうち半分が病気で入院していたということもあったわよ。もちろん、病気が治って帰ってきたけれどね。それから、クリスマス前後や新年の寒いときに亡くなる人が多いわね。ある人が亡くなって、次に新しい人がやって来るのよ。インガは一九九七年に引っ越してきたニユー・カマーで、今は一番仲良しなの。アクティビティ・ハウスの活動が停滞したこともあったけれど、今はすごく盛んにやってるわよ」

ソフィルンでは、アクティビティ・ハウスの活動に見られるように、一〇年たった今でも活力を失わずに普通の生活が繰り広げられている。建物の劣化はなく、二ヘクタールの敷地はいつ訪れてもため息が出るほどに美しい。住人の家賃の五パーセントがメンテナンス（維持管理）に当てられ（一二三ページ）、ホースホルム非営利住宅協会（ＨＡＢ：ＤＡＢのホースホルム支部）が建物を所有・管理して、庭の手入れも行き届いているからだ。

在宅ケア利用者が増えていることから察するに、高齢者の虚弱化が進行していることはたしかだ。しかし、それ以上に街全体に活気があるのは、住人一人ひとりがアクティビティ・ハウスの運営に積極的にかかわり、「何かをしてもらおう」というのではなく、「何ができるかを一緒に考えよう」という主体的な取り組みを続けているからであろう。また、インガのように障害があっても、普通の人と同様に外出したり旅行できる環境が整っていることも大きな理由だろう。さらに、「自然な死」を受け入れるなかで、新しい高齢者が引っ越してくることも影響しているに違いない。

コムーネと友人と

ソフィルンに住むインガ・ベンツェンさんは障害があって車椅子で生活しているが、旅行が好きでよく旅をする。昨年（2004年）は、友人とグループでアイスランドまで出掛けたが、四回目だったとか。

日常生活においても、郵便局や薬局、ショッピングセンターが近くにあって障害者にやさしい設計となっているので電気スクーターに乗って一人で行ける。市の施設や美術館も同様である。

彼女は、月に１回は電気スクーターに乗って、自宅から約30分の所にあるリュンビュー・ショッピングセンターまで買物に行く。この時には、同じくソフィルンに住む友人のアネタが手伝ってくれるので、洋服を一緒に選んだりして買い物を楽しむ。また、102歳になるカリーンは、インガを車に乗せて美容院につれて行ってくれるのだそうだ。

インガが使っている補助器具はコムーネから無料貸与されたもので、室内用と外出用の二種類がある。さらに、ホームドクターを通せば「ドア・ツー・ドア」というサービスも利用でき、リフト付きの福祉タクシーが家に来てくれて目的地まで送ってくれる。冠婚葬祭時の移動には、訪問看護師が移動先のコムーネと連絡をとって便宜が図られる。

近くのアクティビティ・ハウスでは趣味活動やブリッジ、ビンゴが行われているが、これに加えて友人の訪問は何にもまさる宝物だという。

コムーネからの公的サービスがあり、これに近くに住む友人との交流や助けが加わって、インガは自立してアクティブにゆたかに生きている。

＊インガ・ベンツェンさんは、その活発な暮らしをインターネットで紹介している。http://www.ingabentzen.dk/

インガ（右）とアネタ（左）

(3) 二項対立から融合へ、人間中心主義へ

さて、もう一度本書の巻頭で登場してもらったバルドの話に戻ろう。

脳梗塞で倒れながらもリハビリで回復し、奥さんを亡くしたあともソフィルンの高齢者住宅で仲間に囲まれながら暮らし、ケアを受けるだけでなく、自らも製本教室の講師を務めたり、散歩がてらに友人の買い物を手伝ったりして「与える人」、「楽しむ人」として生きていたバルド。そこには、制度が彼の生活にそっと寄り添ってしっかりと支えている実体があった。また、彼はそれに依存しすぎることなく、うまく活用してできるだけ自分でできることは自分でして凛として生きていた。そして、最期、彼は在宅生活のなかで逝った。

どうすれば、こんないい「生き方」と「逝き方」ができるのだろうか？ 本書の巻頭で抱いた私の疑問は明らかになったであろうか？

デンマークでは、三種の神器（四二ページ）を周到に整えながら一九八八年の施設凍結へと踏み切った。そこに至る経緯と、未来に向けて描かれたビジョンを地域福祉、住宅政策、ケア政策の視点から素描してきた。デンマークの民主主義と自立支援の思想に裏打ちされながら、「居住とケアの分離」という前代未聞のシナリオに沿って、絶妙なシステム設計によって進められたデンマークのこの壮大なチャレンジをまとめなければならない。今一度、全体をフォーカスアウトして視野を広くとり、この大胆にして繊細なチャレンジの意味するところを演繹的にまとめてみよう。

本書でこれまで見てきたようなデンマークの歴史を概観すると、高齢者を取り巻く生活環境やサービス提供の実態、政治のあり方などに、まったく異なる価値観で機能している二項対立図式があったことに気づく。もっとも大きな対立は、「在宅と施設」の落差、そして「医療と福祉」の相克であろう。これらは、一九八〇年代初頭の高齢者政策委員会（三一一ページ）によって認識されていたものでもある。もちろん、「中央と地方」の確執も存在していたが、これについては一九七〇年代において比較的早くから地方自治への道がつけられていたので、「在宅と施設」、「医療と福祉」という二つの対立を解決していくうえではむしろ追い風として働いたといえる。このことは、高齢者住宅の補助のあり方について触れた第3章（一三八ページ）で具体的に紹介した通りである。

さらに時代が下《くだ》り、これまで公共に集約されていた高齢者福祉サービス供給に加えて、合理化・効率化の下《もと》に民間活力の導入が促されるに及んで「公と民」という構図がクローズアップされてくる。しかし、デンマークでは公的セクターは中央政府ではなく地方自治体を指すものであり、そのサービス内容には利用者が信頼を寄せていること、「公」と「民（営利企業）」の間には多様なNPO法人[6]が存在してきたこと、またこれがデンマーク民主主義の磁場を形成するうえで重要な役割を果たしてきたことなどから、その構図は二項対立というような単純なものではなく複雑に錯綜している。これがデンマークの福祉の特徴でもあるのだが、ごく最近では、住宅の供給については**表5－1**（二八六ページ）の②③⑤⑥のような公的補助に多くを頼らないものが現

表5－3　Cure と Care の定義

Cure	Care
• 病気・障害に着目する • 治療・看護 • 目標は同一 ‖ • 一元的価値 ‖ 直らなければ失敗、敗北	• 能力に着目する • 自立支援 • 目標は個別化 ‖ • 多元的価値 ‖ 目標不達成は敗北ではない 別の目標を設定すればよい
医療モデル	生活モデル（社会福祉）

れてきており、年金収入が十分にある高齢者自身がこうした住宅を造って住むようになってきているのである。

ところで、対立概念を構成する「住宅と施設」は住まいの分類であり、「医療（cure）と福祉（care）」はケアの種類ということになる（医療―福祉の定義は**表5－3**を参照）。そして、住まいとケアで構成されるのが高齢者の生活であり、地域である。この二つで表現される生活や地域というものを図示して見ていこう。

図5－3を用いれば、住まいの提供の仕方とケアの提供の仕方の組み合わせによって、高齢社会（における地域）のモデルを説明することができる。②は施設整備率が高くケアが医療にかたよった「施設―医療」社会であり、キーワードは「施設介護」である。こうした施設をよくしようと改善されている過程が⑤である。これは施設が主流でケアは生活支援的という世界で、現在の日本における「個室化・ユニットケア」によって施設から抜け出ようとする「施設改革」の試みがこの領域に入るだろう。逆に、住宅

に医療的なケアをつけて施設化しようという逆行スタイルもある。④がそれであり、社員寮という「もと住宅」にケアをパッケージ化して、住宅を施設化していくやり方がこの領域に属する。特定施設（三四三ページ註(13)を参照）もこの可能性があるかもしれない。

より理想に近いのは③で、これは住宅が主流でケアも福祉的な価値観に拠っている「住宅―福祉」社会であり、キーワードは「自立生活」ということになろう。さまざまな形態があるが、これらはすべて、施設―住宅、医療―福祉による分離モデルのバリエーションである。

ちなみに、デンマークで生まれたノーマライゼーション[7]の主張である「障害は環境によってつくられる。環境を整えることで障害は障害でなくなり、だれもが地域で普通の暮らしができる世界を目指そう」という思想の力動は、①にあるような矢印の方向で指し示すことができる。

さて、デンマークはどの分類に属するのであろうか？　一見すれば③という答えになりそうであるが、実はそうではない。デンマークは住まい領域における「在宅と施設」の境界を消失させた社会であり、「医療と福祉」が融合された社会であることはこれまでに述べてきた通りである。それを仮に図として描いたものが⑥である。住まいは一元化されて一つとなり、その背景にはデ

（6）　非営利住宅協会（**almennytigt boliselskab**）やその連盟である全国非営利住宅協会連盟（**Boligselskabernes Landsforening**）、そして協同組合住宅協会（**Andelsboligselskab**）とその連盟である（**Andelsbolig Forening**）、またセルアイネ法人（**Selvejenedinstitution**）などをさしている。

（7）　デンマークのバンク・ミケルセンが一九五〇年代に提唱した理念。

図5－3

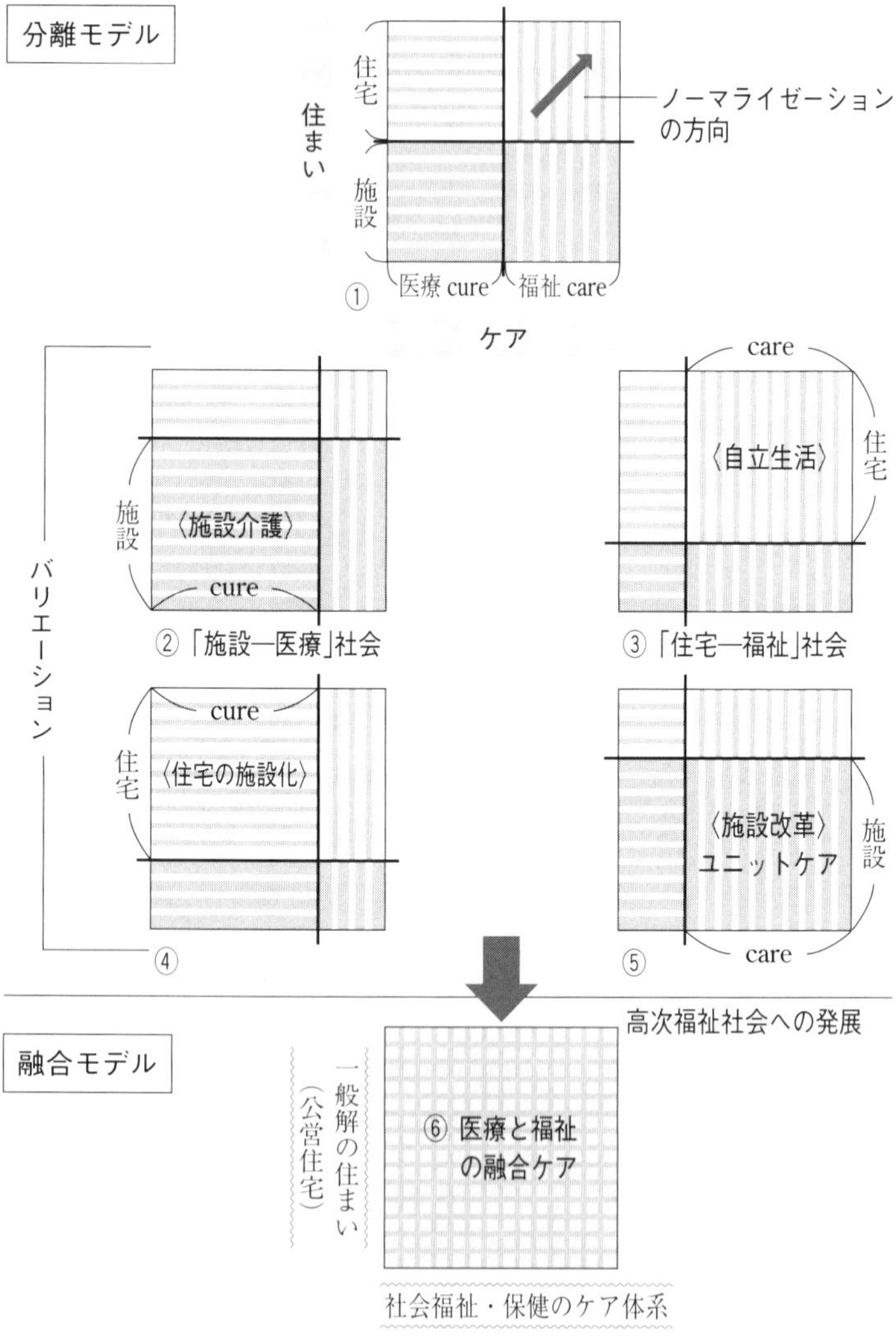

分離モデル
住宅
施設
住まい
ノーマライゼーションの方向
① 医療 cure
福祉 care
ケア
バリエーション
施設
〈施設介護〉
cure
② 「施設—医療」社会
care
〈自立生活〉
住宅
③ 「住宅—福祉」社会
cure
住宅
〈住宅の施設化〉
④
〈施設改革〉
ユニットケア
施設
care
⑤
高次福祉社会への発展
融合モデル
一般解の住まい
（公営住宅）
⑥ 医療と福祉
の融合ケア
社会福祉・保健のケア体系

ンマーク民主主義に根ざす公営住宅（Almene bolig）が岩盤のように横たわっている。ケアの根幹には生命を支え生活に寄り添うことを最上の価値観とする「社会福祉・保健（Socila- og Sond-shed）という医療と福祉を統合した世界があるのである。これは、分離モデルに対して「融合モデル」だということができる。

融合モデルの世界は、これまでの高齢者福祉体系のなかで一つのバリエーションをなすというよりも、高度に福祉が発展したデンマークで先進的に現れた高次福祉世界とでもいうべきものではないだろうか。デンマークからしてみれば、「施設か在宅か」で切ることはとんでもない時代錯誤であり、「医療と福祉の連携」で悩むのはとんでもないナンセンスなのである。なぜなら、彼らは一九八八年に高齢者住宅法によって（一九九七年以降は公営住宅法で）施設と住宅を一元化し、一九九一年には医療と福祉を融合する装置（Social- og Sunhed）を編み出して在宅二四時間ケアのなかで展開しているからである。いまや「住まい」に施設と住宅の区別はなく、「ケア」に関しても両者の区別がないばかりでなく、医療と福祉のカベも自己溶解してごく自然に連携が行われている。そこに、彼らの民主主義の歴史、地方自治の制度、人中心主義の思想、自然に生きて死ぬという生活観や死生観が鮮明に浮かび上がってくる。

一九八〇年代に報告された高齢者政策委員会の「住宅を整備して、ニーズに合わせてケアをフレキシブルに届け最期まで住み切れる」社会を目指したチャレンジは、障害や「できないこと」に目をやるのではなく、能力や「したいこと」に焦点を当てる自立支援の思想を共通の価値観としていただきながら今も前に進んでいる。住宅と施設の境界をなくした一般解としての住まいに、福祉と医療が融合したケアを届けることで自分が望む場で最期まで住み切れる世界があるのだ。

近年では、「持続可能な福祉」を実現するため、高齢者の急増を背景にしつつも税率を凍結したままでサービスの質を確保するために、サービス量の抑制、住まいとケアの両面にわたる民間活力の導入、インフォーマル・ケアの促進など、ありとあらゆる手段に働きかけているのが実情である。そんななかで、在宅の現場での分刻みの仕事には驚くばかりであったが、一人ひとりを大切にしたケアが現場職員によって工夫されていた。むしろ、超高齢社会には、これくらいの制度設計をしなければ地域居住は支えられないということであろう。また、利用者も「広薄狭厚」方針のなかで、インガなどの「広薄」組はそれなりに現状を受け入れていた。

住宅（素ッピン住宅）については公営住宅だけでなく、高齢者自らの資金力と企画による共生型住宅などが増えていた。一方で気になるのは、ネストベの「プライエセンター・カセーン」に見られるような一〇〇戸を超えるような大規模なものが出現していることである。これについては、住宅であるとはいえ、また自己決定で住み替えるとはいえ、大規模集中化への後退を思わせ、今後の動向を詳細に見る必要を感じている。

いずれにせよ、新しい時代の変革にも、デンマーク一五〇年の民主主義の歴史、絶妙なシステム設計と現場の実践者とともに考えて働くという態度、自立支援に向けての価値観の統一が大きく力を貸して、非常事態ともいえる現状のなかで事態が悪化することを防いでいる。

　さて、われわれ日本人は、施設に依存しつつもそのケアを質的に変え、さらにはデンマーク型の③の世界も同時につくろうとしている。しかし、歴史的な資源として民主主義の土壌もないし、住宅の基盤もない。システム設計に関していえば、これまでの制度を転覆して革命的改善をするにもあまりにも既得権益に縛られた抵抗勢力が多いようである。デンマーク流の融合モデルへの変革はすぐには無理にしても、今、日本では現場の人々のひたむきな取り組みによって改善が進められ、厚生労働省はこれを拾い上げて新しい時代に向けての制度設計をはじめている。

「倦まず、弛まず」という言葉にならって、諦めずにトライアルをして小さな成功事例を積み上げていくことが大切であり、現場からの内発的な動きによって制度が変えられ、そのことによって生活や社会が少しずつ変わっていくのだということを近年の日本の高齢者福祉を取り巻く大きな変化は教えてくれている。終章では、日本のそこかしこで芽吹きはじめている「住宅に基盤を据えた高齢社会」への制度を改新する勇気ある挑戦の成果を、問題点も含めて正直に綴って私なりの未来への提言を導きたい。

　繰り返すが、「住宅に基盤を据えた高齢社会」の構築は、住宅政策、ケア政策、地域福祉、地域リハ、ターミナルなどほかにも気づかないいろいろな要素、それぞれが単独にあるのではなく、「利用者主体」、「自立支援」といった理念の下に有機的、複合的に結び付きあって進められるものである。一つ一つ順に光をあてるが、それぞれは根っこで分かち難く結び付きあっている。

終章 わたしたち日本のこれから

民家を利用した宅老所「のぞみホーム」(栃木県)

日本独自のケア体系である宅老所は民家を改造したものが多く、その地道な取り組みが制度化された。

施設なしで地域にとどまる……地域居住についての日本の取り組みは独自な形で進展している。しかし、高齢者住宅は地域に根ざすものだろうか？　在宅ケアはどうだろうか？　地域に対するわれわれの愛着は？課題は多い。

施設から地域へ——自治体へ

五年前（二〇〇〇年）、私は拙著『老人ホームを超えて』の終章を次のような一文ではじめた。「近年速度を速めて『施設』から『住宅』の方向に向かうデンマークから日本へ帰ってみれば、そこはまだ『施設』増産まっただ中の福祉後進国でした」

五年が経ち、日本における高齢者を取り巻く居住とケアの環境は劇的に進展した。特養における「ユニットケア・個室化」が制度化（二〇〇二年）[1]され、福祉施設である特養は「住まい」としての要件が整えられた。そして、二〇〇五年一〇月からはじまる居住費用の徴収[2]によって、地域の「介護ケア付き住宅」としての体裁も整えられたこととなる。これは、「居住機能の一元化」へ歩を進めたという意味で、脱施設の文脈でとらえることができるものである。

また、二〇〇三年六月に発表された「二〇一五年の高齢者介護[3]」では、新しいサービス体系として、「施設か在宅か」の二元論を超えて両者の間に多様な住まい（第三類型）をつくる構想や早目の住み替えのビジョン[4]、地域の小規模多機能施設から二四時間三六五日にわたるサービスを包括的に届ける構想が発表された。この報告を受けて、二〇〇六年度から施行される改正介護保険法では、夜間訪問介護を含む「地域密着型サービス」が制度化されている。これは、日常の生活圏域にサービス提供の拠点を設け、住みなれた地域での生活を二四時間体制で支えるというもので、事業者の指定、報酬額の変更など、自治体に決定権が下りてきているのも大きな特徴である。

利用者の立場から見ると、自宅で住み続けている場合に二四時間の介護が必要になったときには施設入所しか選択肢がないというあれかこれかの状況ではなく、どこに住もうが二四時間にわたってケア（夜間訪問も含む）が受けられるために、なじみの人間関係や見慣れた風景のなかで最期まで住み続けることができるという体制となる。つまり、改正介護保険法では「地域」にはっきりと焦点があてられ、地方自治へと歩が進められたのである。

地域居住を支援するケア――宅老所の取り組み

とくに注目したいのは、地域の人々の老いとその生活を支えてきた宅老所のサービス体系が「小規模多機能型居宅介護（以下、小規模多機能ホームとする）[5]」として制度化された点である。しかもそれは、「ユニットケア・個室化」の制度化が従来の特養における大規模集団ケアに対する現場からの反省と取り組みによって生まれたのと同様に、地域のなかで生まれ育てられた宅老

(1) 二〇〇二年度より、特別養護老人ホームを新設する場合にはユニットケアを基本に個室とすることが原則とされ、これを原則とする「新型特養」に補助がつけられている（定員一人当たり三三〇～四二〇万円）。
(2) 特養の「ユニットケア・個室化」という居住環境の向上に相応して、減価償却費と光熱水費相当が居住費として徴収される。個室のモデル的な居住費用（光熱費含む）は一人月額六万円といわれ、食費も材料費と調理コスト相当（四・八万円）の徴収がはじまる。入所者が要介護五の場合、月額一三・四万円の負担が必要となる（平成一六年一一月一〇日介護保険担当課長会議資料・厚生労働省老健局）。
(3) vページの註(6)を参照。
(4) 住み替えには、早めの住み替えと要介護状態になってからの住み替えがある。

所という日本独特の体系から誕生しているという点である。

宅老所は、その起源を一九八〇年代に遡る（CLC, 2004）。五人〜一〇人を対象に民家などを活用した小さな規模で、その町に住む高齢者の普通の生活を支えたいという思いからその多くが補助金なしでスタートし、最初は無給を覚悟して、あるいは自腹を切ってでもという熱意と周囲の支援に支えられて存続してきた。要するに、措置制度に支えられてきた特養の対極にあるものといえる。

「今あるサービスを利用者に届けるというよりも、利用者が必要としているサービスをつくり出していくのが私たちの仕事です」

栃木県下都賀郡壬《み》生《ぶ》町《ちょう》で「のぞみホーム」を運営する奥山久美子さんは、自らのサービス提供をこのように説明してくれた（二〇〇三年八月訪問）。この言葉は、小規模多機能ホームが最初は日中をともに過ごすデイサービスの「通う」サービスだけであったものが、利用者のニーズにこたえて訪問介護などを「届ける」、さらには「泊まる（ショートステイ）」、「住む（住宅）」へとサービスを拡充していった過程、つまり小規模多機能の本質をよく表している。

一九九三年、奥山さんは町に小じんまりとしたデイサービスが欲しいという住民の希望にこたえて、一軒の民家を借りて利用者からの寄付金である七〇万円からスタートした。そしてすぐに、「通い」のみであった当初のサービスに「泊まり」のサービスを加えなければ自宅での生活を支

一般住宅を利用した「のぞみホーム」

えきれないことがわかった。このようなサービスのなかった当時に、利用者のニーズにこたえて泊まりというサービスを創設したわけである。これによって利用者は、「通い」を基本にしてホームヘルプサービスを使い、泊まりを適時利用して在宅での生活を継続したわけである。

二〇〇三年四月には後ろ隣にある民家もつなぎ、二号館ともいえる「なんちゃってのぞみ」（建築費二五〇〇万円）がオープンした。六人分の部屋がある、大きな住宅といった佇まいである。梁がむき出しになった居間など、設計にも工夫が凝らされている。デイの利用者定員一五人であるが、ゆったりと時間を過ごしてもらうためには一二人前後が最適だと奥山さんは考えている。また、「住む」のは一二人（二〇〇三年八月時点）と文字通り小規模であるが、緊急時のショートステイ対応のためにあえて空き部屋を設けている。

このほかにも、広島県の「ミニ介護ハウス　あした葉の家」（代表：佐藤純子さん）、松山垣生《はぶ》地区の「あんきの家」（代表：中矢暁美さん）など、個性ゆたかな代表者が、明るく辛抱強くドラマチックに小規模多機能ホームを地域のなかに根付かせている。こうした日本独自の介護が、二〇〇六年度からは「小規模多機能型居宅介護」として制度化された(6)。

（5）　小規模多機能型居宅介護といい、在宅支援のために「通い」を中心に、要介護者の様態や希望に応じて随時「訪問」や「泊まり」を組み合わせて提供するサービス。通いの利用定員一五人程度（利用登録は二五人程度）、泊まりは五人程度までを基本としている（平成一六年一一月一〇日全国介護保険担当課長会議資料）。

（6）　改正介護保険法では、小規模多機能型居宅介護の中に「住む」という居住機能は含められなかった。

地域居住を支援するケア――こぶし園の取り組み

しかしながら、小規模多機能ホームは小規模であるがゆえにサービスを届けられる範囲はかぎられている。市町村全体へのサービスの保証という視点からは、同様の拠点が地域にたくさんあってどこに住もうが同様のサービスが受けられることが重要である。こうした点で、小規模多機能センターをサテライトのように点在させることによって広域にわたってサービスを提供しているのが、「高齢者総合ケアセンター　こぶし園（社会福祉法人　長岡福祉協会）」（新潟県長岡市、人口一九万人、高齢化率一九・八パーセント）の小山剛《こやまつよし》園長である。

小山氏の構想は、地域にサテライトのように点在するサポートセンター(7)から二四時間三六五日の切れ目のないサービスを届けることによって、終末までの地域生活を支えようというものである（**図終－1**を参照）。小山氏は、障害児福祉から特別養護老人ホームへと三〇年近くにわたって福祉専門職に携わってきた方である。その人が行う取り組みは、普通の生活とは程遠い、隔離・収容型の環境や硬直化した措置・補助体質を改善しようという考えに基づいている。

「特養一室には二五〇〇万円の費用がかかっていますが、従来型の隔離・収容の施設には誰も入りたくないのです。しかし、そのフルタイムのケアは必要です。施設にあって地域にないものは、バリアフリーの住環境と二四時間ケア。これを地域に展開すれば、施設を選択しなくても地域社会での生活を保障する仕組みは可能です。それを保障するのがサポートセンターです。地域でも施設並みのケアを提供しようとすれば、二四時間三六五日の連続性が必要です」

図　終―1　こぶし園サポートセンターの地域展開

（　　）内は職員数。

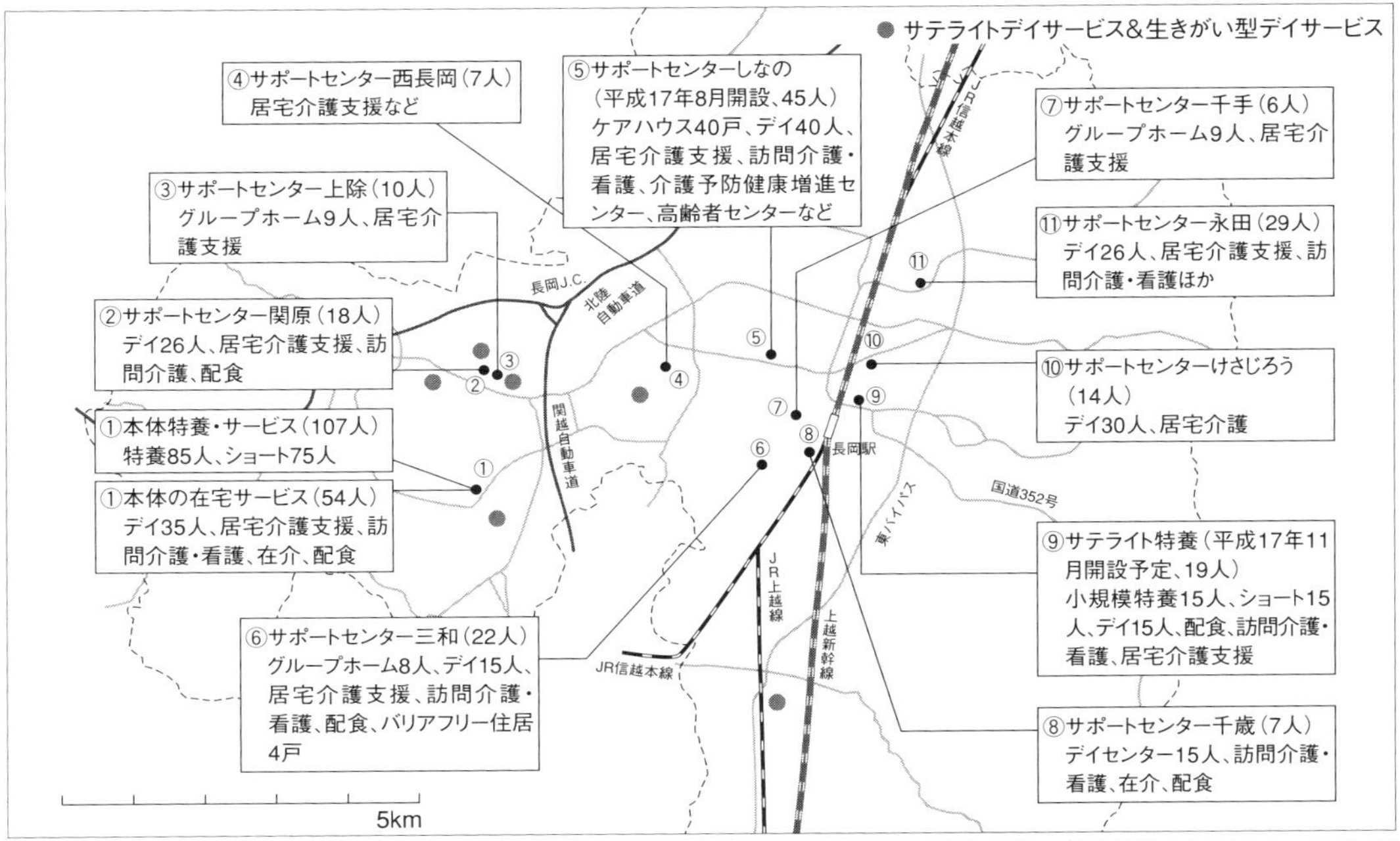

サテライトデイサービス&生きがい型デイサービス
④サポートセンター西長岡（7人）居宅介護支援など
⑤サポートセンターしなの（平成17年8月開設、45人）ケアハウス40戸、デイ40人、居宅介護支援、訪問介護・看護、介護予防健康増進センター、高齢者センターなど
③サポートセンター上除（10人）グループホーム9人、居宅介護支援
②サポートセンター関原（18人）デイ26人、居宅介護支援、訪問介護、配食
①本体特養・サービス（107人）特養85人、ショート75人
①本体の在宅サービス（54人）デイ35人、居宅介護支援、訪問介護・看護、在介、配食
⑥サポートセンター三和（22人）グループホーム8人、デイ15人、居宅介護支援、訪問介護・看護、配食、バリアフリー住居4戸
⑦サポートセンター千手（6人）グループホーム9人、居宅介護支援
⑪サポートセンター永田（29人）デイ26人、居宅介護支援、訪問介護・看護ほか
⑩サポートセンターけさじろう（14人）デイ30人、居宅介護
⑨サテライト特養（平成17年11月開設予定、19人）小規模特養15人、ショート15人、デイ15人、配食、訪問介護・看護、居宅介護支援
⑧サポートセンター千歳（7人）デイセンター15人、訪問介護・看護、在介、配食
JR信越本線
長岡J.C.
北陸自動車道
関越自動車道
長岡駅
国道352号
東バイパス
JR上越線
上越新幹線
JR信越本線
5km

資料提供：高齢者総合ケアセンター こぶし園

図　終ー2　サポートセンター永田のサービス内容

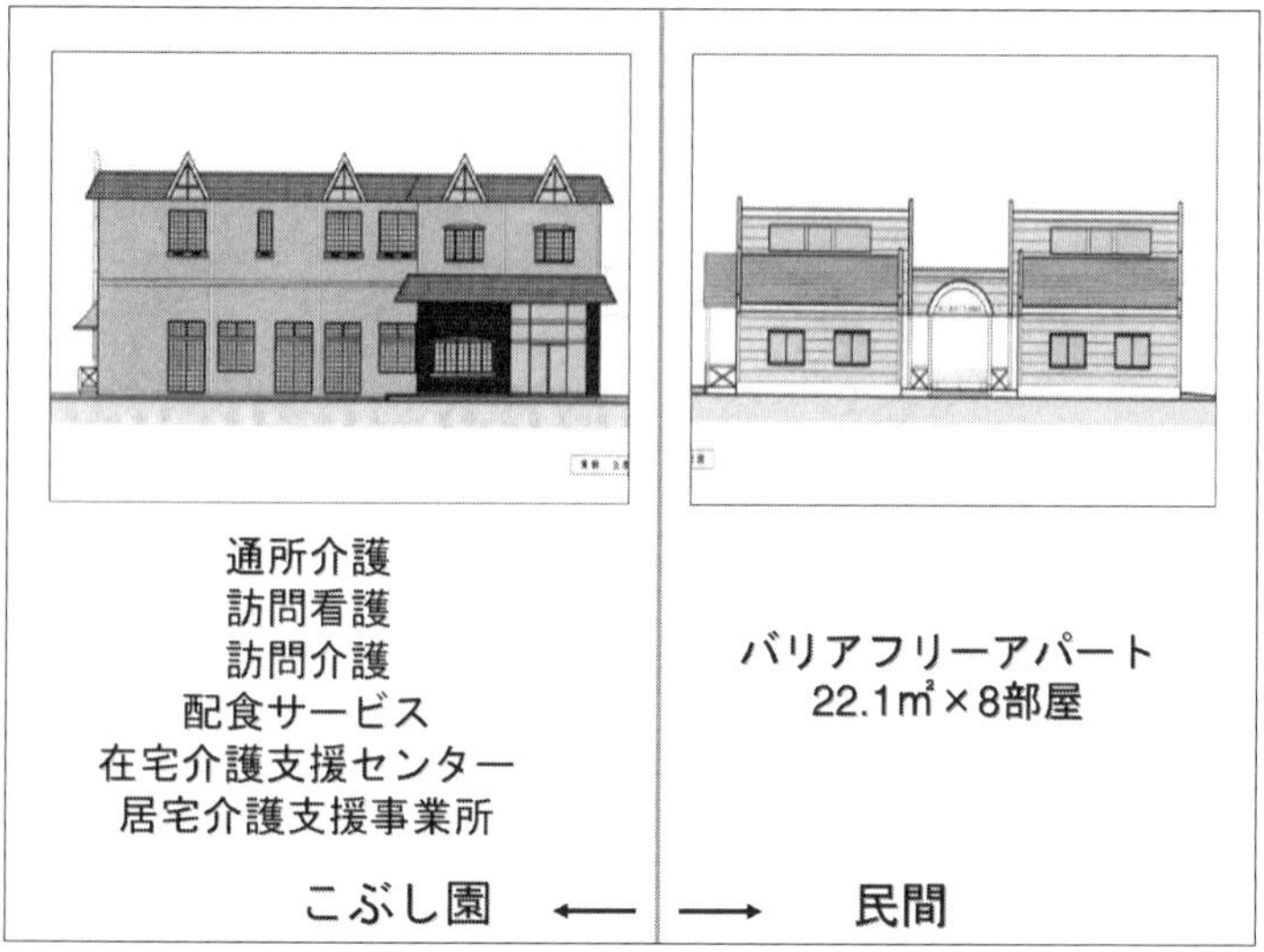

資料提供：高齢者総合ケアセンターこぶし園

このように述べる小山氏が運営するサポートセンターは、配食サービスも朝・昼・晩の三食体制である。キーワードは「地域の施設化」であり、地域のどこに住もうが施設と変わらないような介護を届けるということである。

二〇〇三年に訪問した際に、次のような質問を投げかけた。

「小規模多機能は事業が小規模であるだけにスケールメリットが生まれません。だから、特別な思いや熱意がなければ継続できないのではないですか？」

「小規模であるだけに、利益を生む事業体ではありません。でも、広く地域に目を向けたとき、ほかの事業者との連携によって地域のケアを一手に引き受けるというダイナミズムが生まれます」と、事業としての持続性、発展性についても明確な答えが返ってきた。

長岡市で展開される多様なサービスのすべてをここで紹介できないのが残念だが、その中の一つで、二〇〇四年春にオープンした「サポートセンター永田」は、こぶし園が運営する多機能サポートセンターに地元建設業者が運営するバリアフリーアパート（二二平方メートル）八戸が併設され、両者のコラボレーションで居住とケアを地域に提供する形となっている。サポートセンターにはウッドデッキが設けられており、ここが街の喫茶室となって地域の人も利用している。

さらに、二〇〇五年八月には長岡駅近くに「健康の駅」を中心とした高齢者福祉センターとケアハウスの複合センターが、同一一月には小規模特養（一五人）とショートステイ（五人）の複合体がオープンし、「地域の施設化」はまさに発展途上である。

「地域の施設化」に取り組む小山氏は、厚生労働省の未来志向研究プロジェクト(8)の一環として夜間訪問介護（二四時間在宅の安心を支えるサポートコー

（7）　こぶし園が地域で多機能サービスを提供する拠点の名称で、コンビニ型とコラボレート型がある。前者はあらゆるサービス機能をもつ完結型で、後者は単機能型でそのセンターとコラボレート（協働）することで総合的なサービスを提供する。

（8）　厚生労働省総務課山崎史郎課長のもとで行われている。これからの高齢者福祉分野における先進的な取り組みを支援し、その研究成果を制度設計に活用しようというもの。二〇〇五年現在、二六プロジェクトが稼動している。

サポートセンター永田
写真提供：高齢者総合ケアセンター
こぶし園

表　終ー1　長岡市における夜間巡回訪問の概要

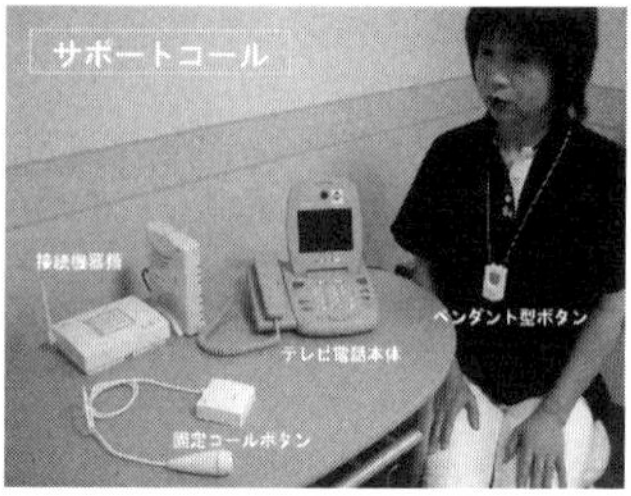

○人口規模：1万人前後
○面積規模：3～5km圏
○在宅ケア利用者（日中含む）：
　130人
○夜間ケア利用者：17人
○夜間訪問回数：
　全体の12.8%＝1,617回
　（月全体では、126,000回）
○利用器具：（利用者）ペンダント型ボタン、テレビ電話本体、固定コールボタン、接続機器類
　（介護職員）フォーマ端末器
○2人でペアとなり、10分以内に駆けつける。

出典：老年問題セミナー（2005）「高齢者介護の新しい波—ケアの連続性を保障するシステム—」における小山剛氏のプレゼンテーションより。

ルの創造。つまり、在宅版ナースコール）にも挑戦している。その概要は**表終ー1**のようである。「地域の施設化」がテーマであるだけに、すぐに顔が見える安心感が重要となるため、テレビ電話が使われているのが特徴である。

社会福祉法人神戸福生会（神戸市）理事長の中辻直行氏（五五歳）もまた、高齢者福祉二五年の取り組みから、地域密着型特養（二九人）、居住面積四〇平方メートルの広々としたケアハウス（六〇戸）、神戸の海・夜景を堪能できる有料老人ホーム（戸）に、ショートステイ（二〇人）、小規模多機能居宅介護（登録人員二五人）を組み合わせ、最期までの生活を支える地域居住支援プロジェクトを二〇〇八年四月開設した。ケアハウスはプライエボーリをモデルにしたものである。中辻氏は、二〇〇一年に在宅感覚と二四時間ケアを両立する住まい「ケアハウスこうべ（神戸市兵庫区）」を開設して、高齢者の住まいとケアに新しい時代を切り開いた人である。貫徹しているのは高齢者本位の発想や社会福祉法人としてのミッションの追求であり革新である。経営を踏まえたうえでの居住環境やケア体制のナショナルミニマムの向上を目指して、新しい時代の地域居住のモデルを提示している。

このように、古くからの宅老所の取り組みや面としての地域でのケア提供、あるいは二四時間にわたる夜間訪問介護も含めて、日常生活圏内で地域居住を支援するケアとそのシステムは内発的に生まれては制度を変えてきている。とくに、夜間における訪問介護については、高い専門性が求められるだけに、事業者の自由競争に任せるというよりは、医療も含めたところで連携し合いながら地域全体でどんなシステムが組めるかということを中心に計画して実践していくことが必要となるであろう。

そうなれば、デンマークの統合ケアのように、夜間訪問介護・看護スタッフが在宅だけでなく施設の介護にあたる、あるいは施設職員がフレキシブルに在宅に出向くといった統合ケアの可能性もそれぞれの自治体ごとに探ることができるのではないだろうか。特養を「介護ケア付き賃貸住宅」と見る視点には、住宅とケアを分離したうえでの住宅の一元化とケアの一元化（在宅と施設）が含まれているはずである。

地域居住を支援するケア——医療の現場でも

地域に焦点を合わせたサービス提供の動きは何も福祉にかぎったことではなく、医療の領域においても着実に進んでいる。まず、本書で触れた地域リハビリについて言えば、民間病院の取り組みによって地域に根ざすサービス提供がすでに行われている。その一例が、鈴木邦彦氏が院長を務める志村大宮病院（茨城県常陸大宮市）である。ここでは、徹底した地域作戦で、急性期病院退院後のリハビリと在宅復帰に取り組んでいる。

常陸大宮市は、梅で有名な水戸市から車で三〇分ほどの所に位置し、二〇〇四年一〇月の市町村合併によって人口五万人（高齢化率二六パーセント）になったばかりの街である。医療の高度化が進むなかで、どのような形で民間病院が地域に貢献していくのかの決断を迫られるようになった。鈴木氏は「リハビリと介護」に特化して、回復期のリハビリに力を入れることで急性期病院と連携し、その分野で最高の医療を目指すことを決心した。回復期リハビリテーション病棟（五〇床）と総合リハビリテーション施設を新設し、屋上にはリハビリ庭園を設けている。また、茨城県より六市町村を対象とした地域リハビリテーション広域支援センターの指定を受けて訪問リハビリにも力を入れている。

高齢者にとってみれば、リハビリ病院を退院してからの生活が大変である。無理なく在宅復帰へとつなげる道を探り、現在では、本体の病院、老人保健施設、特養を拠点施設として、市内に三つの小規模多機能施設を配置している。その中の一つには認知症高齢者のグループホーム（二ユニット）もあり、敷地横には梅林があって、その中にある東屋ではお年寄りとスタッフが腰を掛けてゆったりとした時間を過ごすという風景が見られた。地域での生活を重視して、こぶし園と同様に配食サービスも一日三食の三六五日体制である。鈴木氏の地域作戦はこれだけにとどまらず、旧大宮町（人口二・七万人）を対象に中学校区に一つという基準で三ヵ所の民家改修型のデイサービスも整備中である。リハビリから在宅復帰へ、医療者もまた地域に焦点を合わせてさまざまな挑戦をしている。

日本は高齢者住宅後進国

ケアについての実態を地域リハビリを含めて紹介した。では、こうした地域生活の基盤となる高齢者住宅（狭義）についてはどうであろうか。残念なことに、その整備はあまりにも遅れている。デンマークでは、一九八八年に施設凍結を決行したときに、すでに高齢者人口の四パーセントレベルまで高齢者住宅（狭義）が整備されていた。だからこそ、この大英断がうまく進んだわけであるが、その詳細は本書で述べた通りである（四二ページ）。それに比べて、日本において進められようとしている、特養を「介護ケア付き賃貸住宅」にしていくというビジョンは明らかに脱施設である。それゆえに、以下に述べる日本の高齢者住宅整備の遅れとその実態の改善には全力をあげて取り組んでほしいと思う。

まず、**表終－2**をご覧いただきたい。日本では、介護保険施設として、介護老人福祉施設（特

表　終－2　日本とデンマークにおける高齢者施設・住宅の供給量

	日　本		デンマーク	
	(高齢者人口2,814万人＝2008年9月) 人口12,766万人　高齢化率22.0%		(高齢者人口85万人＝2008年1月) 人口547万人　高齢化率15.6%	
高齢者施設(万人分)	特別養護老人ホーム	42.0	24時間介護が受けられる住宅(戸)	44,858
	老人保健施設	31.6		
	介護療養型施設	10.5		
	医療療養型施設*	23.0		
	認知症グループホーム	13.3		
	有料老人ホーム(介護型)**	13.0		
	高齢者専用賃貸住宅***	2.8		
	ケアハウス****	7.2		
	軽費老人ホームA型･B型****	1.5		
	養護老人ホーム****	6.5		
	日本小計	151.4 5.4%	デンマーク小計	44,858 5.2%
高齢者住宅(万戸)	シルバーハウジング***	2.2	在宅ケアを受けて暮らす住宅	39,321
	高齢者向け優良賃貸住宅***	3.6		
	有料老人ホーム(健康型･住宅型)**	3.5		
	分譲シニアマンション**	0.6		
	シニア住宅	0.25		
	生活支援ハウス	0.69		
	グループリビング	0.02		
	日本小計	10.86 0.4%	デンマーク小計	39,321 4.6%
合計	日本合計	162.26% 5.8%	デンマーク合計	84179% 9.90%

(出所：厚生労働省「介護給付費実態調査月報：平成20年5月」、デンマーク統計局資料2008年を基本に筆者作成)

*医療療養型施設は、実質的な長期療養施設であるのでこのカテゴリーに入れた。

**株式会社タムラプラニング＆オペレーションからのヒアリングによる(2008年10月時点)データ。

***高齢者住宅財団に拠るデータ。高齢者専用賃貸住宅は、平成19年3月末時点(1万戸)で53%が「食事、入浴・排泄、安否確認」を提供し、49.4%が住戸面積(専用床面積)30㎡以下であったのでこのカテゴリーとした。

****厳密には施設ではないが、居住面積や独立住宅としての設備よりこのカテゴリーとした。

養）、介護老人保健施設（老健）、介護保険療養型医療施設の三つがある。これに加えて、認知症高齢者のグループホーム、有料老人ホーム（介護型）などがあり、医療療養型施設も加えれば施設整備率ではすでに五パーセントレベル（デンマークでは五・二パーセント）にまで達している。これに対して、高齢者住宅（狭義）の整備率は一パーセント（同四・六パーセント）にも達していない。デンマークとの比較をするまでもなく、高齢先進国では高齢者施設と高齢者住宅の整備は、それぞれ高齢者人口の五パーセントずつでなされている（Seehan & Wisensel, 1991. 園田、一九九三）。

これからすると、日本はとんでもなく施設偏重型であり、とくに高齢者住宅（狭義）の整備があまりにも遅れている。高齢者住宅を支える制度の柱としては、シルバーハウジング(9)と高齢者向け優良賃貸住宅(10)（以下、高優賃）がある。前者は、一九八七年より建設が始まり一九九七年までに一〇万戸の整備目標が立てられたが、二〇〇四年三月現在、約一万九〇〇〇戸が供給されてい

(9)　シルバーハウジングは、高齢者の生活特性に配慮した設備・設計（バリアフリー構造、緊急警報の設置）を行うとともに、LSA（生活援助員）による福祉サービス（生活相談、安否確認、緊急時対応）が受けられるよう配慮された公営賃貸住宅である。

(10)　高齢者向け優良賃貸住宅は、高齢者単身・夫婦世帯向けのバリアフリー化された優良な賃貸住宅で、民間の土地や賃貸住宅を活用して、設計や設備面で高齢者に配慮した住宅の整備を進めることを目的に一九九八年に創設された。

るのみである。後者については、二〇〇五年三月現在、三万戸弱が供給されているが、まだまだ少ない。せめて施設の半数で妥協するとしても、あと四〇万戸の素ッピン住宅が必要である。

また、施設・住宅を含めてその種類が多く、住まう主役たる高齢者にとってはわかりにくく、供給側には活用しづらいという点も指摘されている。各カテゴリーごとに建築条件が違い（一三四ページを参照）、事業主体も異なって、補助の仕組みもバラバラなのである（園田、二〇〇四）[11]。さらに、特別養護老人ホーム、ケアハウス、有料老人ホームが厚生労働省の管轄であるのに対して、シルバーハウジングと高齢者向け優良賃貸住宅は国土交通省の管轄となっている。

日本では、住宅政策が普遍的な福祉政策として展開されず、自助と市場原理による持ち家政策を中心に進められてきた（早川、一九九三）。そのため公営住宅は、低所得層に向けた限定的な救貧策として進められてきたという経緯がある（鈴木、二〇〇二）。高齢者住宅政策もこの延長線上にあり[12]、制度の乱立と「補助を出して（利用者の側に立たないで）口も出す」という使い勝手の悪さが相まって、いきおい民間の手で進められてきた。

とくに、二〇〇〇年前後よりユニークで注目すべき高齢者住宅が生まれている（**表終－3**を参照）。たとえば、「シャロームつきみ野」（神奈川県大和市）はいわば高齢者住宅（狭義）のはしりで、農業を営む木下弘氏が、建築家古居みつ子氏らの協力を得て自前の土地に建てた賃貸住宅に地元NPO法人「シニアネットワークさがみ」が生活支援サービスを入れる形となっている。当時、何か利用できる制度はないものかと行政に相談をもちかけたが、情報は何もなかったという。現在、看護師の居垣さんが週に三日常駐し、厨房では「男の料理教室」で料理を習った男性ボランティアが毎日の食事づくりをして温かい雰囲気をかもし出している。また、家族や地域の方の出入りも盛んで、しっかりと地域に根ざした高齢者住宅となっている。

最近では、老いの住まいを自分たちの手で造ろうという動きが盛んである。また、ハウスメーカーは賃貸住宅として高齢者住宅（狭義）を提供するようになった（**表終－3**を参照）。

二〇〇二年に大阪府守口市にオープンした「シニア賃貸マンション　サンリスタ」（パナホーム）は、ハウスメーカーがこの分野に参入した最初の事例である。プロジェクトリーダーの稲垣隆弘氏は、「高齢期の住いは、賃貸のほうがご利用者にとって負担が少なくてよい」と言う。LSA（生活援助員）にあたる「暮らし添乗員」のサービスを付加するなど、民間企業らしいきめ細かなサービスを創出している。一住戸の広さは四〇平方メートルとそれほど広くはなく戸数も

---

(11)　たとえば、シルバーハウジングはその事業主体が地方自治体にかぎられており、整備費の半分が国から、あとの半分が自治体から補助される。これに対して、高齢者向け優良賃貸住宅は民間、社会福祉法人、公団・公社に開放されおり、整備費は補助されずに計画策定費や共用部分についてのみ国から三分の一、地方自治体から三分の一が補助される。また、一九九〇年よりスタートしたシニア住宅の事業主体は都市基盤整備公団（現、独立行政法人都市再生機構）か地方住宅供給公社に限定されている。

(12)　シルバーハウジングは、入居条件を収入分位二五パーセント以下にしている。しかし、高齢者向け優良賃貸住宅については、当初は収入制限が設けられていたが、二〇〇一年四月「高齢者の居住の安定確保に関する法律」によって所得に関する資格要件が撤廃され、より普遍的な住宅政策へと生まれ変わっている。

特徴（住戸面積・家賃など毎月の費用*・入居時の費用目安）
木下弘氏の個人賃貸住宅の形態。(40㎡・管3.5／食5万円・最高1500万円選択式)
阪神大震災後の「ケア付き仮設住宅」の体験から誕生。(25㎡・管10/食5万円・1500万円)
1階にグループハウス4室。デイサービス、居宅介護支援事業（ケアプラン）、ヘルパーステーション併設。(30—60㎡・分譲)
日本のシニア共生型住宅の草分け。(25㎡・13.6万円食込・370～400万円)
一人750万円を出資し、株式会社安寿ネットを設立して建築。(40－70㎡・750万円＋α)
地元医師中村氏との協働。介護型24室併設。(44㎡・管7万／食6万円・1700万円～)
かんかん森コレクティブハウス28戸、保育園併設の多世代型。食事は地元ワーカーズが提供。(34－91㎡・管食17万・2600－7200万)
有料老人ホームフォセッタ摩耶（96室）併設。(65㎡・管8万/食6.6万円・4000万円)
東京都内初の高優賃。有限会社が地域ケアの一環としてLSA派遣。(37－52㎡、8－12万円)
ミニデイ「ステラの家」併設、市よりLSA派遣を要請。2004年、女性専用グループホーム開設。
デイサービス、居宅介護支援事業（ケアプラン）併設で、将来は特定施設への移行前提（30－50㎡、4.3—7.4万円)
「暮らし添乗員」が入居者を生活支援。(40㎡・家8.2～9.3/共1.5/サ4.7万円・5年間で192万円/10年間で331万円/15年間で469万円)
民間企業が地元NPOと協働。(40㎡・家9.8/共3.5/夕食3万円・19年以下150万円)

＊毎月の費用：家＝家賃/管＝管理費/共＝共益費/食＝食費/サ＝サービス費

表　終一3　民間ベースでつくられたユニークな日本の高齢者住宅(狭義)

	名　　　称	利用制度・運営形態 (事業主体)〈生活支援〉
グループハウス	シャロームつきみ野 1999年、神奈川・大和市	14戸〈NPO シニアネットワークさがみ〉
	きらくえん倶楽部 大桝町2000年12月、兵庫・芦屋市	16戸(社会福祉法人尼崎老人福祉会)〈同左〉
分譲型	ココライフ魚崎 1998年、兵庫・神戸市	6戸 〈NPO てみづの会〉
共生型住宅	COCO 湘南台(グループリビング) 1999年、神奈川・藤沢市	10戸〈地域有償ボランティア〉
	コミュニティハウス法隆寺 2004年10月、奈良市	8戸(株式会社安寿ネット)〈なし〉
有料老人ホーム	ライフ&シニアハウス緑橋 2000年、大阪・東成区	32戸+24個室(株式会社生活科学運営)
	ライフ&シニアハウス日暮里 2003年、東京・荒川区	41戸+44室(株式会社生活科学運営)
シニア住宅	エレガーノ摩耶 2002年、兵庫・神戸市	シニア住宅　134戸(神鋼ケアライフ・株)
高齢者向け優良賃貸住宅	こもれび滝山 1999年、東京・東久留米市	22戸(地元市民)〈有限会社コスモスヘルパーステーション〉
	ステラ桟橋 2000年、高知県高知市	36戸(伊藤雅子氏)〈高知市・有限会社ヴィラドンナ〉
	サンライフ尾崎 2003年、大阪・阪南市	40戸 (個人)
民間賃貸住宅	サンリスタ守口(シニア向けマンション) 2002年、大阪府守口市	50戸(パナホーム)〈パナホーム〉
	ライフリー荏田(グループリビング) 2002年、神奈川・横浜市	13戸(東急ホーム・株) 〈NPO シニアスマイル〉

(紙幅の関係により、住戸面積、家賃などは端数を切り落としている。)

五〇戸と多いが（住居の質を確保しながら入居者の負担も考えた場合、この立地ではこの広さ・戸数となる）、今後の日本の「素ッピン住宅（狭義の高齢者住宅）」のモデルの一つになるであろう。駅も市場も近いバリアフリー住宅に在宅介護ステーションをつけて拠点とし、この住宅と地域へと二四時間在宅ケアを届けるようにすれば最期まで暮らせることとなる。ＮＰＯなどと組んでアクティビティ・ハウスが付加されれば、なお良いだろう。

ここで問題になるのが、素ッピン住宅の場合、シルバーハウジングのＬＳＡ業務にあたる「生活支援」を誰が供給し、その費用を誰が負担するか、という問題である。これについては、地域での二四時間在宅ケアの問題と平行して考えなければならないが、二四時間ケアが完璧に整うのであれば「生活支援」は不要という選択肢もありうる。デンマークの「素ッピン住宅」には生活支援員などどいない。在宅ケアが完璧であるということが理由だが、スタッフは小まめに連絡を取り合い、安否確認や助け合いは高齢者みんなで支えあっているというのが実情である。「アラームがうまく作動しなかったり、ボタンが押せないとどうなるのか?」との質問に、訪問看護師から「壁か暖房機の管を叩けばいい、隣の人に助けを呼ぶのよ」という答えが返ってきたものである。

まさに、お隣同士の助け合いや地域の福祉力が問われる領域である。また、住宅内の安心を考えるだけでなく、地域に開かれたアクティビティ・ハウスなどでの「役割づくり・交流」によって元気を維持するという視点も有効ではないだろうか。このあたりの問題は、日本人独特の依存心やさしさといった心情面も含めて、特定施設[13]の改革などのなかでしっかりと議論されることが必要ではないだろうか。

ところで、こうした高齢者住宅は地域居住を支えるものとなっているのだろうか。二〇〇三年の夏、私は日本の高齢者住宅（狭義）に住む人々を対象にインタビュー調査を行った[14]。引っ越しに至った経緯や生活歴も含め、八八人に会って話を聞いたところ興味深い結果が得られた。本書の内容に沿って紹介してみたい。

「住み慣れた地域で最期まで」というスローガンが世間には蔓延し、地域居住継続は本書のテーマでもある。しかし、実際には、六〇パーセントを超える人が市外からの引っ越しであった（**表終－4**を参照）。なかでも、約七パーセントの人が関西・関東をまたがっての遠距離引っ越しであり、この引っ越しは子どもを頼っての引っ越し、いわゆる「呼び寄せ」であった。

（13）　ケアハウスや有料老人ホームにおいても、介護保険の仕組みを使って施設内でケアサービスを提供できるように用意された制度。二〇〇四年度、「二〇一五年の高齢者介護」で提起された「自宅、施設以外の多様な住い方」について検討するために『介護を受けながら住み続ける住い』に関する研究会（座長：堀田力）」が組織された。特定施設についても議論されており、財団法人高齢者住宅財団が委託を受けて中間報告書をまとめている。

（14）　高齢者住宅（狭義）居住者を対象に生活実態を探り、主観的幸福感に与える因子を探ることを目的としたインタビュー調査である。グループリビング（一住宅・一〇人）、高齢者向け優良賃貸住宅（一住宅・三四人）、住宅型有料老人ホーム（一ホーム・三四人）を選定し、関西と関東にわたって行った。

表　終－4　高齢者住宅居住者はどこから引っ越してきたか？（日本）

前居住地	人数（パーセント）
校区内	9.1%
市内	30.7%
市外	53.4%
遠距離＊	6.8%

＊遠距離とは「車で2時間以上」であり、関東・関西を跨いでの引越しなどが含まれる。

出典：松岡洋子「自立支援型『高齢者住宅』の課題と提言～デンマークに範を求めた、主観的幸福感からのアプローチ～」

改めて説明するまでもなく、こうした引っ越しは住み慣れた地域での暮らしと人間関係の分断を意味する。「すべてを捨ててきました」と話した人もいた。そして、新しい土地での人間関係の構築や居場所づくりに戸惑いを感じつつも、気持ちに折り合いをつけながら生活をしていた。

二点目としては、見ず知らずの土地への転居によって、多くの人が新しい人間関係の構築ができておらず、心を割って話ができる人が住宅内、地域ともに少ないという事実が浮き彫りにされた（**表終－5**を参照）。日本においては、高齢者住宅（狭義）に引っ越すことはこれまで通りの生活や人間関係を継続して発展させていくことでなく、逆に、その多くがなじみの土地や人間関係に別れを告げることであるらしい。もし、これまでの生活圏域内で住宅環境やケアが整っており、適切な相談窓口があれば愛着のある町に住み続けられたはずである。

このようなことから考えて、引っ越しのタイミングも重要な要素であることがわかった。自発的・予防的に早めの引っ越しをしている人（三一人）においては幸福感が高く、前向きに生きる姿勢が感じられた。そして、タイミングが遅かった人は、住宅が介護を受ける場（施設）と化し

表　終ー5　高齢者住宅における住宅内交流と地域交流（日本）

（単位：％）

	住宅内で	地域で
仲のよい友人がいない	39.8	67.0
少しいる	52.3	22.7
たくさんいる	8.0	10.2

やすい実態も見えた。車椅子で生活をされている人でも、早めに引っ越しをしてきた場合は、バリアフリーの住環境が整っているので自分でトイレに行けたり、炊事をすることもでき、環境が自立を支えている様子が確認できた。

地域で住み続けるための基盤として、それぞれの生活圏域内で小じんまりとした良質な高齢者住宅（狭義）の整備を確実にしていく必要がある。そして、所轄官庁や事業主体ごとに法律をつくる供給サイドの「規制」の視点ではなく、高齢者視点に立ってゆたかな居住環境を「保障」していくという観点から、平等で使いまわしのよい骨太な住宅政策と支援策を打ち立ててほしい。高齢者に居住とケアの保障ができなければ、「施設か在宅かの二元論を超えて地域に多様な住まいを」という構想が小規模施設のバラマキに終わってしまうだろう。

デンマークの「住まいとケアの分離」概念は、そもそも、ケアがパッケージ化された施設が「死の待合室」のようになってしまった反省から出発している。日本でもこの概念を援用しているが、こうした本来の意義にそって考えるなら、「二〇一五年の高齢者介護」で示された「自宅、施設以外の多様な住まい方」については、まずは素ッピン住宅と二四時間在宅ケアという基盤の整備から着手する、というのが自然な理解であろう。それともわれわれ日本人は、ケアがパッケージ化された住まいの安心感をより強く望むのだろうか。

役割と交流、そして覚悟と成熟と

簡単ではあるが、日本における地域でのケアや高齢者住宅について明るい萌芽を中心に見てきた。日本も、日本独自の地域居住を形成しつつあるのではないだろうか。以下、デンマークでの知見を加味して、エッセンスのみ三点にまとめてみたい。

❶住宅の問題。高齢者の地域居住の基盤として、大規模集中から小規模分散へ。小学校区・中学校区内を目安に二〇戸前後の良質な小規模高齢者住宅（素ッピン）を点在させて面として展開していく。このためには「住まいとケアの分離」を援用し、住宅については地元民間事業者や地域の遊休資源の活用を促進し、ケア専門職はこうした事業者とコラボレーションしてはどうか。共生型住宅も増えるといい。しかしこれは、住む人が住む地域で独自に決めることである。

❷ケアの問題。「住まいとケアの分離」をしつつ、地域で生き切ることを支える二四時間在宅ケアの整備を。本書で何度も触れたように、これが地域居住の要《かなめ》である。とくに夜間訪問が今後の大きな課題となろうが、自由競争に任せるのではなく、あるいは利用者と事業者の一対一の関係の集合ではなく、日中ケアとの連続性、医療・福祉を巻き込んだエリア全体での事業者協働によるシステムをつくるために自治体が調整役を果たす。

❸地域、自治の問題。住まいとケアの組み合わせで地域居住を支えるやり方は、虚弱になっても障害があっても、どこに住もうが一人で生きていける地域をみんなでつくっていくことである。一人ひとりが「サービスの受け手」から「与える人」、「楽しむ人」へ、公的なサービスの幅を広げるとともに、地域の力を発揮して独自のものをつくっていく。今後は自治体間格差が広がるだろうが、その中心にいるのは私たち自身である。

最後に以下の二点を付け加えて終章を閉じたい。

❹介護から自立支援への発想転換。地域に「役割・交流」の拠点をつくっていくこと。これは、究極の予防策である。

❺私たち自身の「成熟と覚悟」の問題。

❹の「介護から自立支援への発想転換」については、デンマークでは一九七九年の高齢者政策委員会の提言において「高齢者は介護の対象ではなく、生きる主体である」ことが最高理念として確認され、「安心・安全」よりも「役割・交流」の重要性を指摘した。ところが、日本ではどうしても「はじめに介護ありき」の発想である。巻頭で紹介したバルドや、コラム（三一三ページ）で綴ったインガの暮らしを思い出していただきたい。彼らには障害があったが、いろいろな公的サービスを活用して自分の望む生活をしていた。そして、その周りにはよき隣人や友人がい

て、支えたり支えられたりしていた。

人間は、「安心・安全」以上に「役割・交流」によって生命力を輝かせるのである。そのためにも、日常生活圏域内にある高齢者住宅（狭義）の横にはオープンに開かれたアクティビティ・ハウスのような「役割・交流」の場がほしい。そこへは、「お客さま」として迎えられるのではなく「運営の主役」として楽しむために集まるのである。そして、ここがまた「地域のコモン」として介護サービスの拠点となればよい。

次に、❺の「成熟と覚悟」という問題である。

「地域で最期まで」と強く希望する場合、考えておかなければならないさまざまな課題がある。デンマークにおける「住宅と在宅ケアの組み合わせで地域で最期まで」というシステムの背後には、「寂寥を愛し、孤独に耐える」という覚悟や、「自然な死」を希望するという強い意志があった。実際に、デンマークでは高齢者の自殺率が高く、とくに高齢の男性で非常に高い数値を示しており、社会問題として取り上げられることも多い[15]。孤独や死への覚悟を抜きにして、「住宅に基盤を据えた高齢者福祉」は存在しないのである。

こうしたなかで、今一度、次のような問いかけをしよう。

「施設に移り住むことなく、本当に住み慣れた地域の住宅で最期まで住みたいですか？　そして、それはどのように？」

決断するのは私たち自身である。

住み慣れた地域の住宅で、なれ親しんだ温かい人的ネットワークのなかで最期を迎えるためには、自ら地域でのアクティビティ・ハウス活動などに参加してこの温かいネットワークづくりに参加することになるだろうし、孤独に耐えたり（精神的負担）、自然な死を意思表示したり、さらに、ケアがパッケージ化された施設で保護されるわけではないので、家族や地域で見守るという課題も出てくる。もちろん、施設においても同じことではあるが、その程度が異なる。いろいろな課題があるが、光の裏には影があり、それを前提として自分らしくわがままに地域で生きるということになる。もう一度、冒頭のバルドの言葉に戻ろう。

「ゆたかな生活は制度によって生まれるのではなく、一人ひとりの努力によって生まれるのです」

日本では、今、地域に焦点をあてた新しい時代の制度改革がなされようとしている。「住み慣れた地域で最期まで」というスローガンをスローガンに終わらせないためには、地域に生活する一人の人間として成熟し、孤独や死についての覚悟をし、私たち自身が決断し、動き、そして発展していかなければならないのである。

(15)「http://politiken.dk/nsf/henvis.asp?PageID=366119　三人に一人の高齢者が孤独を感じている」「http://www.dr.dk/nyheder/indland/article.jhtml?articleID=234333　七五歳以上の高齢者、特に男性の間では自殺率が依然として高い」など、高齢者の孤独と自殺について報じられている。

あとがき

バルドとの約束を、やっと果たすことができた。そんな思いでいる。

当初、本書は財団法人　高齢者住宅財団の「いい住い、いいシニアライフ」において二〇〇二年一月から二〇〇三年五月まで、八回連載させていただいたもの（タイトルは「デンマークの高齢者住宅の潮流〜デンマークの高齢者住宅の歴史」）を骨子としてまとめる予定であった（「第1章　デンマーク高齢者住宅の歴史」にあたる部分）。

しかしながら、私がこだわっている「素ッピン住宅」を基盤とした高齢者福祉を考える場合、在宅ケアやそれらの間隙を埋めるような形で存在している地域力に言及しないわけにはいかないと考えるようになった。その大きな理由は、デンマークにおける脱施設を可能にした「三種の神器（住宅・ケア・地域）」の発見であり、また、風雲急を告げるように進展をみせる日本の高齢者福祉の現場では、その議論の焦点が「個室化・ユニットケア」から「小規模多機能」へと発展して「地域居住」が一つのキーワードとなりつつあったからである。テーマを広げることでそれぞれが未消化なものになるかもしれないが、包括的な視点を提示することにこそ意義があると自分に言い聞かせて進めることにした。よって、第2章以降は書き下ろしであり、走りながら書いていくような形となった。

その過程では、調べれば調べるほど解らないことが出てきて、何度か息切れ状態となった。しかし、この選択をしてよかったと思うのは、デンマークの住宅政策が一九世紀半ばからの民主主義の発展やグルントヴィと不可分の関係にあり、現在の高齢者の住いの源流もそこにあることに気づいたことである。民主主義というデンマークの地下鉱脈に、福祉と住まいという経路から掘り進んでたどり着いたような感覚であった。そして、この民主主義は、ケアにおける社会福祉と保健の価値観融合や地域力とも関連しており、福祉にも持続可能性や効率が求められる今の時代に、デンマーク固有の地域居住を支える原動力となっていたのである。

テーマを広げようとした背景には、私の環境の変化もある。二〇〇二年春より、私は自宅からほど近い関西学院大学大学院で学ぶようになっていた。関西学院大学は、キルケゴール研究家の橋本淳先生（神学部教授）がおられたことからデンマークとは特別な縁があったし、何よりも浅野仁先生（社会学部教授・高齢者福祉論）が大きな気持ちで私を受け入れてくださった。

ここでは、たくさんの文献と出会うこととなった。また、ともに学ぶ仲間は実践経験者が多く、多くの刺激をもらった。もちろん、文献レビューを通じては、先のE・B・ハンセンの主張や統合ケアのプロジェクトを推進したリス・ワグナーの存在を知った。とはいえ、そのころすでにAKFに彼を訪ねていたし、国立建築研究所のゲオ・ゴッショルクとは第1章でお話したような奇妙な出会いをしていた。また、王立建築アカデミーのカレン・ツァーレ先生のご自宅にもお邪魔して、財団ニュースでの連載のきっかけとなった本『OLD PEOPLE'S HOUSES』を紹介してもらってもいた。デンマークでの新しい人のつながりが、彼らの研究成果とともに深められていったのである。ここで、一日本人である私に対して、親切にいろいろと教えてくださったデンマークの方々の古い友情、新しい友情に改めて御礼を申し上げたい。**Tak for din venlige hjælp.**

私とデンマークの出会い。その接点には「高齢者住宅（狭義）」がある。日本ではもっと増えてほしいので、この運命的な出会いを大切に育てていきたいと思っている。とくに、「テナント・デモクラシー」という言葉は私を引きつけて放さない。また今回、財政についての実証的な裏づけを積み残すこととなったし、インフォーマル・ケアのなかでも家族の存在が大きくなりつつあることなども気になるところである。

これらと平行して、松岡事務所主催で二〇〇四年からスタートしたデンマークへの福祉視察ツアーは、研究成果を基盤に手づくり感覚のこだわりで企画し、福祉・医療・建築の専門職の方々と新しい視点で日本のこれからを語るユニークな場となっている。きっかけをつくってくださったのは市川禮子氏（社会福祉法人尼崎老人福祉会理事長）であり、継続をしていきたいと考えている。

市川氏をはじめ、前著の出版（二〇〇一年）以降多くの新しい出会いがあり、数え切れない方々のご厚意に支えられてきた。それぞれの方に、この場を借りて心からの御礼を申し上げたい。

また、本書については、全原稿に目を通して下さった坊岡峰子さん（県立広島大学）、コメントをくださった神谷良子さん（神戸ライフ・ケア協会）は大学院の仲間である。また、「いい住い、いいシニアライフ」での連載時から励ましをいただいている落合明美さん（高齢者住宅財団）は終章への有用な助言をくださった。デンマーク語を指導してくださっている田辺欧先生（大阪外国語大学）、いつもベストを尽くして助けてくださるマイヤー・和子さん、三宮由紀子さんにも御礼を申し上げる。振り返って考えてみると、本書は本当に多くの方々のご支援によってでき上がっている。

最後になってしまったが、原稿にきめ細かく目をとおし、的確な助言で導いて丁寧に編集してくださった新評論武市一幸氏に心からの御礼を申し上げる。一年にわたるマラソンに伴走していただき、本づくりの何たるかを教えていただいた。

また、デンマークと私の縁をつくってくれたのは、ほかでもない夫の松岡憲司（『風力発電機とデンマーク・モデル』を新評論より二〇〇四年に出版）である。家族のみんなにも心からの「ありがとう」を贈りたい。

二〇〇五年　八月

松岡　洋子

· Nocon, A., Pleace, N (1999). *Sheltered Housing and Community Care,* Social Policy & Administration, 33(2), 164-180
· OECD (2000). OECD Econmic Surveys Denmark, Paris: OECD
· Pacolet, J., Bouten, R., Lanoye. H., Versieck, K. (1999). Social Protection for Dependency in Old Age in the 15 EU Member States and Norway : Summary and Evidence on Housing. In *Paper presented on The Europe Housing Forum (EHF) Conference.* Kuopio : Finland
· Platz M. (1990). *Gamle i eget hjem - Bind 2 : Hvordan klarer de sig?,* Copenhagen: Social Forsknings Instituttet
· Rostgård, T., Fridberg, T., (1998). *Social Security in Europe 6: Caring for children and Older People: A Comparison of European Policies and Practices.* Copenhagen:SFI
· Sheehan N.W., Wisensale, S.K. (1991). "Aging in Place": Discharge Policies and Procedures Concerning Frailty Among Senior Housing Tenants, *Journal of Gerontological Social Work*, 16(1/2), 109-123.
· Svein Olav Daatlnad ed. (2000). Future Housing for the Elderly - Innovations and Perspectives from the Nordic Countries, Copenhagen:Nordic Council of Ministers
· Socialministeriet (2004). *Bekendtgørelse af lov om social sevice.* Lovbekendtgørekse nr. 708
· Socialministeriet (1987). *Lov om andring af lov om social bistand.* Lov nr 391 af 10-06-1987
· Stuart, M., & Weinrich, M. (2001). Home Is Where the Help is: Community-Based Care in Denmark. *Journal of Aging & Social Policy.* 12(4), 81-101
· Wagner, L. (1997). Long-term Care in the Danish Health Care System, *Health Care Management: State of the Art Reviews,* June 1997, 149-156
· Ældrekommissionen (1981). *De ældres vilkår.*
· Ældrekommissionen (1982). *Sammenhæng i ældrepolitikken.*

- Gottschalk, G. (1993). Modernizing and Adaptation of Pensioners Flats in Copenhagen. *Better Housing and Living Condition for Older People -Case Studies from Six European Cities.* (47-64). CHP: SBI
- Gottschalk, G. (1995). *Boligstandarden i plejehjem og andre institutioner.* Hørsholm : SBI
- Harloe, M. (1995). *The People's Home? :Social Rented Housing in Europe and Ameirica.* Oxford & Cambridge : Blackwell
- Hansen, E.B.,& Plats, M. (1997). Factors Influencing the Well-being of Elderly people in Denmark. Paper presented at *9 Nordiske socialpolitiske forskerseminar in Køge.*
- Hansen, E.B. (1998). Social Protection for Dependency in Old Age in Denmark. *Modernising and Improving EU Social Protection:* Conference on Long-Term Care of Elderly Dependent People in the EU and Norway, 87-100.
- Hansen, E.B., Eskelinen L., Madsen J. K. (1999). Hjemmehjælp og ældres velbefindende - en analyse af hjemmehjælpernes arbejdsprincipper i to kommuner. AKF
- Jensen, P. (1997). *Fly i tide.* Copenhagen: Gerontrogisk Institut
- Kristensen, H. (2002). Social Housing Policy and the Welfare State: A Danish Perspective, *Urban Studies,* 39(2), 255-263
- Kåhler, M. (1992) . Ten years after the commission on aging - ideas and results , *Danish Medical Bulletin,* 39, 216-219.
- Kåhler, M. (1992). *Hjerete Rum.* Copenhagen: Ældre Sagen
- Kåhler, M. & Højgård, J. (1998). *Ældres boligliv.* Copenhagen: Ældre Sagen
- Leichsenring, K., Alaszewski, A. M., eds. (2004). *Providing Integrated Health and Social Care for Odler Persons.* England : Ashgate
- Lind, O. & Moller, J. (1994). *FolkeBolig BoligFolk : Politik og praksis i boligbevægelsens historie.* Copenhagen : BL
- Lindstrøm B. (1997). Housing and Service for the elderly in Denmark, *Ageing International,* Winter/Spring 1997, 115-132

・橋本淳編（1999）『デンマークの歴史』創元社
・早川和男、岡本祥浩（1993）『居住福祉の論理』東京大学出版会
・広井良典（2000）『ケア学　越境するケアへ』医学書院
・広井良典（2003）『生命の政治学―福祉国家・エコロジー・生命倫理―』岩波書店
・藤井　威（2002）『スウェーデン・スペシャル　Ⅰ』新評論
・ホグランド，J．D．（1989）『世界の高齢者住宅　―プライバシーと自立の実現―』（湯川利和、延藤安弘訳）鹿島出版会
・松岡洋子（2001）『老人ホームを超えて』クリエイツかもがわ
・松岡洋子（2002）「デンマークの高齢者住宅の歴史⑴施設収容から改革進歩の時代へ」『いい住まい、いいシニアライフ』51, 19-27
・松岡洋子（2003）『日本における自立支援型高齢者住宅の課題と提言　～デンマークに範を求めた主観的幸福感からのアプローチ～』関西学院大学大学院社会学研究科社会福祉学修士論文
・三浦研（2002）「グループハウスから考える生活とケア②施設の食を疑う」『いい住い、いいシニアライフ』51, 1-7.
・吉村直子（2004）「高齢者住宅事業の今後を読む」『CRI』No.311, 1-7.
・米沢慧（2002）『「還りのいのち」を支える　老親を介護、看取り、見送るということ』主婦の友社

・Andersen, B.R. (1999). *Ældrepolitik på afveje.* Copenhagen: Fremad
・Daatland, S.O. ed. (2000), *Future Housing for the Elderly -Innovations and Perspectives from the Nordid Countries,* Copenhagen: Nordic Council of Ministers.
・Danish Ministry of the Interior and Health (2004), *Agreement on a Structural Reform, 2004.* Copenhagen : www.netboghandel.dk
・Danish Ministry of Foreign Affairs (2002), *DENMARK,* Copenhagen : Gyldendal Leksion
・Danmarks Statistik (2004), *Statistisk Årbog 2004*
・Fich, M., Mortensen, P.D., Zahl, K. (1995). *Old People's Houses.* Copenhagen: Kunstakademiets Forlag, Arkitektskolen.

・厚生労働省高齢者介護研究会（2003）『2015年の高齢者介護～高齢者の尊厳を支えるケアの確立に向けて～』厚生労働省老健局
・厚生労働省老健局（2004）『全国介護保険担当課長会議資料 H.16.11.10』
・国立社会保障・人口問題研究所（2004）『平成15年版　社会保障統計年報』法研
・重野妙実（2001）「神戸市のシルバーハウジング生活援助員（LSA）事業とソーシャルワーク」『ソーシャルワーク研究』27(3), 35-42
・小規模多機能ホーム研究会編（2003）『はじめよう！シリーズ５：小規模多機能ホームとは何か』筒井書房
・鈴木晃（2002）「地域福祉、住宅政策による居住保障の枠組み」『講座21世紀の社会福祉①国民生活と社会福祉政策』（pp.285-301）かもがわ出版
・関川芳孝（2001）「住居保障と社会福祉」日本社会保障法学会編『社会保障法第５巻　住居保障法・公的扶助法』（pp.58-83）法律文化社
・園田真理子（1993）『世界の高齢者住宅』（財）日本建築センター
・園田真理子（2002）「高齢者の住まいの展望」『OT ジャーナル』36(1), 65-68.
・高田真治（2004）『社会福祉内発的発展論』ミネルヴァ書房
・武川正吾（1992）『福祉国家と市民社会―イギリスの高齢者福祉―』法律文化社
・宅老所・グループホーム全国ネットワーク他編『宅老所・グループホーム白書2005』CLC
・外山　義（2002）「高齢化社会における居住」早川和男他編『居住福祉学と人間―命と住まいの学問ばなし―』（pp.169-188）三五館
・外山義（2003）『自宅でない在宅　高齢者の生活空間論』医学書院
・中矢暁美（2003）『老いを支える古屋敷　～託老所あんき物語～』雲母書房
・西下彰俊（1987）「高齢女性の社会的ネットワーク―友人ネットワークを中心に―」『社会老年学』26, 43-53.

参考文献・関連文献一覧

・浅野仁（1992）『高齢者福祉の実証的研究―豊かな高齢期に向けて―』川島書店

・朝野賢司・生田京子・西　英子・原田亜紀子・福島容子（2005）『デンマークのユーザー・デモクラシー―福祉・環境・まちづくりからみる地方分権社会―』新評論

・安藤孝敏（1994）「地域老人における転居の影響に関する研究の動向」『老年社会科学』16(1), 59-65.

・石黒暢（1996）「デンマークにおける高齢者の"住"を取り巻く施策」『IDUN』12, 177-206.

・石黒暢（2000）「デンマークにおける高齢者住宅政策の移り変わり」『IDUN』14, 417-442.

・伊東敬文（1985）「デンマークにおける人口高齢化と高齢者の医療・福祉問題」『国際社会保障研究』35, 43-56.

・井上由紀子（2005）「暮らしを支える器～客体から主体へ～」『いい住い、いいシニアライフ』（財団法人高齢者住宅財団）65, 1-7

・大阪外国語大学デンマーク語・スウェーデン語研究室編（1998）『スウェーデン・デンマーク福祉用語辞典』早稲田大学出版部

・太田貞司（1992）『在宅ケアの条件』自治体研究社

・大本圭野（1995）「福祉と住宅保障」『ジュリスト増刊　福祉を創る』82-89.

・大原一興（1993）「高齢者の住宅対策の実際」秋山哲男編『都市研究叢書８　高齢者の住まいと交通』（pp.115-135）東京都立大学出版会

・岡村重夫（1983）『社会福祉原論』全社協

・奥山久美子（2003）『のぞみホームの静かな力：新しい介護の生まれ方、育ち方』CLC（全国コミュニティライフサポートセンター）

【ま】

【や】

【ら】

【さ】

索　引

著者紹介

松岡洋子（まつおか・ようこ）

デンマーク高齢者福祉研究家。東京家政大学特任講師。
1955年、兵庫県生まれ。1977年、神戸大学文学部卒業。1997年、国立コペンハーゲン商科大学（国際コース・マーケティング）留学。2003年、関西学院大学大学院社会学部社会福祉学研究科後期課程満期退学。博士（社会福祉学）。松岡事務所代表。デンマーク高齢者福祉について執筆、講演、視察ツアーを企画・主催。西日本デンマーク商工会議所理事。社会福祉士
著書：『老人ホームを超えて～21世紀・デンマーク高齢者福祉レポート～』クリエイツかもがわ、2001年
共著書：『教育研究ハンドブック』（立田慶裕編）世界思想社、2005年、『高齢者の発達を支援を支援する環境づくり』（城仁士編著）ナカニシヤ出版、2005年
Eメール：ymat@yo.rim.or.jp
ホームページ：http://www.yo.rim.or.jp/~ymat/

デンマークの高齢者福祉と地域居住
――最期まで住み切る住宅力・ケア力・地域力――　（検印廃止）

2005年10月15日　初版第1刷発行
2006年9月30日　初版第2刷発行
2009年4月15日　初版第3刷発行

著者　松岡洋子
発行者　武市一幸

発行所　株式会社　新評論

〒169-0051
東京都新宿区西早稲田3-16-28
http://www.shinhyoron.co.jp

電話　03(3202)7391
FAX　03(3202)5832
振替・00160-1-113487

落丁・乱丁はお取り替えします。
定価はカバーに表示してあります。

印刷　フォレスト
製本　清水製本プラス紙工
装丁　山田英春

Printed in Japan
ISBN4-7948-0676-0 C0036

よりよくデンマークを知るために

福田成美 **デンマークの環境に優しい街づくり** ISBN 4-7948-0463-6	四六 250頁 **2520円** 〔99〕	自治体，建築家，施工業者，地域住民が一体となって街づくりを行っているデンマーク。世界が注目する環境先進国の「新しい住民参加型の地域開発」から日本は何を学ぶのか。
福田成美 **デンマークの緑と文化と人々を訪ねて** ISBN 4-7948-0580-2	四六 304頁 **2520円** 〔02〕	【自転車の旅】サドルに跨り，風を感じて走りながら，デンマークという国に豊かに培われてきた自然と文化，人々の温かな笑顔に触れる喜びを綴る，ユニークな旅の記録。
飯田哲也 **北欧のエネルギーデモクラシー** ISBN 4-7948-0477-6	四六 280頁 **2520円** 〔00〕	【未来は予測するものではない，選び取るものである】価格に対して合理的に振舞う単なる消費者から，自ら学習し，多元的な価値を読み取る発展的「市民」を目指して！
J. S. ノルゴー，B. L. クリステンセン／飯田哲也訳 **エネルギーと私たちの社会** ISBN4-7948-0559-4	A5 224頁 **2100円** 〔02〕	【デンマークに学ぶ成熟社会】成熟社会へと転換したデンマークのエネルギー政策に影響を与えたベストセラー，待望の翻訳。未来を変えるために，現代日本に最も必要な入門書。
松岡憲司 **風力発電機とデンマーク・モデル** ISBN4-7948-0626-4	A5 238頁 **2625円** 〔04〕	【地縁技術から革新への途】各国が開発にしのぎを削る産業としての風力発電機，その技術開発の歴史に見るデンマークの姿と日本のとるべき方向性を提示する。
清水　満 **新版 生のための学校**	四六 288頁 **2625円** 〔96〕	【デンマークに生まれたフリースクール「フォルケホイスコーレ」の世界】テストも通知表もないデンマークの民衆学校の全貌を紹介。新版にあたり，日本での新たな展開を増補。
清水　満 **共感する心、表現する身体** ISBN4-7948-0292-7	四六 264頁 **2310円** 〔97〕	【美的経験を大切に】知育重視の教育から，子どもの美的経験を大切にする新しい教育環境を創る。人間は「表現する者」であるという人間観をデンマークとドイツから学ぶ。
H.アイヒベルク／清水　諭訳 **身体文化のイマジネーション** ISBN4-7948-0337-0	四六 352頁 **3675円** 〔97〕	【デンマークにおける「身体の知」】哲学，歴史学，社会学，政治学，文化論といった超領域的な視点，そして壮大かつ自由に飛翔する知をもって語られる新たな身体文化論。
吉武信彦 **日本人は北欧から何を学んだか** ISBN4-7948-0589-6	四六 256頁 **2310円** 〔03〕	【日本人が北欧のいかなる点を学ぼうとしたのかを，時代背景となる日本・北欧間の政治関係の歴史を江戸時代から現在まで整理し，共に歩んできた豊かな歴史的関係を検証！
朝野賢司・原田亜紀子・生田京子 福島容子・西 英子 **デンマークのユーザー・デモクラシー**	四六 360頁 **3150円**	【福祉・環境・まちづくりからみる地方分権社会】「User Democracy」、日本語に訳せば「利用者民主主義」。デンマーク独自のデモクラシーの形を５人の若手研究者が多方面から解説。

※表示価格はすべて税込み定価・税５％。